PocheCouleur

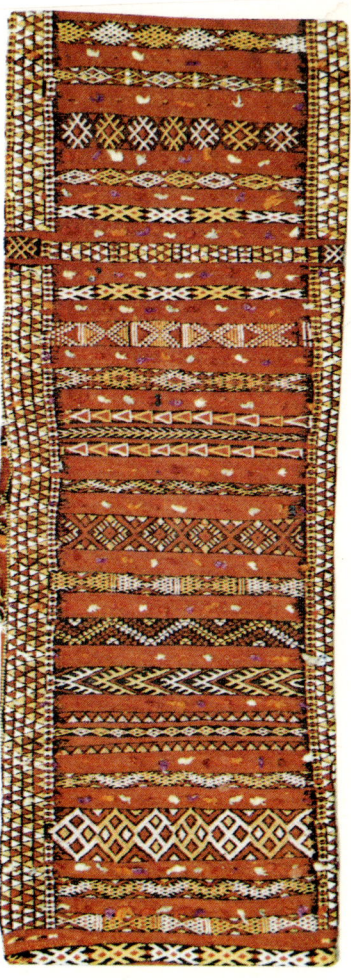

Les auteurs remercient
chaleureusement les collectionneurs
de Meknès, Paris, Bruxelles, Aix-en-Provence
et Lisbonne qui leur ont permis d'accéder à leur
documentation et de photographier leurs tapis.

Directeur artistique et technique :
Ahmed-Chaouki Rafif ;
Coordination éditoriale et iconographique :
Marie-Pierre Kerbrat ;
Photographies :
Christian Rolot et Francis Ramirez.

© 1995, ACR Édition Internationale, Courbevoie (Paris)
(Art - Création - Réalisation)
© ACR PocheCouleur
© Droits réservés
ISBN 2-86770-085-X
ISSN 1248-6981
N° d'éditeur : 1086 / 1
Dépôt légal : 1er trimestre 1995
Tous droits réservés pour tous pays
Photogravure et montage par CHROMOSTYLE à Tours
Imprimé en France par MAME IMPRIMEURS à Tours

TAPIS ET TISSAGES
DU MAROC

Une écriture du silence

Francis Ramirez
Maître de conférences à l'Université Paris III
Sorbonne Nouvelle

Christian Rolot
Professeur à l'Université Montpellier III

ACR Edition

PocheCouleur

Dans la même collection

Table des matières

Une écriture
du silence

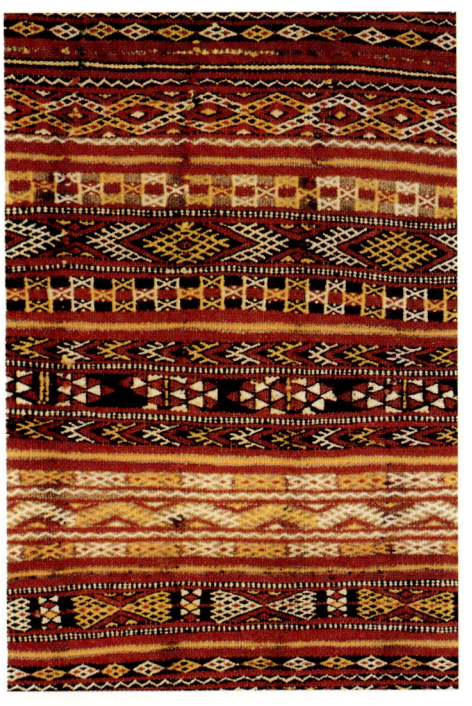

Détail de tissage *Zemmour*.

L'amateur de tapis du monde entier peut trouver à sa convenance la documentation générale ou savante sur les objets qu'il aime ou auxquels il s'intéresse. De l'Iran à la Chine et de l'Inde à l'Anatolie, l'atlas mondial des tapis tisse ses routes de laine et de soie... Mais il reste sur cette carte comme une zone blanche, *terra incognita* paradoxale : le Maghreb extrême. Cherchez en effet des textes spécifiques sur les tapis du Maroc, vous trouverez, avec peine, un petit nombre de livres illustrés tenant le milieu entre l'ouvrage de bonne vulgarisation et la brochure ouvertement promotionnelle, quelques catalogues de collections, quelques articles érudits (d'ailleurs souvent écrits il y a une soixantaine d'années par des officiers des Affaires Indigènes), quelques pages isolées dans des revues d'art, d'ethnographie et de sociologie. Enfin, point culminant de cette bibliographie lacunaire, le monumental *Corpus des tapis marocains* de Prosper Ricard, élaboré entre 1923 et 1933 dans le

Détail de tissage *Beni Ouarain*.

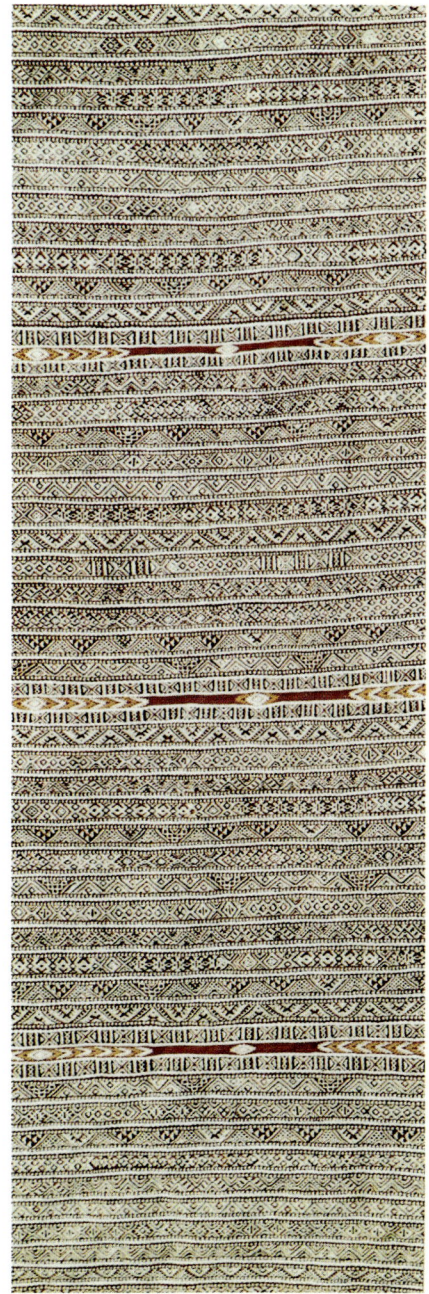

but (on reconnaîtra bien là la marque du projet colonial) de décrire et d'« améliorer » la production indigène. Mais cette profusion documentaire riche en interprétations et en iconographie, que l'on rencontre à propos des tapis d'Orient, non, vous ne la trouverez pas.
De même, si vous cherchez, particulièrement en France, à voir ou à acheter quelques beaux tapis du Maroc, vous ne les rencontrerez guère dans les magasins pourtant nombreux où, par dizaines de milliers, les guerres d'Afghanistan et d'Iran les y poussant, les tapis orientaux se sont réfugiés. Parfois, tout de même, pendu au mur derrière un coffre sculpté embaumant le cèdre ou le musc, quelque tissage rural aux motifs serrés et géométriques est parvenu à se glisser. Mais c'est pour ainsi dire par « contrebande » que ce Moghrabin est là, à la faveur de sa parenté avec les célèbres *kilims* d'Anatolie. Presque toujours, d'ailleurs, le marchand ignorera ou taira l'origine marocaine du *hanbel* en question. L'Orient a

plus de prix. Parfois encore, dans telle ou telle grande surface, on présentera au cours d'une « semaine du tapis » une sorte de moquette blanche, qualifiée de berbère, estampillée Maroc, certes confortable et de belle laine ivoire, mais qui n'est aux authentiques tapis marocains que ce petit livre voudrait faire mieux connaître que ce que le mobilier industriel de série est aux productions uniques de l'ébénisterie d'art.

Quelle pourrait donc être la cause de cette situation ? Y aurait-il dans le tapis du Maroc quelque tare honteuse justifiant ce déni de reconnaissance ?

Jean Cocteau avait coutume de dire : « Ce qu'on te reproche, cultive-le : c'est toi. » À bien y regarder, cette intuition du poète à l'étoile pourrait, à la lettre, s'appliquer aux tapis du Maroc, pays d'une autre étoile. Car ce que certains Européens de la pénétration et du Protectorat reprochèrent aux tapis du Maghreb extrême qu'ils découvraient, c'est l'irrégularité de leurs contours, la violence de leurs couleurs, la naturalité de leurs laines, et, par-dessus tout, le désordre déconcertant et presque *sauvage* de leur disposition. Ils leur reprochaient en fait de n'être pas semblables, même quand ils croyaient les imiter, à ces tapis ornementaux d'un Orient depuis longtemps apprivoisé.

Finalement, c'est bien cela : ils leur reprochaient *d'être eux*. Ils ne voyaient pas dans ces différences la marque d'une originalité profonde et d'une identité. Ils cherchaient – mais comment leur

en faire grief ? – la beauté dans le décoratif et l'ornemental là où nous l'aimons, façonnés par près d'un siècle de modernité, dans l'expression authentique des forces de la vie. Car beaux, il faut le dire sans ambiguïté, les tapis marocains le sont profondément. Beaux d'abord par leur matière, leurs harmonies de figures et de couleurs, la diversité de leur invention ; beaux *esthétiquement* dès que libérés du stérile assujettissement à la comparaison avec les entrelacs virtuoses de l'Orient. Mais leur beauté supérieure est, si l'on peut dire, celle du sens : sens caché, sens crypté qui fait d'eux, plus qu'un textile, un véritable texte. Intimement lié aux sociétés archaïques – citadines ou surtout rurales – dont il est l'émanation profonde et l'attribut quotidien, le tapis ancien sorti des mains des tisseuses domestiques apparaît comme le manuscrit d'une écriture du silence. Alors que de plus en plus rapidement la société du Maghreb traditionnel semble se dissoudre, et que des modèles nouveaux, venus d'Orient ou d'Occident, se substituent aux anciennes formes de vie, il continue de porter témoignage sur un passé qui, selon une conception braudélienne de l'Histoire, gît immobile au cœur du présent tumultueux.

Chose curieuse encore à noter – et ce sera comme un dernier écho de ce long refus de connaissance et de reconnaissance qui marque curieusement la place du tapis marocain dans l'imaginaire français – c'est plutôt en

Allemagne, en Suisse, en Belgique, en Angleterre, aux États-Unis, que ces tapis trouvent aujourd'hui leurs amateurs et, comme l'on dit pour un trésor, leurs « inventeurs ». De quelque pays qu'ils soient, le présent ouvrage a pour projet de les aider à mieux comprendre ce qu'ils aiment.

Pour ce faire, nous avons privilégié trois approches. La première considère le tapis noué ou le tissage sous son aspect esthétique. Il s'agit de prendre la mesure perceptive de ces objets, de considérer leur matière, leur grain, leur couleur, et, bien entendu, la gamme diversifiée de leurs motifs. De ce point de vue, les tapis du Maroc peuvent être regroupés en familles régionales ayant leurs personnalités propres, leurs règles, techniques ou créatives, en somme leur esprit. Ils offrent, comme les personnes, comme les

L'usage du noir et blanc dans les tissages *Beni Ouarain* renforce le caractère scriptural de la disposition.

cultures, des visages différents. Cette présentation d'ensemble aussi descriptive que possible s'achèvera sur une réflexion centrale, mais incertaine : précieux le plus souvent et considérés dans leur société avec des marques de respect, ces objets doivent-ils être regardés comme les produits d'un simple artisanat, même brillant ; ou bien, pour certains d'entre eux tout au moins, peuvent-ils être considérés légitimement comme des œuvres d'art ?

La seconde approche cherchera à retrouver les significations sociales profondes de ces tapis. Associé aux multiples circonstances de la vie publique et privée, le tapis traditionnel est aussi intégré dans un réseau de croyances. Les femmes, qui dans tant de contrées du monde continuent d'entretenir la tradition d'une sorte de magie quotidienne, y codent, plutôt qu'elles n'y expriment, un monde de préoccupations aussi évidentes que trompeuses pour l'observateur. C'est toute la question de la symbolisation, de ses leurres et de ses ruses que l'on tentera d'aborder ici, à travers l'examen de quelques « sujets » fondamentalement présents dans les tapis :

l'enfantement, le cycle de la vie, la protection prophylactique contre le « mauvais œil » ou même la sexualité.

Enfin, dans un dernier chapitre intitulé « Les tapis en mouvement », nous essaierons de faire la part du regard extérieur. Les tapis marocains sont en effet depuis longtemps en contact avec un monde « ultérieur » qui n'est pas le leur. Monde colonial hier, monde du voyage et du désir de découverte aujourd'hui. Tapis trophée, tapis mis au mur, tapis « rectifié » dans ses couleurs et parfois dans ses laines, tapis muséographié... Les traces de ces frottements interculturels sont nombreuses et souvent vilipendées, mais point si globalement négatives qu'un certain conformisme bien pensant ne voudrait le faire croire. Nous évoquerons ici ces échanges de formes, d'idées et d'usages qui, dans notre monde, ne laissent aucune tradition à son sommeil idéal ni à sa pureté mythique. La question essentielle est évidemment celle du négoce : nous terminerons par elle, dans une évocation documentaire de ces familles de marchands qui, à Marrakech, à Fès ou à Meknès, sont les agents les plus actifs des transformations en cours.

APPROCHE ESTHÉTIQUE

MATIÈRE, FORME, ESPRIT

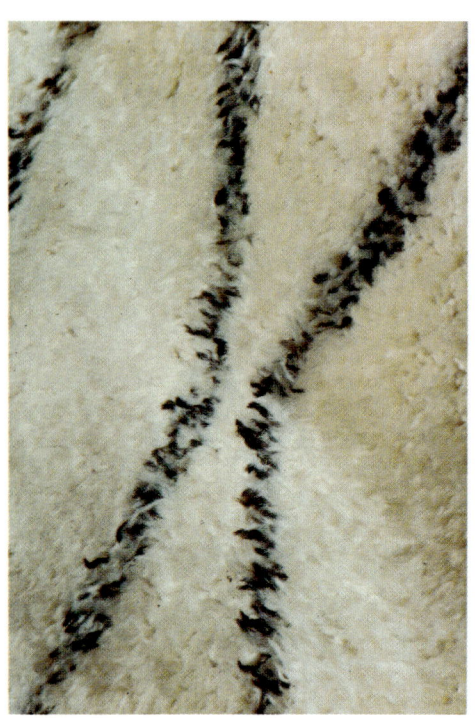

Détail de tapis *Beni Ouarain*.

Nous aurons souvent l'occasion dans ce livre d'accuser les traits qui diversifient et qui singularisent. Mais il est bon, pour une première prise de contact, de rappeler que tous ces tapis et ces tissages sont des objets de laine. Matériau universel, la laine constitue l'âme et le fond même du tapis : sa chaîne et sa trame ne croisent que des fils de laine. La présence du coton « mécanise », déclasse et n'est guère tolérée dans les œuvres de main. Le charme serait rompu par ce mauvais alliage. Celle, pourtant plus prestigieuse, de la soie n'est qu'un rehaut de raffinement inutile, une sorte de mignardise hédoniste qui grime le tissage mais qui ne le fait pas. La laine, cette matière unique, relie le tapis à l'élevage du mouton. Au Maroc vivent des sédentaires et des nomades, des ruraux et des citadins ; mais par le tapis, qui occupe une place nécessaire dans l'idée qu'on se fait d'une habitation, toute la population se reconnaît une filiation pastorale. Les laines utilisées sont évidemment diverses, suivant la qualité des bêtes, leur état, leur âge, et surtout le soin apporté aux opérations de préparation. Le lavage et le dessuintage opérés dans des ruisseaux d'eau douce bordés de saponaires ou dans les poches d'eau sableuse de quelque épisodique Loire saharienne ne donnent pas tout à fait le même résultat.

De même, certaines tribus, utilisant de gros brins de laine, la distension, l'usure. La laine garde les empreintes du temps, et la main, tout autant que l'œil, explore le tapis. Gestes diversifiés, d'ailleurs, où se lisent des attentes différentes : tel qui fera crisser l'ongle de son index sur le dos d'un tapis sera intéressé par sa matière et par sa densité. Tel autre, qui fera

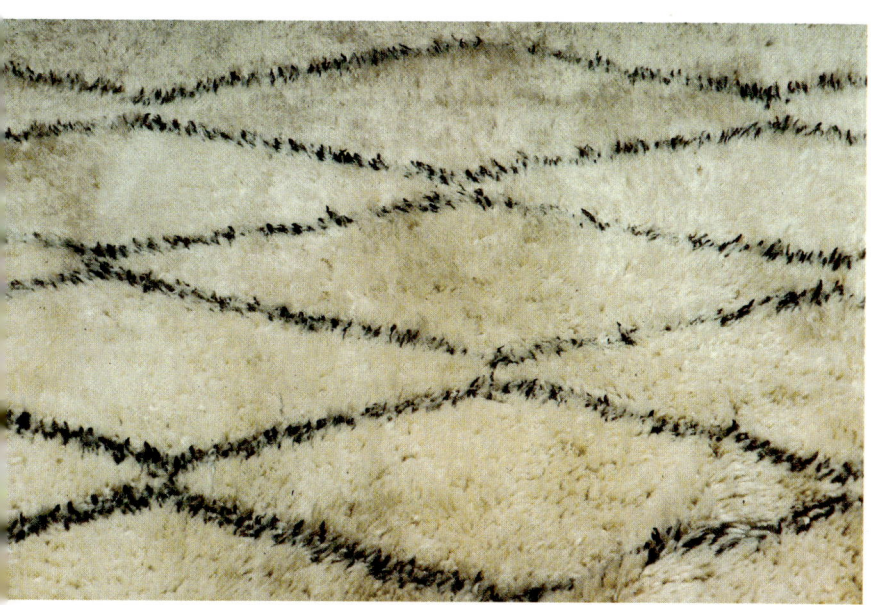

élaborent des tapis qui, de près, semblent constitués de brins écrasés et rugueux comme des épissures de marine. D'autres, au contraire, mettent tout leur soin dans la préparation aussi lustrée que posssible d'une laine d'agneau soyeuse, souple et brillante. Un tapis se regarde, certes ; mais aussi il se touche. C'est souvent par la main qu'on en éprouve la matière, le serrage,

Tapis de haute laine des *Beni Ouarain* : la toison garde un aspect animal.

ondoyer la laine par un mouvement de vague, recherchera la souplesse et une sorte d'animalité vivante. Tel autre, enfin, passera ses doigts entrouverts dans la moquette longue d'un tapis Zaïane, comme dans une chevelure que l'on dépeigne.

Cette laine aussi, parfois, a une odeur. Le souk des tapis à Marrakech s'annonce, les jours humides surtout, par une sorte de clameur olfactive qui s'infiltre dans les ruelles couvertes avant de triompher dans l'enclos resserré de la criée. Cette odeur du tapis, c'est une odeur de laine mouillée, une odeur propre et un peu fade, faite d'un souvenir de mouton et, certains jours, d'un remugle de soufre. Car les tapis

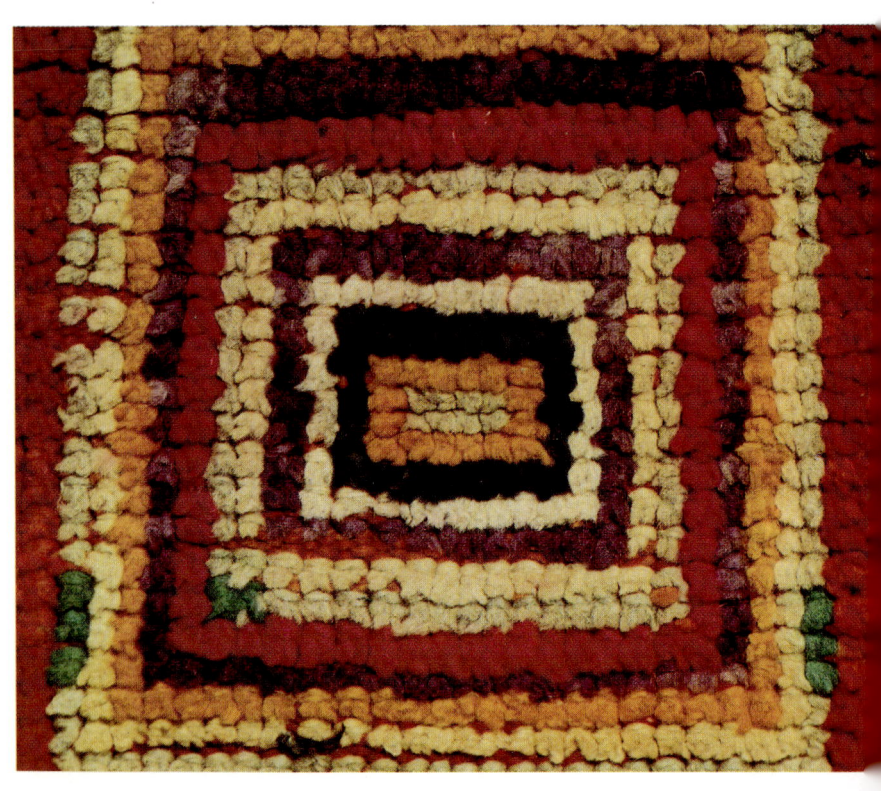

Laine rêche, écrasée et grossièrement nouée des tapis du *Haouz*.

se lavent à grande eau dans les oueds ou dans les cours, et se protègent à grand renfort de ce soufre qui désinfecte, mordore les ocres et... embaume. C'est seulement lorsqu'il aura séché sur les terrasses, au grand soleil qui assainit tout, que le tapis perdra peu à peu cette odeur caractéristique de peau retannée et mise à la vente.

Nous avons dit que le tapis était tout laine. C'est vrai absolument, et pour ainsi dire mythiquement. Mais il arrive aussi que cette laine soit protégée ou renforcée par d'autres toisons.
Ainsi, fil de chèvre et poil de chameau viennent-ils, dans quelques régions, armer le tapis et lui donner un surcroît de résistance. Significativement,

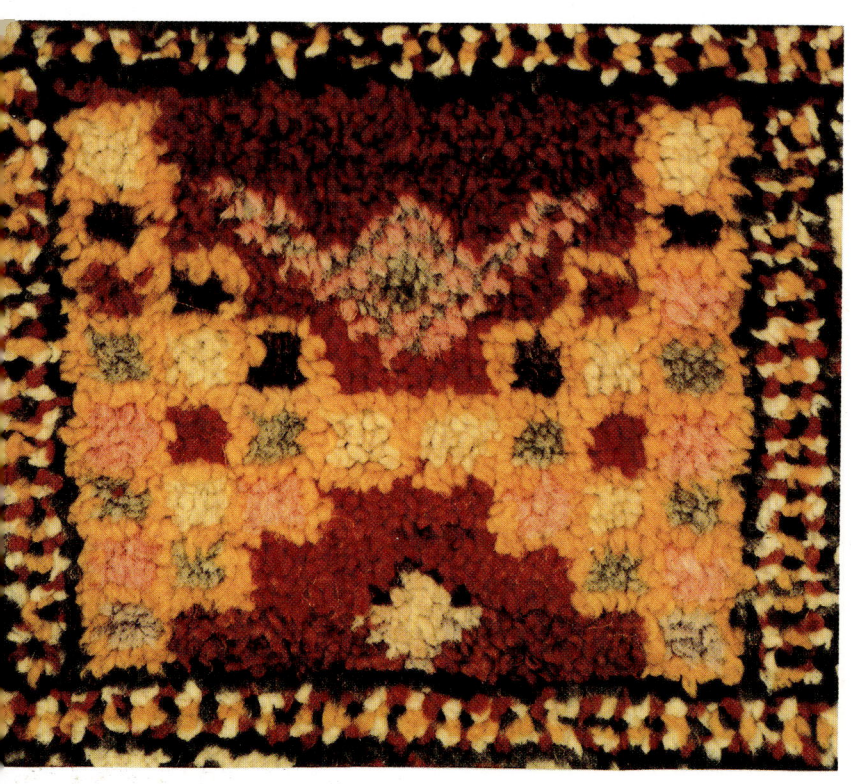

Belle laine serrée des tapis *Aït Youssi.*

d'ailleurs, c'est le plus souvent la lisière du tapis, sa frontière, qui est protégée de la sorte. La plupart des tapis de la grande plaine semi-aride qui sépare le Haut Atlas de la mer, et dont le centre commerçant est Chichaoua, s'ornent ainsi d'une solide bordure noire au dessin en dents de scie. Au lavage, quelquefois, cette lisse dure qui protège la laine plus tendre de l'intérieur se raidit encore et donne provisoirement au tapis qui sèche un mouvement révolté de congre court-bouillonné. Les « laines » de chèvre et de chameau, parfois également présentes dans les franges et dans la chaîne, ont cependant la faiblesse des forts. Résistantes aux usures mécaniques, aux frottements et aux tassements, elles sont aussi réputées plus vulnérables que les laines de mouton à la sape invisible des mites. Des raisons géographiques expliquent partiellement ces quelques mélanges : la présence d'un important troupeau caprin dans la grande plaine d'Essaouira ; celle, régressive aujourd'hui, du dromadaire aux confins de l'océan saharien. Cet animal, qui se raréfie, se retrouve en revanche plus fréquemment dans le champ du tapis. Il y figurait bien jadis, mais de façon peu lisible. Il fallait le savoir pour le deviner. Le tourisme, qui fait du vaisseau du désert l'un des signes obligés de l'exotisme oriental auquel, toujours, l'on veut ramener le Maghreb, en a clarifié le motif et l'a imposé dans le lexique naïf des tapis les plus récents.

Nous avons parlé du champ : c'est en quelque sorte la page même du tapis, étendue centrale venant mourir aux lisières et qui, dans bien des régions, s'achève en haut et en bas par un chef de tissage ras, prolongé, souvent d'un seul côté, par des franges. Ainsi délimité par le contrefort de ses lisières, la marge des chefs tissés et le pointillé des franges, le tapis apparaît-il comme un corps autonome, une entité presque organique et refermée sur elle-même. Cela est si vrai que les tapis mutilés auxquels on a refait des franges et des bordures ont quelque chose de manifestement infirme. Même dans un tapis purement géométrique, la coupe opérée à la suite d'un accident, d'un partage, ou, plus mercantilement, pour faire deux tapis d'un ouvrage très long (il en est de sept mètres), se voit toujours même si, techniquement, elle est parfaite. C'est que l'on peut couper un objet en deux, mais non diviser l'ordre qui lui confère son unité. Sur le champ du tapis, qui regarde le ciel, sont couchés ou se dressent les brins de laine de la moquette nouée à l'armature constituée de l'entremêlement de la trame et de la chaîne. C'est la peau du tapis, sur laquelle les brins de laines de couleurs ou de textures différentes tatouent les motifs. Cette toison a toujours une orientation, donnée par l'inclinaison des brins : la lumière y joue, créant pour un même tapis deux atmosphères parfois très différentes, suivant qu'elle glisse dans le sens de la laine et fond couleurs et motifs ou, au

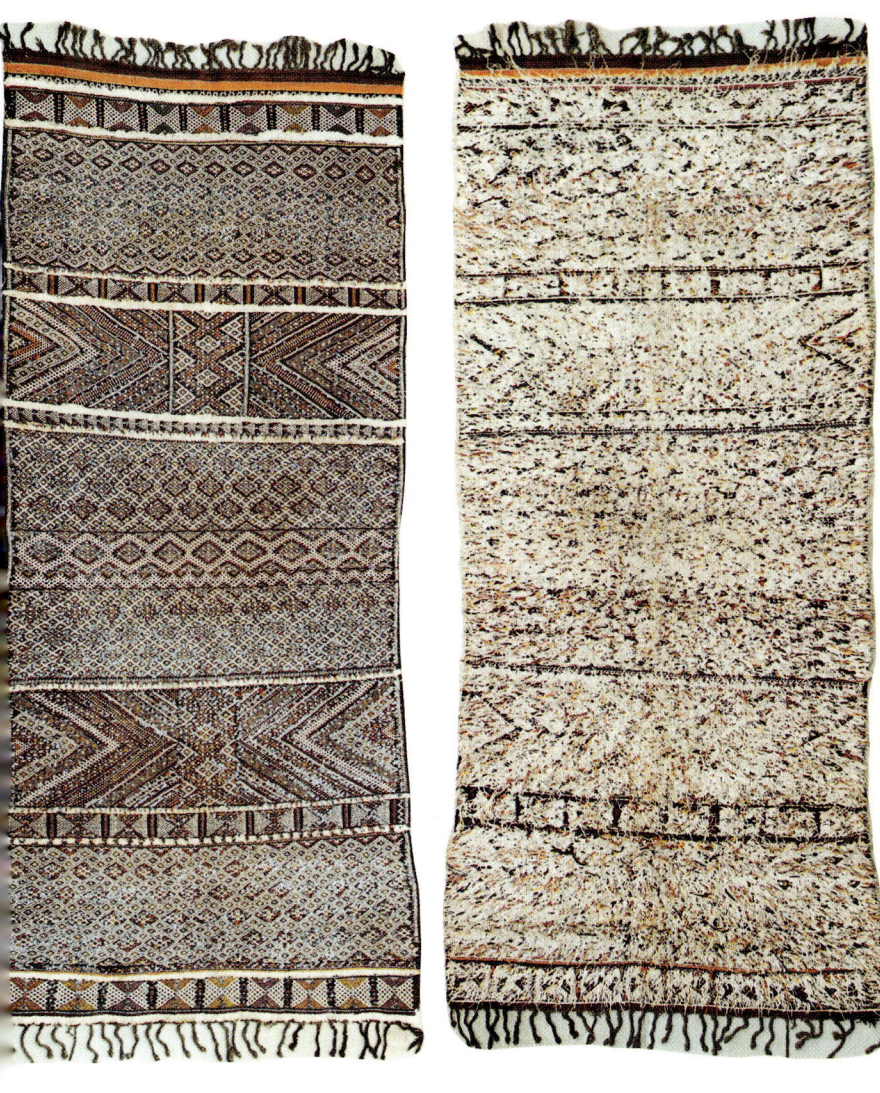

Hanbel Beni Mtir (270 × 115). Au contraire des tapis noués, la plupart des tissages du Moyen Atlas ont une face rase et un dos à toison épaisse.

17

contraire, qu'elle la prend à rebrousse-poil et à contre-jour, accusant la netteté et la dureté de ligne, mais perdant l'effet de moire. Bien entendu, la longueur des brins de laine varie considérablement : cela va, suivant les régions et les coutumes, du tapis hirsute et tenant chaud au tapis rasé de près, dont le brin n'excède pas quelques millimètres.

Le tapis a aussi un dos. Dans le Moyen Atlas, par exemple, ce dos sans moquette en est la face estivale : le tapis retourné est un peu comme un mouton tondu, il est moins couvert, il tient moins chaud. Fait régional important, les motifs restent parfaitement lisibles à l'envers. Ailleurs, dans le Grand Atlas où vivent les Aït Ouaouzguite, le dos du tapis est entièrement différent du champ et « oublie » même ses motifs : de grandes bandes de couleurs le traversent horizontalement et créent un autre décor. Un côté riche, un côté pauvre, certes ; mais en tout état de cause, ce dos n'est jamais une coulisse, un envers non travaillé du spectacle du champ.

Tous ces tapis naissent debout, élaborés sur des métiers de haute lisse, dressés verticalement entre des poutres de bois plus ou moins droites ou des montants de fer. Le métier horizontal de basse lisse n'est traditionnellement utilisé que pour le tissage des *flij,* ces longues et étroites bandes noires qui, cousues ensemble, constituent la tente à bosse des nomades, cette sombre *khaïma* des montagnes qui voyage encore

dans les forêts de cèdres. Une fois décroché et « moissonné » – on le rase pour égaliser les brins – le tapis commence sa vie couchée, mais non oisive : on s'y assoit, on y mange, on y dort. Il est désormais une maison dans la maison.

Cette unité fondamentale du tapis, unité de matière, de conception et de statut, fédère en réalité une grande diversité. À l'image du Maroc, naguère encore senti comme un empire hétérogène, le monde de ses tapis est une véritable mosaïque. Quelques oppositions clefs permettent d'ordonner ce foisonnement.

L'opposition entre les villes et les campagnes d'abord, ou, si l'on veut, entre les médinas et les tribus, semble instituer le plus fort clivage. Les œuvres qui ressortissent à ces deux ensembles diffèrent comme un bourgeois de Fès ou de Rabat se distingue d'un paysan du bled. L'idéologie s'engouffre évidemment dans ces écarts et les creuse pour séparer les pauvres des riches, les « civilisés » des villes impériales et les *beldi* violents et populaires. Un tapis de Rabat ou de Médiouna sera toujours plus cher qu'un tapis des Zemmour ou des Guerouane du Sud. Les uns sont plus ornementaux, les autres plus ethniques. Les premiers étaient dans les palais, les maisons riches ou souhaitant le paraître ; ils se trouvent aujourd'hui, considérablement appauvris d'ailleurs, dans les hôtels, et, signe hautement révélateur, on les voit à la télévision dans les lieux où le souverain paraît. Les seconds sèchent aux terrasses les plus modestes, sont déroulés sur des nattes qui les protègent de la terre battue, voyagent sur le toit de vieux autocars poussifs et empestant le mazout. Mais nous verrons plus loin que ces écarts idéologiques sont susceptibles de croisement ; le temps, peut-être, n'est pas loin où la ruralité – à tout le moins une ruralité « intellectualisée » – l'emportera sur l'image de l'urbanité. Nous avons connu, en Europe, ce retour des élégances vers les chaumières enfumées...

L'opposition entre les villes et les campagnes recoupe également d'autres clivages. Par exemple celui, très important, qui sépare le travail de maison de celui d'atelier ; presque toujours, les grands tapis de ville sont commandés à des travailleuses réputées, honorées du nom de patronne, *maallema* professionnelles qui peuvent employer une équipe de femmes et de fillettes. Il ne faudrait pas croire, cependant, que ces deux modes d'organisation du travail – l'un orienté vers l'économie domestique, l'autre engagé dans une économie de marché de type archaïque – correspondent à une opposition entre ouvrages traditionnels et ouvrages industriels. Les deux ressortissent au modèle et au monde traditionnels, celui-là même dont, essentiellement, cet ouvrage traite. Les tapis de fabrique, dits tapis modernes, bien qu'on en rencontre qui aient déjà trois

quarts de siècle, se rattachent en effet à un autre état d'esprit : ils sont entrés dans l'idéologie consumériste qui, au Maroc comme ailleurs, réifie les objets naguère les plus enchantés et les plus riches de sens symbolique. Inversement, des tapis descendus ce matin même du métier à tisser appartiennent encore à l'ordre traditionnel : ils sont neufs mais archaïques ; tandis que leurs homologues industriels des années trente sont vieux et modernes. Le terme d'industriel ne doit toutefois pas nous abuser : tous les tapis modernes du Maroc, tels ceux fabriqués par la célèbre *Makina* de Fès, sont tissés et noués à la main. Si machine il y a dans ce travail toujours manuel, c'est machine de conception, « machine dans la tête » pour citer Georges Duhamel.

Enfin, une dernière opposition, plus technique celle-là, distingue les tissages sans moquette des tapis noués proprement dits, les *hanbel* des *zerbiya* pour reprendre les termes les plus utilisés d'un vocabulaire très diversifié. Les tissages « lisses » ne sont d'ailleurs pas moins riches que les tapis « à toison » : certes, la quantité de laine utilisée est généralement moins importante, mais la complexité et l'invention des figures y sont telles que certains d'entre eux, les capes de mariées des Beni Ouarain par exemple, auxquelles on donnera toujours ici leur nom autochtone de *handira*, sont considérés comme l'un des sommets de l'art du tissage. Chaque ensemble tribal ou géographique produit d'ailleurs conjointement tapis noués et tissages, *zerbiya* et *hanbel,* qui correspondent à des usages différents. Le tissage couvre ou recouvre ; le tapis meuble ou, mieux, « habite » la maison.

Il nous reste à présent à entrer dans le vif du sujet de cette première approche, c'est-à-dire à définir les caractéristiques formelles des tapis et des tissages produits dans les différentes régions du Maroc. De ce point de vue, les choses sont relativement simples, tous les observateurs s'accordant pour distinguer cinq grands domaines, cinq « grandes tentes » pour ainsi dire. Nous partirons donc de cette distinction classique pour aller successivement du Moyen Atlas et du Maroc Oriental au Haut Atlas, et des Plaines Atlantiques du Sud-Ouest à la région de Rabat et de Médiouna.

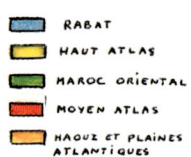

RABAT
HAUT ATLAS
MAROC ORIENTAL
MOYEN ATLAS
HAOUZ ET PLAINES ATLANTIQUES

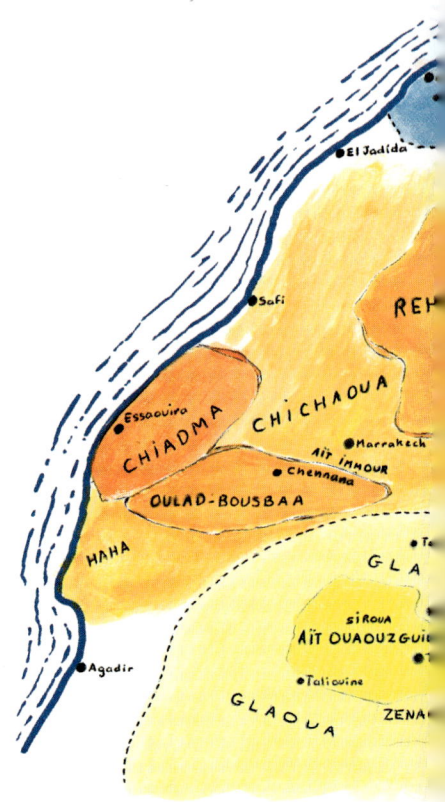

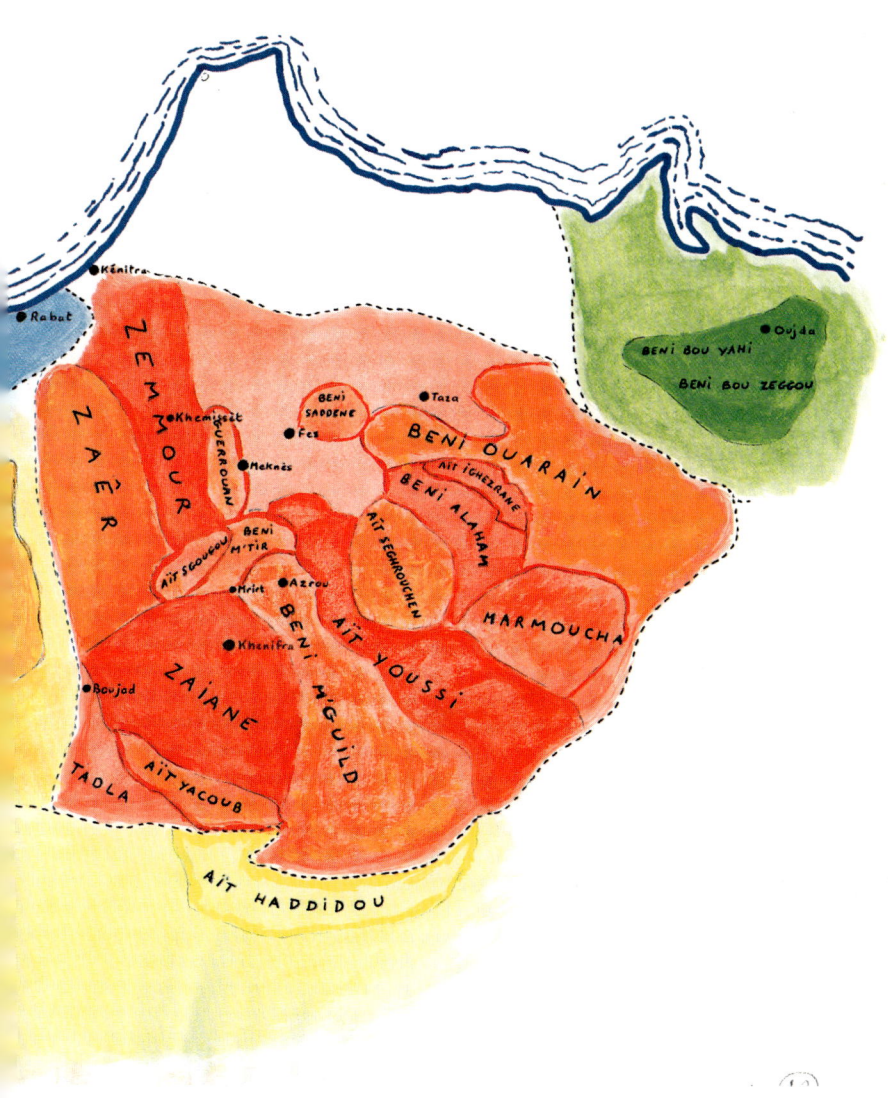

KÉnitra
Rabat
ZEMMOUR
ZAËR
GUERROUAN
Khemisset
Meknès
Fez
BENi SADDENE
Taza
BENi OUARAIN
Aït IGHEZRANE
BENi ALAHAM
Aït SÉGHROUCHEN
MARMOUCHA
Aït SGOUGOU
BENi M'TiR
Mrirt
Azrou
Aït YOUSSi
Khénifra
BENi M'GUILD
ZAïANE
Boujad
TAOLA
Aït YACOUB
Aït HADDiDOU

BENi BOU YAHi
Oujda
BENi BOU ZEGGOU

CARTE RÉGIONALE DES TAPIS
DU MAROC.

Les tapis du Moyen Atlas et du Maroc Oriental

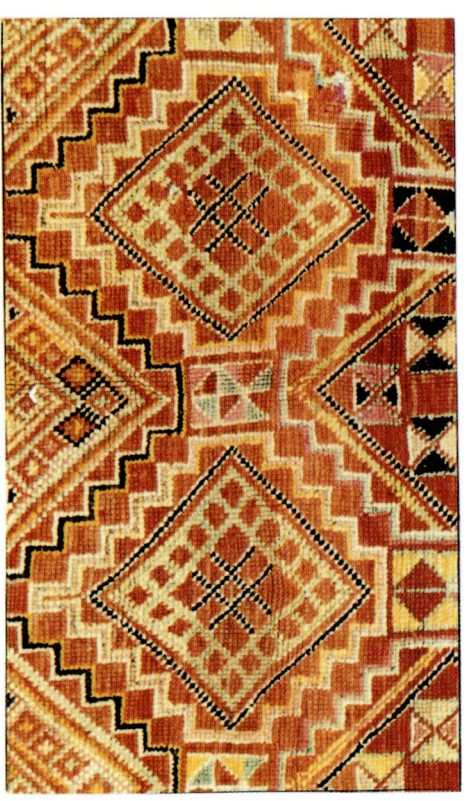

Détail de tapis *Zemmour*.

Cette dénomination géographique commode et très usuelle est bien imparfaite. Si l'on considère en effet les tapis Zemmour comme le type le plus représentatif de cette production, on constate en même temps que ce vaste ensemble tribal (on a parlé de confédération) habite à la périphérie du grand massif central marocain. Entre Meknès et Rabat, dans une région de plateaux herbeux tailladés par des failles, les Zemmour ont fait de la petite ville de Khémisset leur centre marchand le plus actif. Le paysage, les conditions climatiques de cette région assez douce diffèrent sensiblement de ceux du Moyen Atlas proprement dit, plus rude, plus continental, plus montagneux, où vivent les Beni Mguild, les Zaïane ou les Beni Ouarain, pour citer les tribus les plus productives. Pourtant, tous ces tapis ont des parentés évidentes : de format, de « grain », de couleur et de dessin. Il serait bien hasardeux de donner des proportions moyennes en matière de tapis. On s'accordera cependant pour reconnaître aux Zemmour, aux Beni Ouarain, aux Aït Yacoub, aux Guerouane et aux Aït Youssi un air de famille : ils se présentent souvent aujourd'hui

Ce grand tapis noué de *Marmoucha,* de forme presque carrée (280 × 225), présente un décor géométrique très dense organisé en bandes horizontales.

La couleur blanche originelle, ici tout à fait résiduelle, a laissé la place à une dominante bleue et beige structurée par des rehauts bruns.

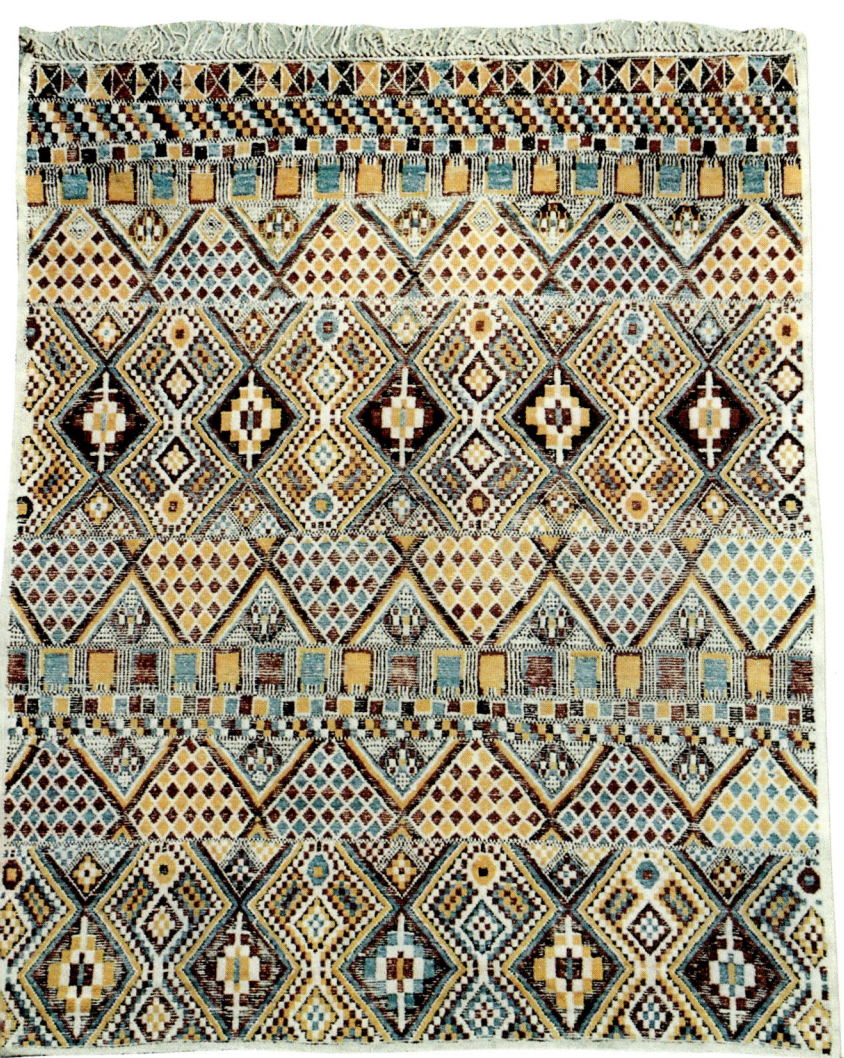

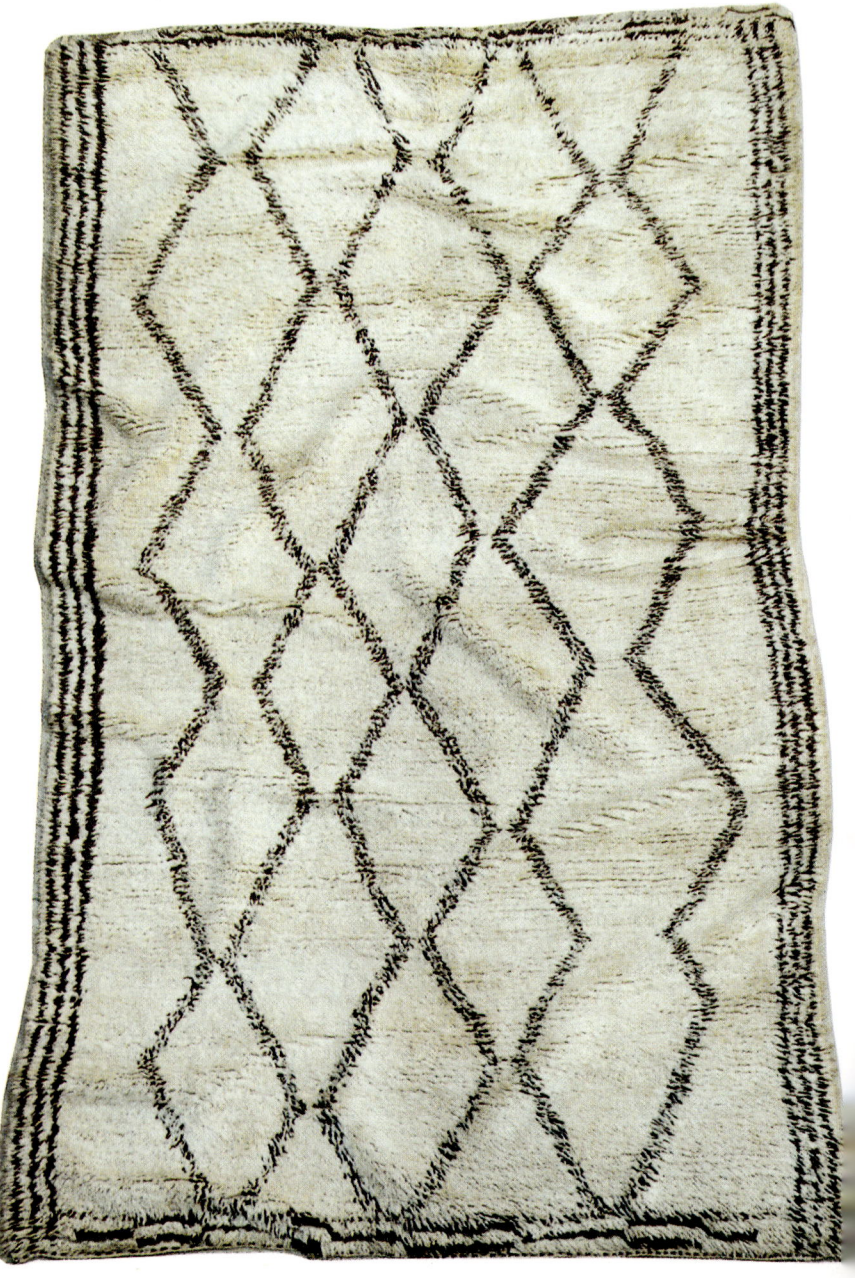

sous la forme de rectangles un peu trapus et se distinguent en cela, même lorsqu'ils sont très grands, des tapis systématiquement longs et étroits du Haut Atlas, par exemple. Ce rapport plutôt harmonieux entre la longueur et la largeur en fait d'ailleurs des tapis facilement adaptables dans les habitations modernes. Ces formats viennent évidemment de la tente, qui s'évase et s'élargit autour du mât central et dont il faut couvrir tout le sol, et aussi de la fonction ancienne de lit collectif de ces tapis à moquette épaisse. Mais nous reviendrons ultérieurement sur la relation du tapis à l'habitat. Bien entendu, à l'intérieur de ce cadre, des différences marquées se font jour : les tapis des

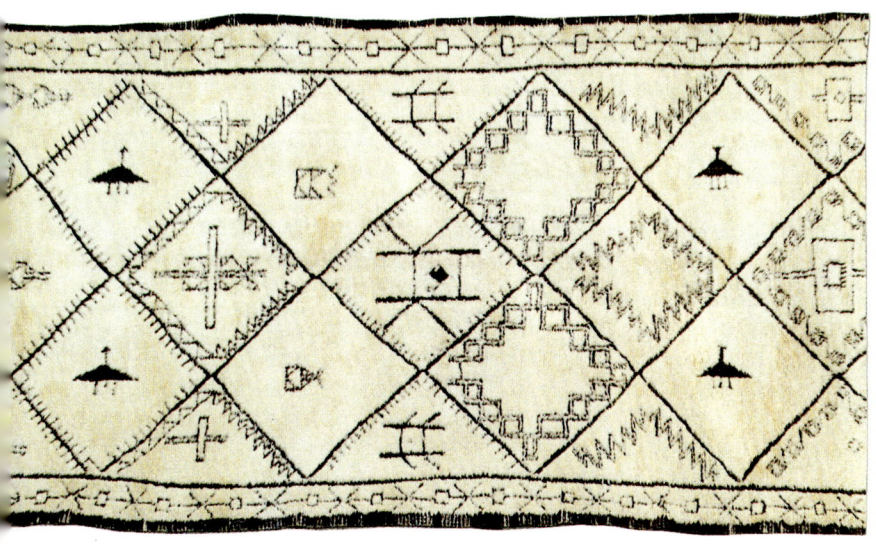

Beni Ouarain noué (300 × 175). Les grands tapis de cette tribu étaient, sous la tente, utilisés comme lits collectifs. La masse neigeuse de la moquette s'orne ici d'une structure losangique irrégulière et pure donnant beaucoup de mouvement à la composition.

Beni Ouarain noué (400 × 190), fragment. Dans ce tapis, le champ losangique est devenu plus régulier et s'est enrichi de motifs variés : piquets de tente au centre, cigognes à la périphérie.

Marmoucha, situés à la limite orientale de l'ensemble, tendent parfois à devenir des « tapis plateaux », presque carrés. De même, les tribus des Beni Mguild offrent peut-être plus fréquemment de petits formats que les Zemmour ou les Aït Yacoub. Un écart particulièrement intéressant se manifestant dans plusieurs tribus de la région tient en outre à l'usage d'une technique mixte, associant dans le champ zones nouées et zones tissées, de telle sorte que, par plaques, la toison se creuse, cerne le motif, l'évidant comme à la gouge. On pourrait alors parler de tapis gravés.

La qualité de leur laine constitue un autre dénominateur commun fédérant les tapis du Maroc central. Que la moquette soit de longueur moyenne (autour d'un centimètre), comme chez les Zemmour, les Aït Yacoub, les Aït Youssi, les Beni Sadden qui vivent entre Fès et Taza, ou franchement longue (plusieurs centimètres), comme chez les Zaïane, les Beni Mguild ou surtout les Beni Ouarain dont la masse neigeuse évoque véritablement une fourrure polaire, les laines « comptent » pour elles-mêmes. Leur qualité se palpe à la main, leur brillance se voit : nous sommes chez des pasteurs relativement riches et qui, en outre, doivent souvent se protéger du froid. En fait, qu'ils continuent d'habiter sous la tente ou dans ces maisons basses et cubiques où se mêlent aujourd'hui la terre, la paille et les parpaings, tous continuent de considérer le tapis comme un objet protecteur participant puissamment au confort de l'habitat.

Les couleurs contribuent également à assurer l'unité de l'ensemble. Le rouge est en effet aujourd'hui dominant dans la totalité de l'aire, à l'exception de quelques poches orientales où le blanc résiste encore. Un rouge non pas uniforme, d'ailleurs, mais plein de nuances et de diversité. Il s'agit le plus souvent d'un rouge sombre, entre dos de coccinelle et brique cuite. Parfois, après un lavage au soufre, ces braises profondes se vermillonnent et s'ensoleillent. Certains Zemmour de Khémisset jouent particulièrement sur les harmonies rouge et or. Sur cette base dominante, mais non exclusive, se déploient quelques couleurs d'effet : le vert pré, le brun terreux, le violet d'encre, mais aussi le noir naturel, le blanc ivoire et la gamme infiniment variée des orangés.

Aït Yacoub noué (265 × 175). Les tapis de cette tribu sont souvent à dominante noire, rouge et feu. Ils se caractérisent également par une sorte de sagesse décorative où l'on sent l'influence des tapis de Rabat : une succession de cadres bien marqués délimite ordinairement un centre constitué de losanges.

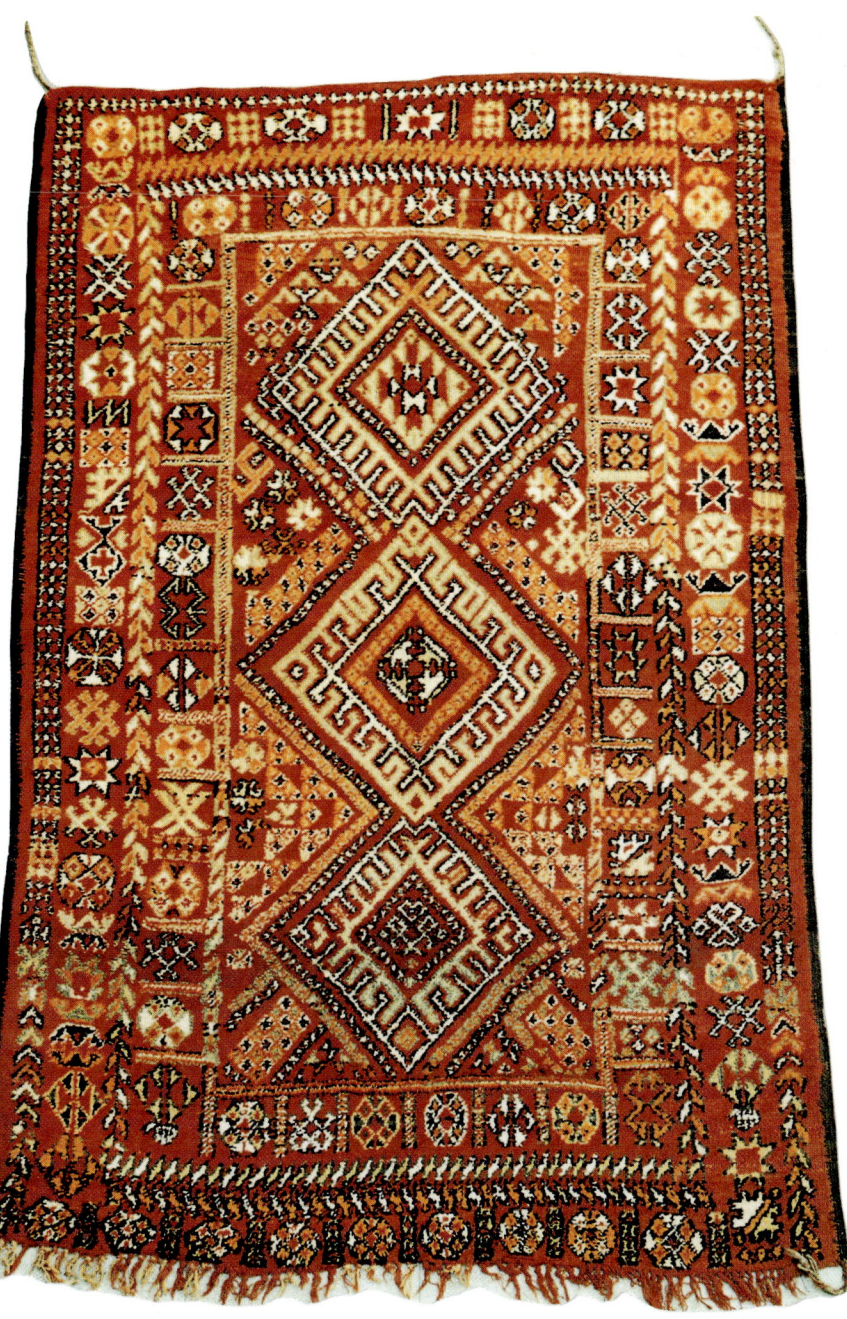

Gardons-nous cependant des réductions trop générales : si les Aït Yacoub demeurent presque toujours à dominante noire, rouge et feu, les Marmoucha sont souvent marron, bleu et crème, et certains Mrirt se distinguent encore de l'ensemble par un goût frappant des juxtapositions criardes, orange minium et vert andalou, par exemple. Quant aux Beni Ouarain et aux Aït Ighezrane, tapis du Moyen Atlas s'il en fût, nous avons déjà signalé leur champ éblouissant de neige sur lequel la tisseuse tatoue ses motifs noirs ou bruns naturels.

En ce qui concerne le graphisme, le trait commun aux tapis et aux tissages de ce vaste ensemble est sans doute l'alliance d'une certaine rigueur géométrique et d'une grande liberté de disposition. La rigueur vient de la rectitude de l'exécution : les motifs des Zemmour ou des Guerouane sont nets, anguleux : ils tirent droit. Partout dans la région, le rond, l'incurvé, l'hésitant reculent devant le trait de jet et son retour. On rencontre ainsi des losanges, des triangles, des damiers, des étoiles (le plus souvent à huit branches), des lignes droites ou brisées, des quadrillages... Mais en même temps, la mise en page du tapis répugne généralement au centrement prédéterminé. Le champ tout entier est cadre ; il y a bien un centre, mais point de motif central, la vie du tapis s'étend avidement jusqu'à ses lisières qui, assez souvent, tranchent même la progression du motif, laissant un losange

interrompu, une ligne en attente. En cela, plus que d'autres, les tapis du Moyen Atlas ont quelque chose de fragmentaire et d'ontologiquement inachevé. Parfois, comme chez les Zemmour, la structure géométrique s'accuse jusqu'au quadrillage. Mais il n'y a point ici de contradiction avec la liberté de composition signalée plus haut. Ces quadrillages qui, pour ainsi dire, *caissonnent* le champ, augmentent l'impossibilité du centrage.

Ce petit *Zemmour* de Khemisset (180 × 120) mêle la rigueur géométrique à une grande liberté de disposition. Les motifs paraissent suspendus dans l'espace comme les pièces d'un mobile.

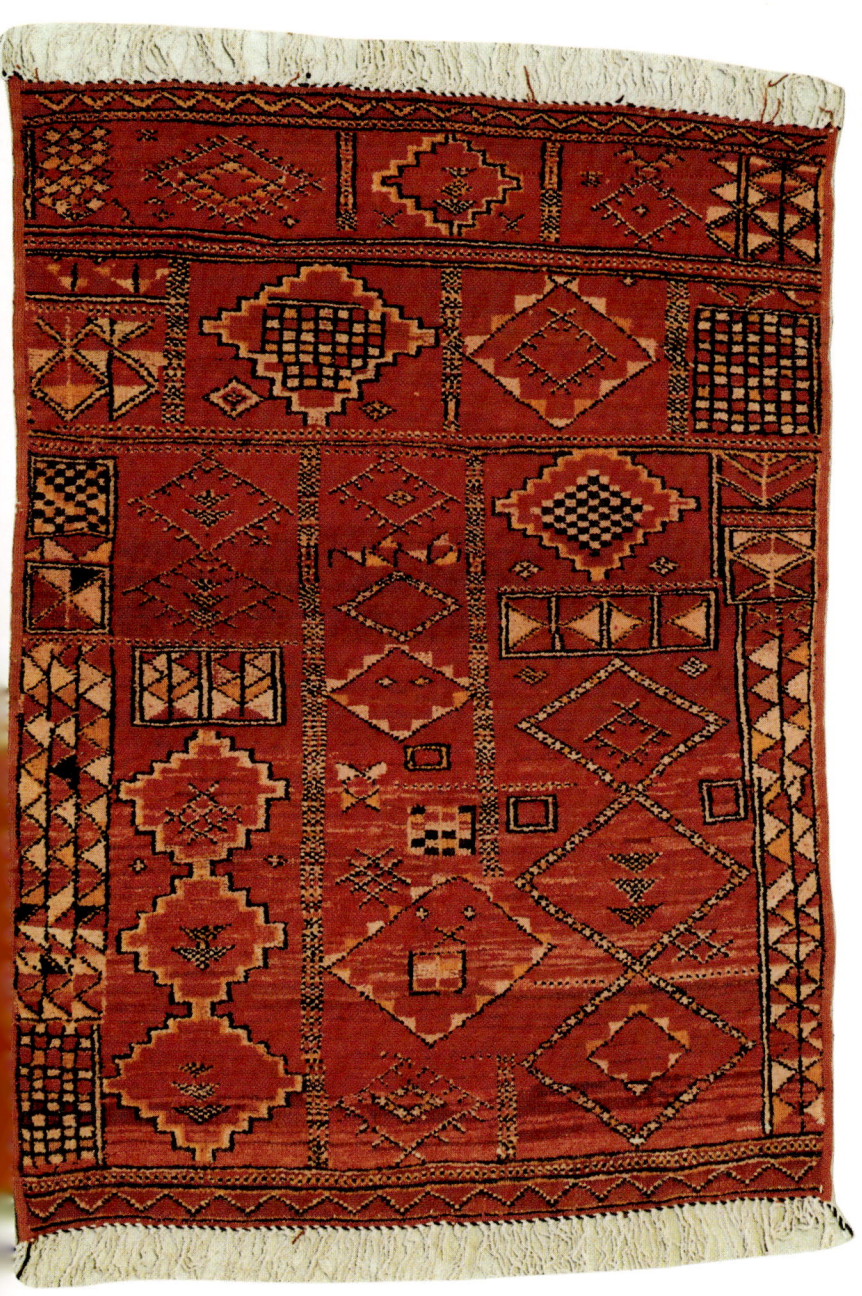

Les tapis du Maroc Oriental
forment à tous égards un groupe
marginal et périphérique.
Traditionnellement fabriqués
dans les régions de Taourirt et
d'Oujda, au sein des tribus Beni
Bou Yahi et Beni Bou Zeggou, ces
grands tapis de haute laine serrée
et légèrement ondulée sont
toujours décrits pour la violence
de leurs couleurs et leur
ressemblance avec les tapis
algériens du lointain Djebel
Amour. Sur un fond rouge foncé,
des motifs losangés comprenant
souvent en leur centre d'autres
losanges découpés en escaliers ou
des quadrillages en damiers
juxtaposent ainsi des bleus et des
verts puissants. C'est, semble-t-il,
cette trichromie assez rare qui a
incité les premiers observateurs à
les considéréer comme
constituant un groupe particulier.
En réalité, on pourrait aussi bien
en faire un sous-groupe des tapis
du Moyen Atlas. L'importance de
leur moquette, la structure
générale du dessin, la dimension
même de ces tapis très grands, de
forme allongée et sur lesquels
plusieurs personnes peuvent
dormir, plaident en ce sens. Leur
particularisme est cependant
aujourd'hui un fait acquis. Il se
signale encore par la nature mixte
de la chaîne qui, comme dans
d'autres régions pauvres du
Maroc, est faite de laine mélangée
à du poil de chèvre et de chameau,
ainsi que par la présence, plus
rare dans le Moyen Atlas central,
de bandes de toile rayées de
bleu et de rouge formant de part et
d'autre du tapis pris dans sa
longueur des chefs d'une trentaine
de centimètres.

Mais ces tapis sont rares et, pour
ainsi dire, peu présents. Prosper
Ricard les signale et les décrit,
quelques musées en possèdent,
tous les livres estiment nécessaire
de leur consacrer une rubrique.
Cependant, à y regarder de plus
près, ce sont les mêmes
informations qui passent de
notice en notice. Le livre édité en
1980 par le *Textile Museum* de
Washington reprend ainsi,
presque mot pour mot, un article
publié en 1948 dans
*L'Encyclopédie coloniale et maritime
du Maroc*...
Cette place fort modeste est un
peu à l'image d'un Maroc
Oriental politiquement et
stratégiquement très important,
mais souffrant au plan de la
représentation d'une sorte d'exil
intérieur. Ce groupe de tapis
n'est donc pas exactement à
parité avec les autres familles.
Toutes, d'ailleurs, ont donné une
forme moderne largement
diffusée en dehors de leur aire
traditionnelle, alors que le tapis
d'Oujda d'aujourd'hui ne se
rencontre guère que dans sa
région d'origine.

Zemmour à décor classique
(310 × 190). Dans le champ
quadrillé de ce tapis, chaque
motif développe sur une ligne
horizontale toute une série de
variantes jouant sur les couleurs.

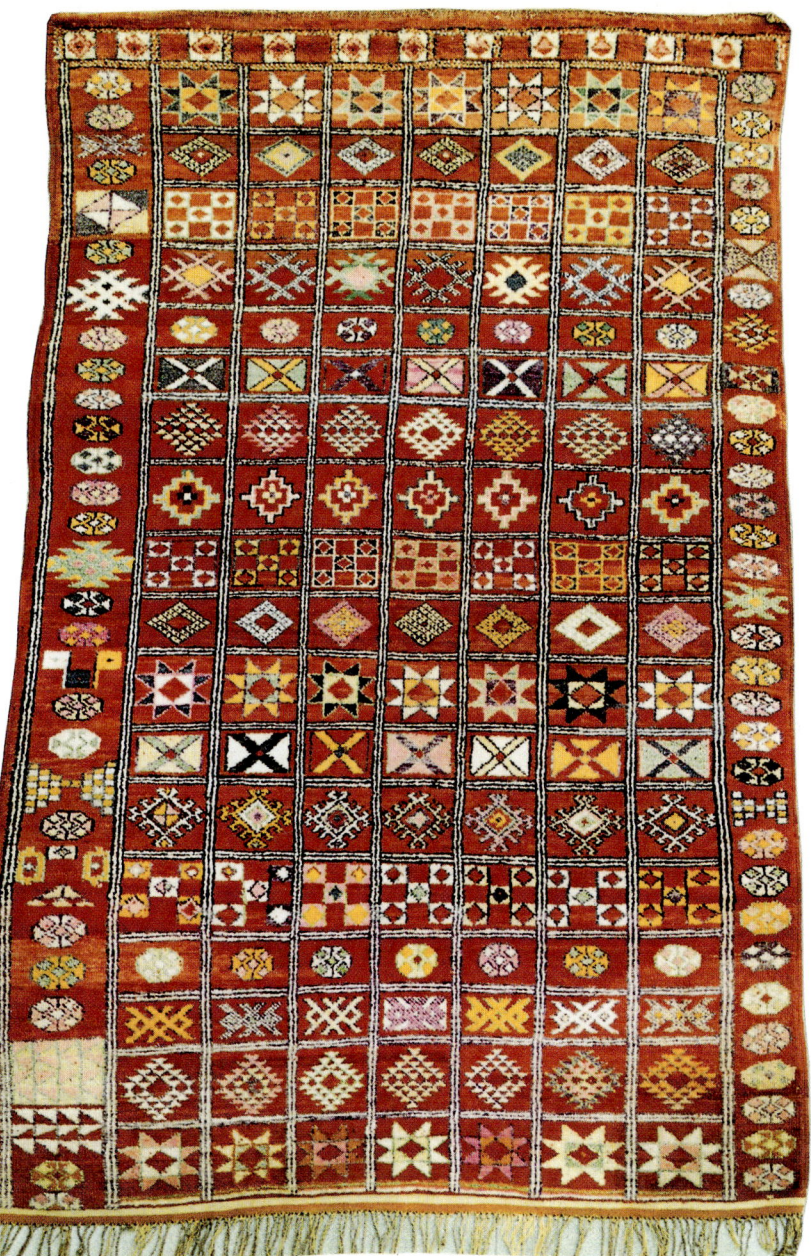

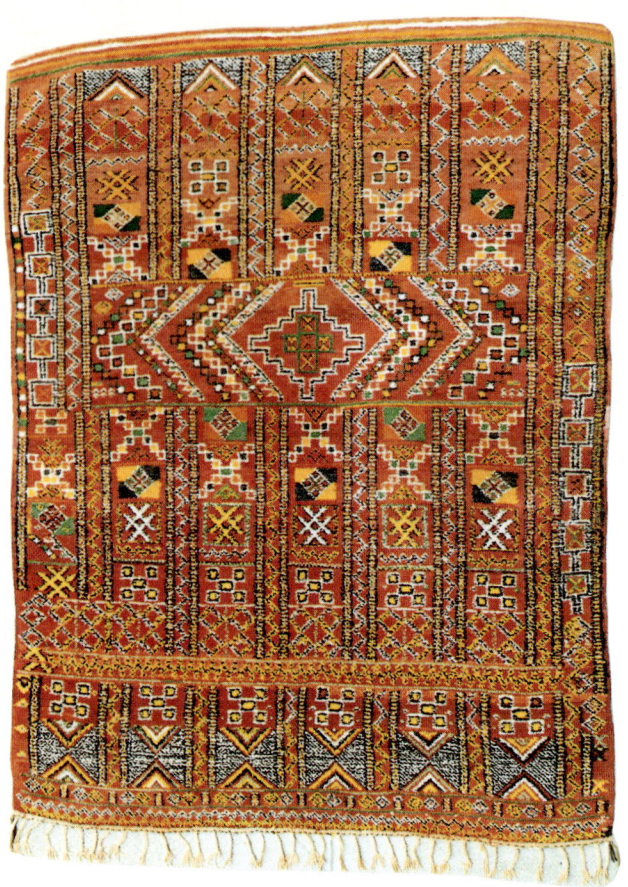

Zemmour de Khemisset (220 × 165). L'organisation horizontale des motifs est combattue par une structure en bandes verticales, violemment soulignée par des listels à petits points de riz formant barreaux.

Zemmour noué (305 × 180). Dans ce tapis au décor très orné, le quadrillage s'efface au profit d'une structure où dominent les bandes longitudinales. Comme dans de nombreux tapis de cette tribu, le champ est clos sur trois côtés et reste ouvert sur le quatrième. Notons la présence, très inhabituelle, de trois visages bien dessinés : l'un au centre, les deux autres à la périphérie.

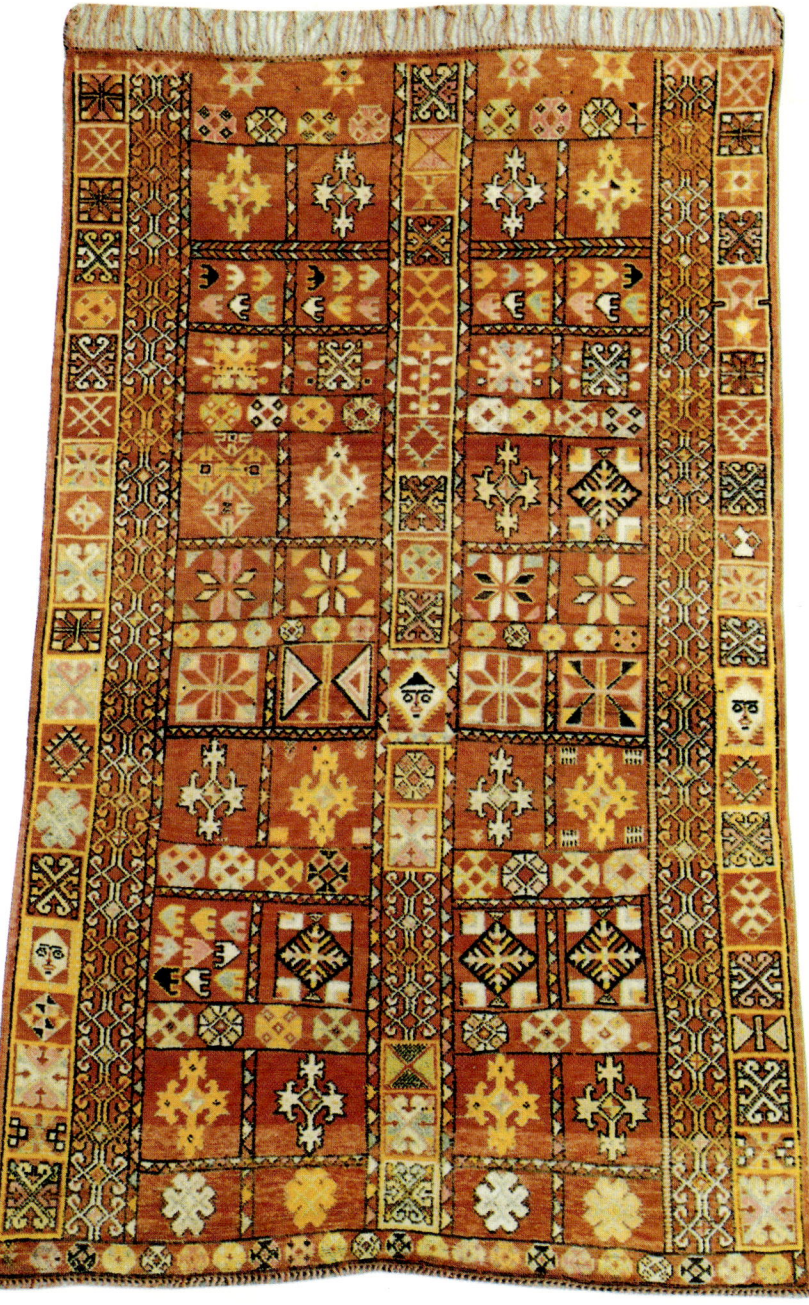

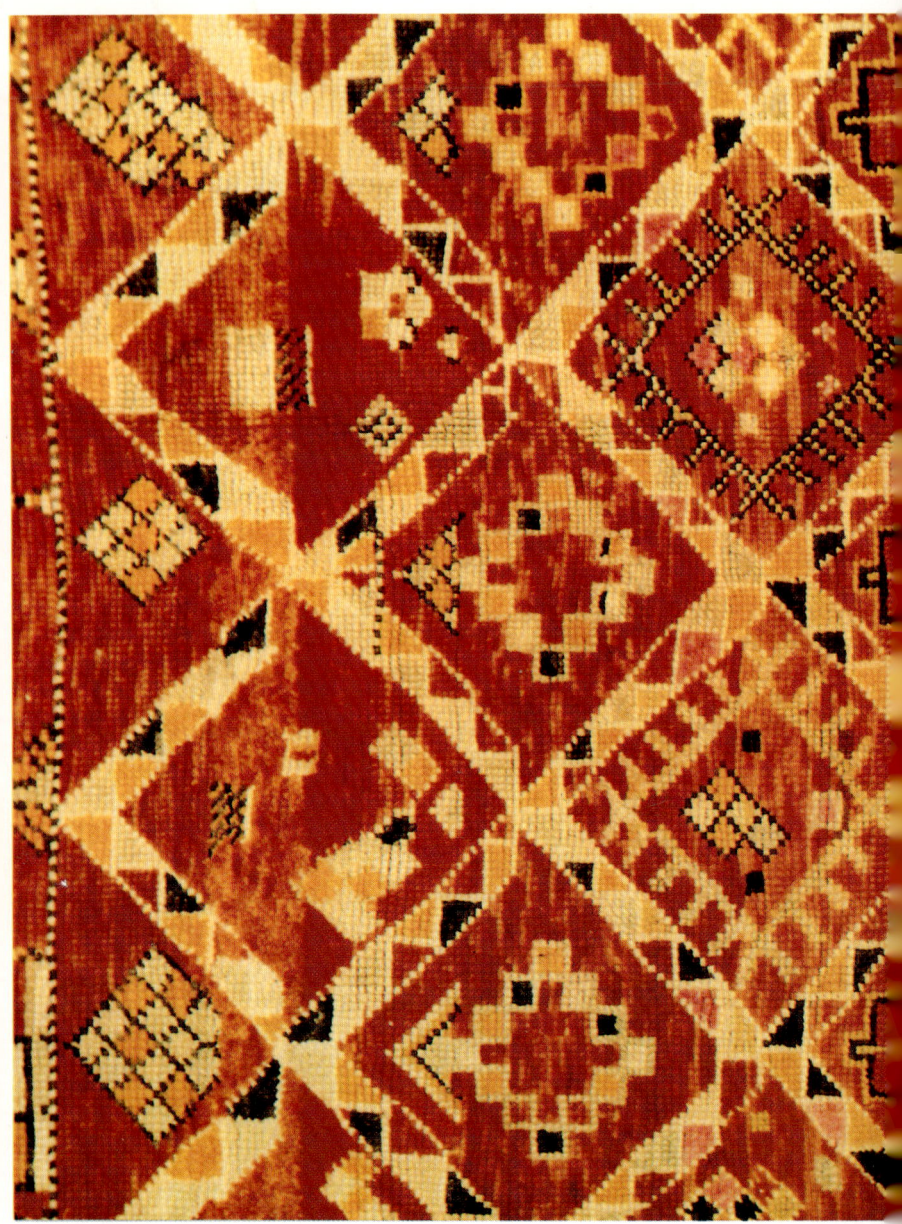

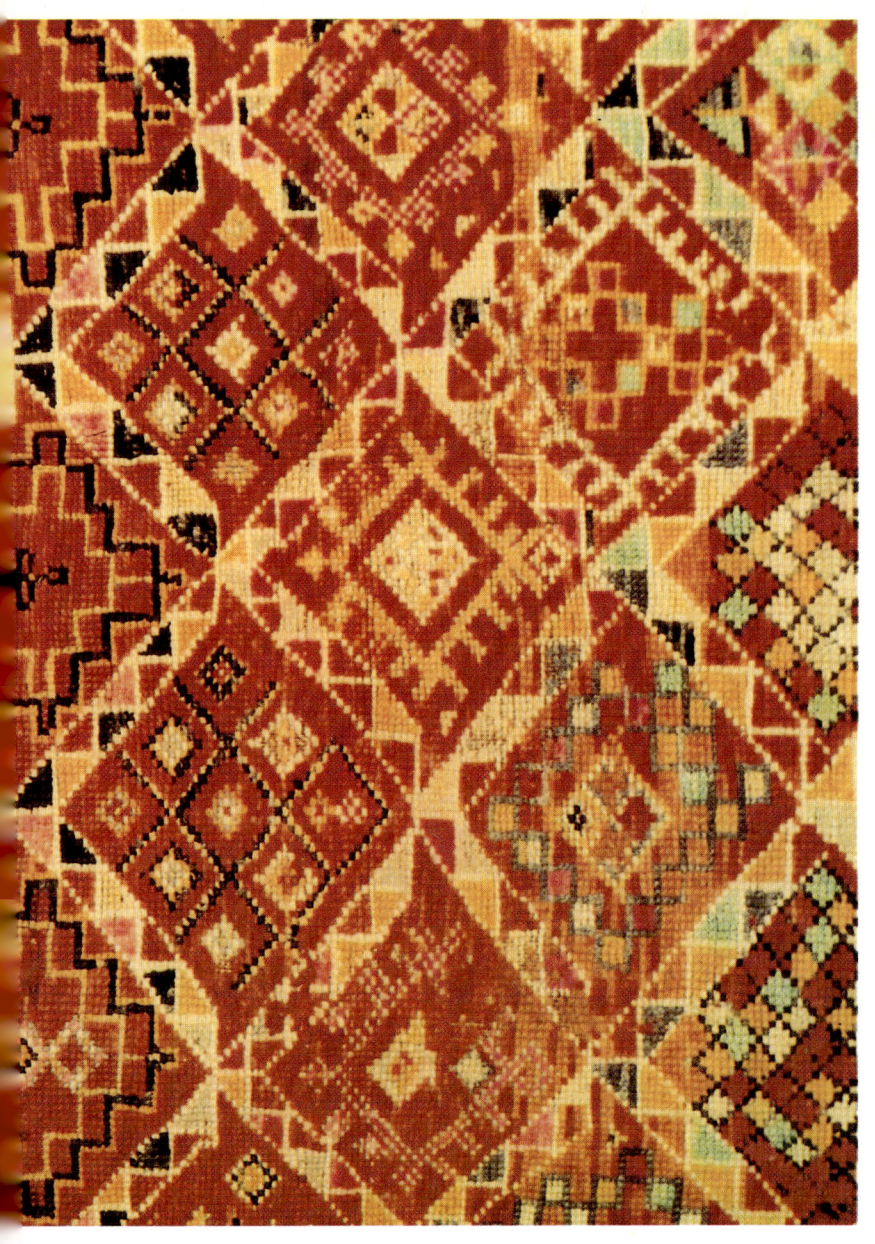

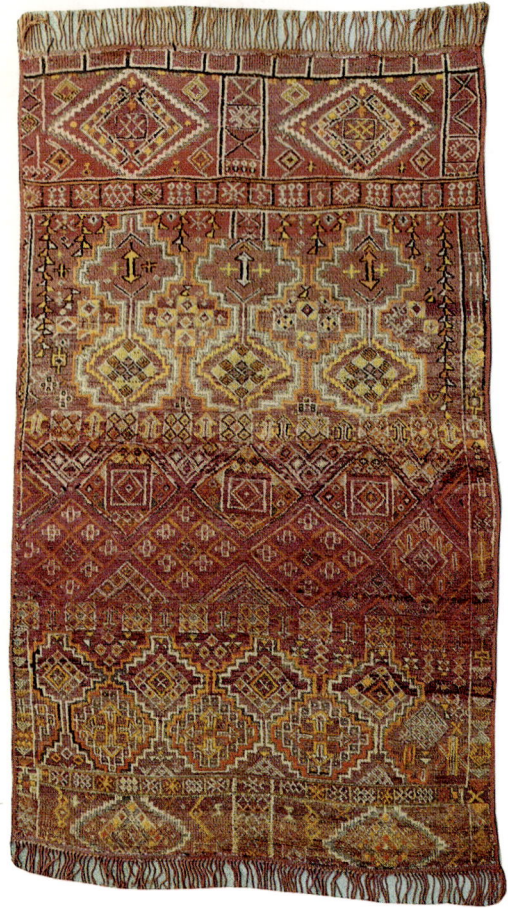

Double page précédente :
Beni Mguild noué (230 × 180).
Tapis parfaitement représentatif
de sa tribu. C'est à l'intérieur des
quadrillages réguliers que la
diversité est réintroduite par des
jeux complexes sur les formes et
les couleurs des motifs.

Ce *Beni Mguild* ancien étonne
d'abord par sa couleur mauve.
On y observe une mise en
concurrence de l'organisation
losangique classique et d'une
structuration en bandes
horizontales soulignée par des
nuances chromatiques
(270 × 170).

Beni Mguild noué (240 × 215).
Dans ce tapis, l'organisation en
bandes horizontales l'emporte
absolument. Le réseau losangique
subsiste, mais s'appauvrit et subit
des altérations continuelles. Au
centre, le motif a comme éclaté : il
n'en reste plus que des fragments
et des « modules » épars.

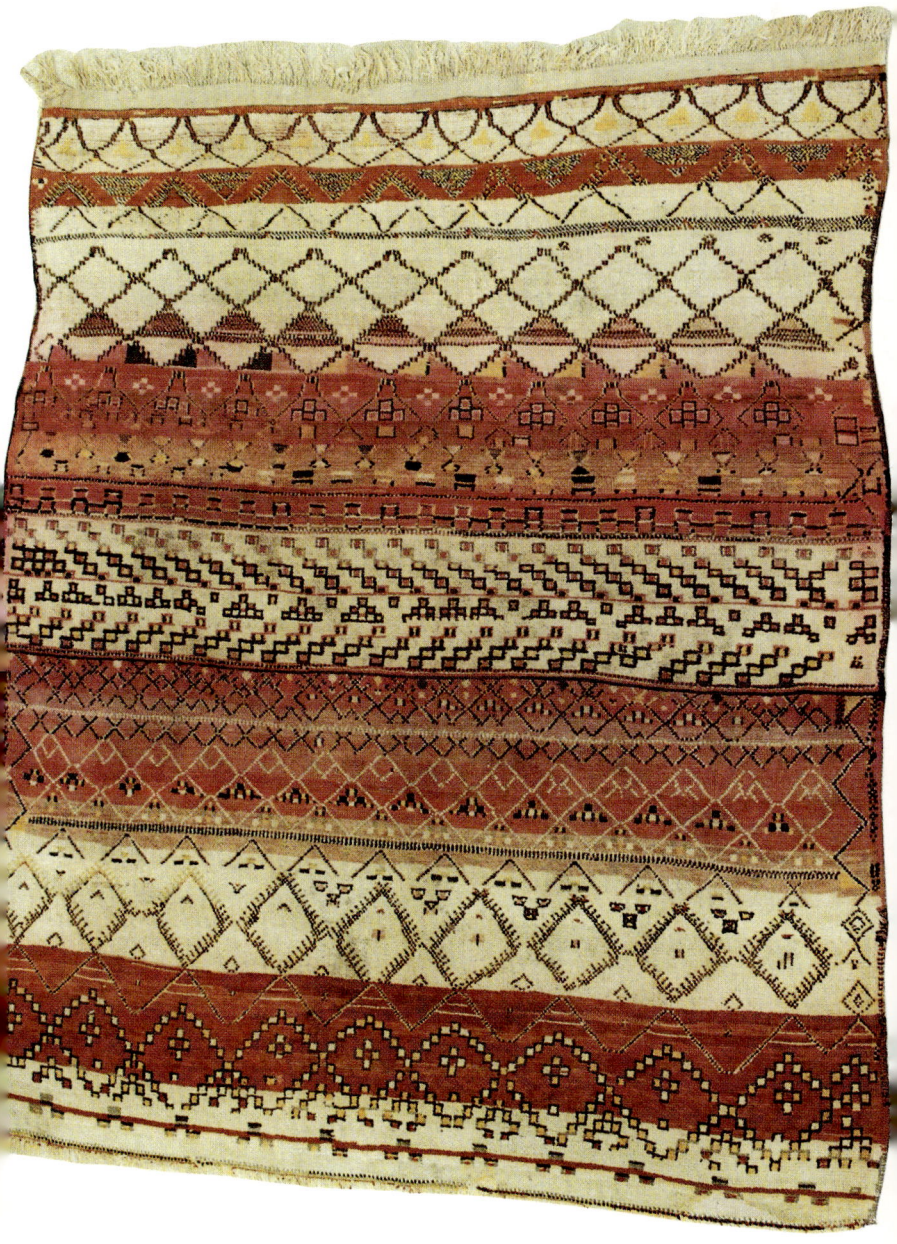

Les tapis du Haut Atlas

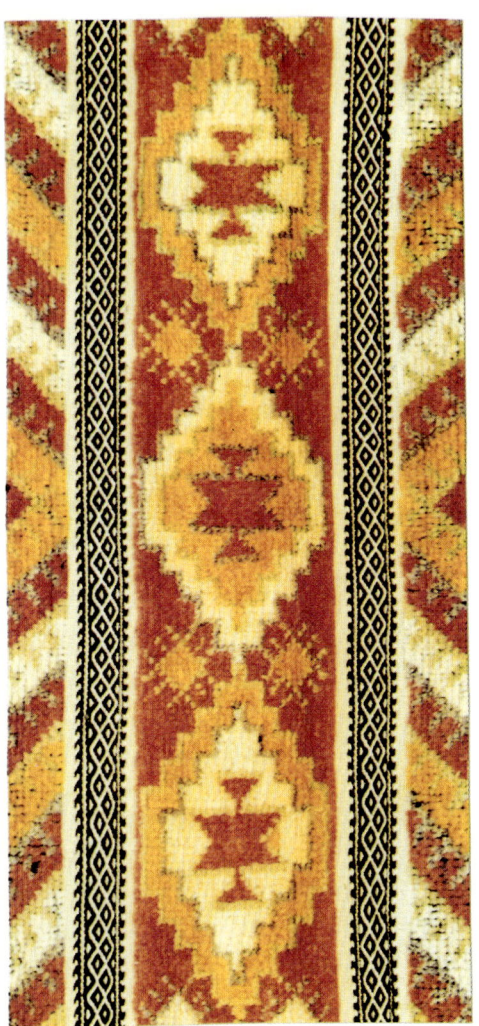

*L*es tapis du Haut Atlas ont une assise régionale très affirmée. Ils commencent avec le massif même, aussitôt qu'après l'oasis de Marrakech l'altière chaîne tertiaire hausse vers le Sud ses pics neigeux. Ils commencent au col du Tichka, au pied de cette ancienne Casbah de Télouet où le Glaoui donnait jadis ses fêtes ; ils descendent d'une traite vers la chaleur jusqu'à Ouarzazate ; ils s'étendent vers l'Ouest, au cœur de la montagne qui parle Tachelhait, au gré de la diffusion de la grande tribu des Aït Ouaouzguite. Tous, tapis des Glaoua et du Siroua, de Taliouine ou de Tazenakht, sont des œuvres de la montagne-citadelle. Ils habitent non plus la tente ou la basse maisonnette carrée, mais les *ksour* présahariens ou ces austères maisons de pierres sèches, hautes comme des façades cévenoles, collées en ruchés aux plis de la roche brun sombre.

Détail de tapis *Glaoua*.

Tapis *Aït Ouaouzguite* jaune et rouge à chevrons, de la région de Tazenakht (315 × 130). Les deux chefs, qui ouvrent et ferment le tapis, sont en toile tissée rase.

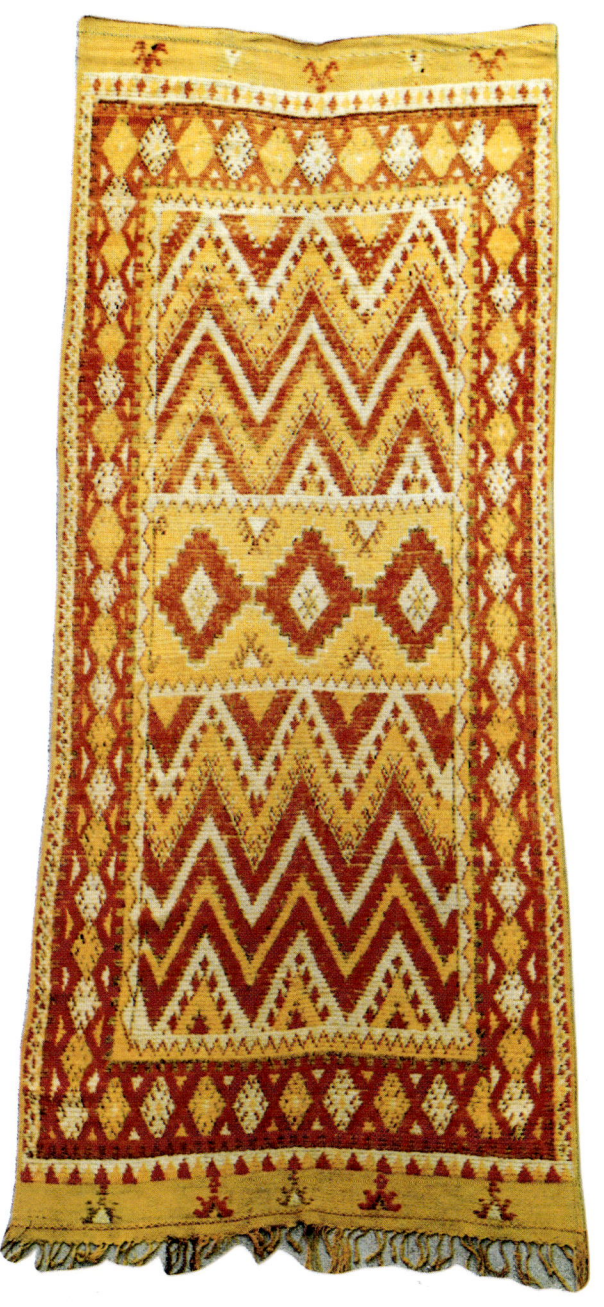

Au milieu de cette gravité superbe, le long tapis du Haut Atlas apporte une note de luxe et de gaieté. Si le rouge sombre domine le massif central, le jaune étincelle ici de tous ses feux. Jaune vif, jaune paille, jaune safran, les tapis de la région de Tazenakht évoquent tous les états du champ de blé, de la tête d'or des moissons à l'éteule pâlie par le soleil. Sur ces jaunes dominants sont tracés des bleus de peau tatouée, des verts de tige en sève, des verts céladons de luzerne séchée et, toujours, de larges traits noirs dont le deuil augmentera jusqu'au désert.

À Ouarzazate et au-delà, en allant vers Zagora ou vers Tinerhir, on rencontrera ainsi ces tapis de ténèbres profonds comme des velours. Le rouge, pourtant, n'est pas absent, mais il est plus froid et toujours plus discret qu'ailleurs. Il fait tache et non fond.

Nous avons parlé de luxe. Celui des tapis du Haut Atlas vient d'abord de leur laine. La laine d'agneau y est davantage et mieux travaillée qu'ailleurs. Couchée très à plat sur la trame, la moquette a un lissé de chevelure mouillée. La lumière y joue extraordinairement : la couleur, les motifs du tapis changent de densité et d'apparence à mesure qu'on tourne autour. Les plus beaux des Aït Ouaouzguite sont ainsi allégés par leur lumière. On en oublie la masse de laine, le poids, la matière. Ils sont aux tapis lourds de vie du Moyen Atlas ce qu'aux vrais nuages sont les nuages de Debussy.

Ce caractère auratique les rend d'ailleurs très difficiles à photographier. Quoi de plus fuyant qu'une moire ? Quoi de plus incertain qu'un halo ? Les motifs de ces tapis sont également géométriques : on y retrouve des losanges, des triangles et surtout des chevrons. Deux différences importantes les distinguent cependant des tapis du Moyen Atlas : l'occupation du champ par le dessin est en général moins dense ; et, d'autre part, la disposition des motifs est plus ordonnée. Tantôt, comme chez les Glaoua, le tapis alterne bandes tissées et bandes nouées dans une structure en fenêtre qui est la marque de la tribu ; tantôt, comme chez les Aït Ouaouzguite, le motif central est inscrit dans un cadre, tandis qu'aux chefs des bandes horizontales se répondent. Cette relative sagesse, qui n'exclut nullement la virtuosité, paraît confirmer notre appréciation générale : ces tapis longs et souples sont d'abord lumière.

Aït Ouaouzguite à fond jaune (330 × 130), au décor sagement organisé autour d'un centre.

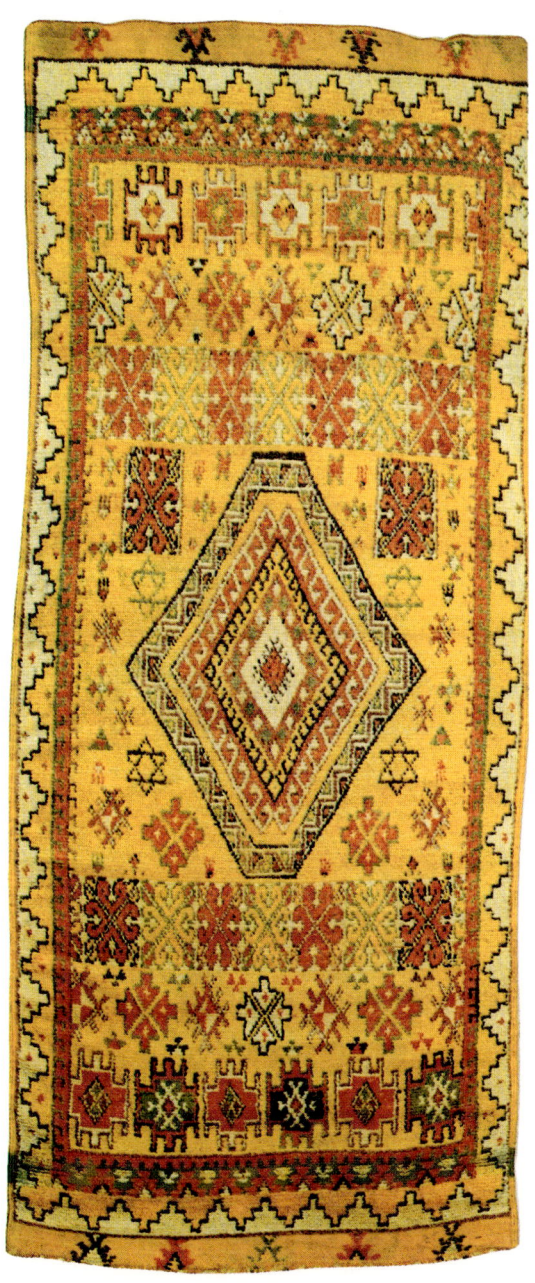

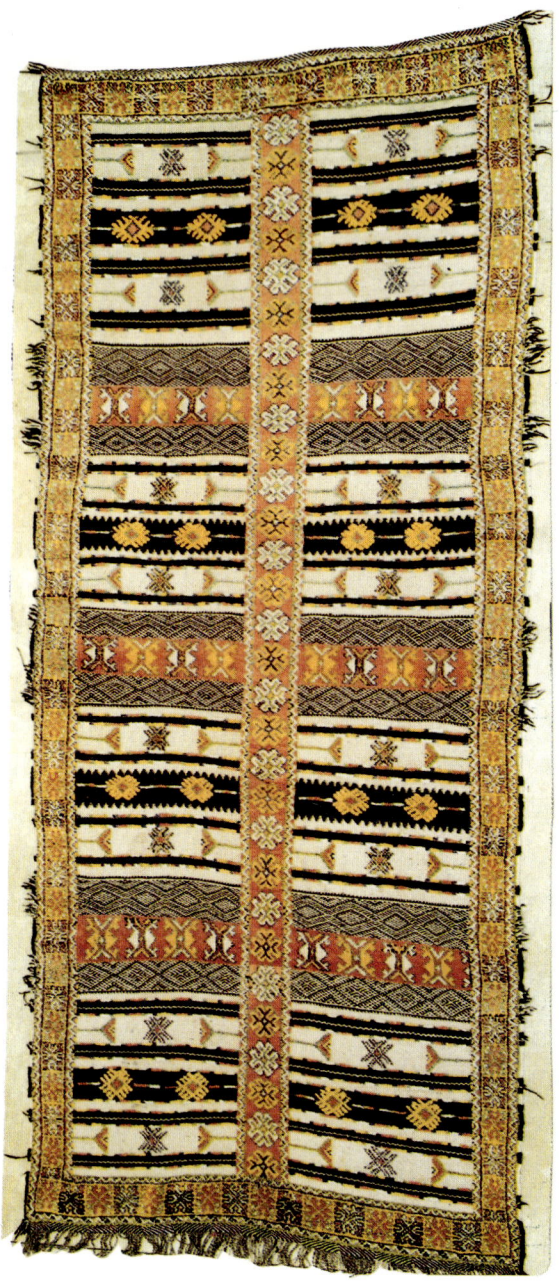

Grand *Glaoua* (370 × 150). L'alternance de bandes nouées et tissées est une caractéristique forte de ces tapis. Dans ce cas, la dualité technique est renforcée par une structure en fenêtre.

Tapis quadrillé à fond noir, particulier à la région de *Ouarzazate*. L'intérieur des croisillons est occupé par deux motifs, le crapaud *(jerâna)* et les ciseaux *(meqess)*, disposés en rangées, celles-ci alternant plus ou moins régulièrement (280 × 142).

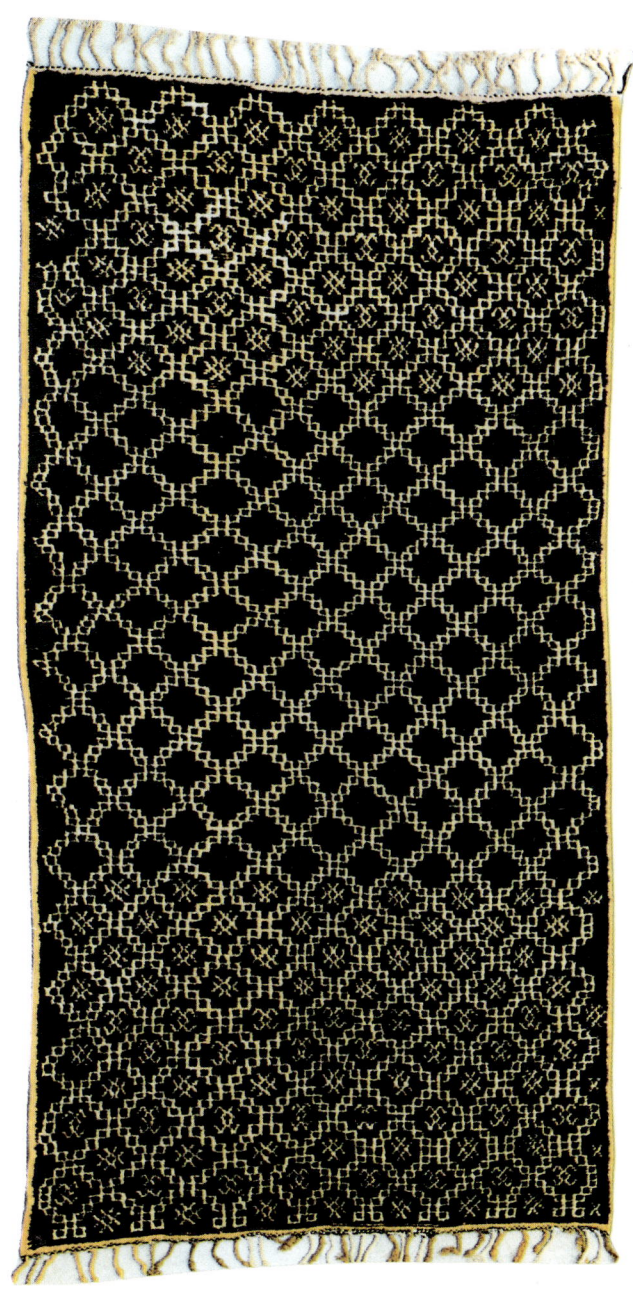

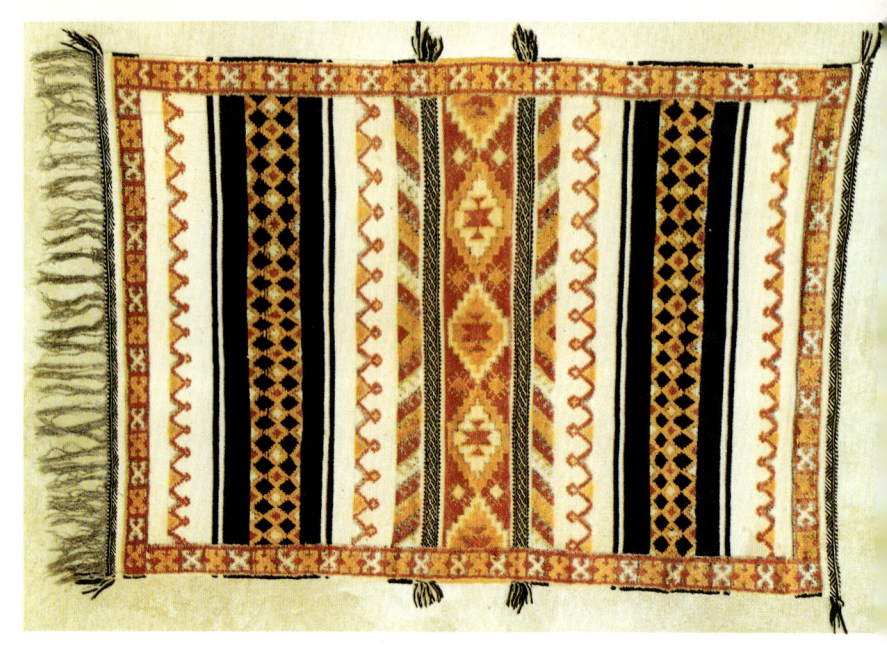

Petit *Glaoua* (200 × 135). Ici,
seule l'alternance horizontale a
été gardée. Les tissages
ornementaux noir et blanc,
régulièrement répartis dans
l'exemple précédent, ne
subsistent plus qu'en fines bandes
au centre et aux chefs.

Grand *Taliouine* (500 × 170) –
fragment. Proche d'un Glaoua, ce
tapis de Taliouine accuse le
découpage classique en fenêtre
par l'utilisation de petits losanges
créant un curieux effet de vitrail.
Le décor, résolument
géométrique, n'utilise cependant
pas les motifs floraux fréquents
chez les Glaoua.

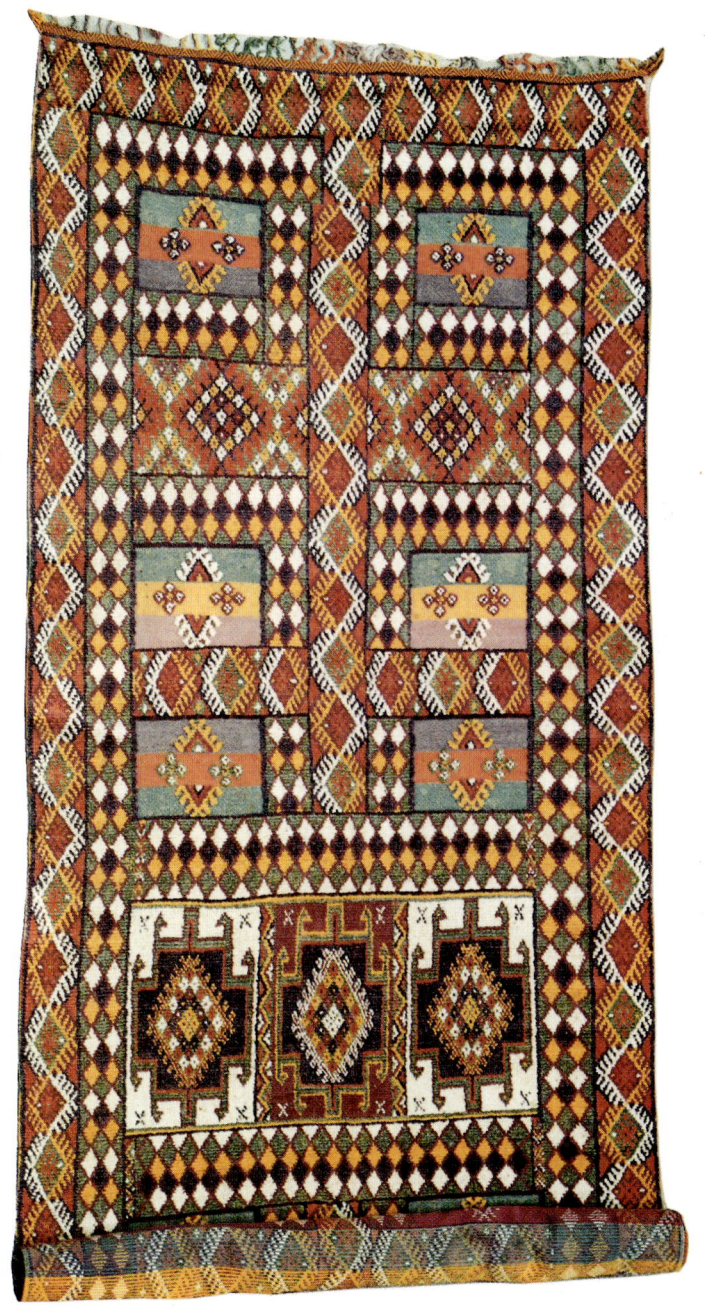

Les tapis du Haouz
et des Plaines Atlantiques

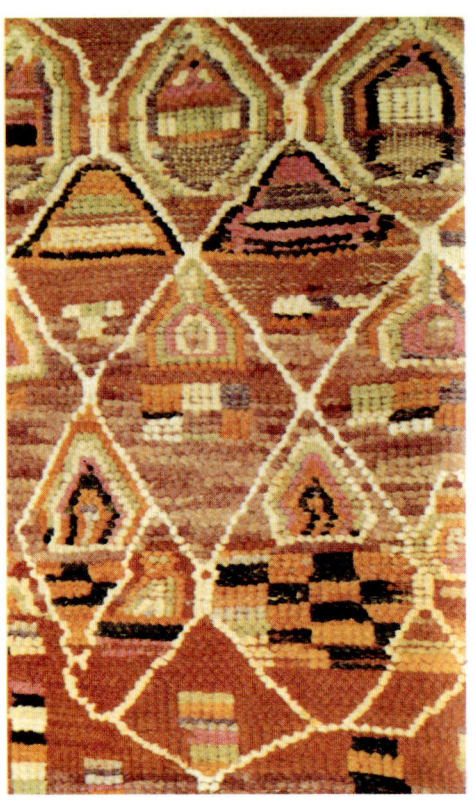

Détail de tapis *Chiadma*.

*U*ne telle dénomination
regroupe en réalité deux aires
géographiques assez différenciées
prises dans un triangle délimité
par Marrakech, El Jadida et
Agadir. Au centre, d'abord,
comprise entre les deux Atlas et
la mer, une vaste plaine
irrégulière de plus en plus sèche
à mesure que l'on va vers l'Océan
et que l'on s'éloigne des sommets
enneigés. Puis, à l'ouest, une
zone littorale, frange plus
humide, rafraîchie par l'alizé
dont on a dit avec bonheur
qu'Essaouira était la capitale. Cet
ensemble, regroupé pour
d'évidentes raisons formelles,
inclut donc les tapis de plaine
proprement dits – tapis du
Haouz de Marrakech, tapis des
Oulad Bousbaa de Chichaoua ou,
plus au sud, de Chennana, tapis
des Aït Immour, tapis des
Rehamna disséminés entre Settat
et Ben Guerir –, et les tapis
littoraux dont les représentants
les plus typiques se rencontrent
dans la tribu côtière des
Chiadma.

Chichaoua noué (350 × 165).
Comme souvent dans les tapis de
cette région, la structure
organisant la disposition des
motifs cesse d'être
immédiatement apparente : plus

de quadrillage, plus de bandes,
mais une sorte d'errance du motif
dans le champ. Les tapis du
Haouz donnent, par excellence,
l'image de signes tracés sur un
fond.

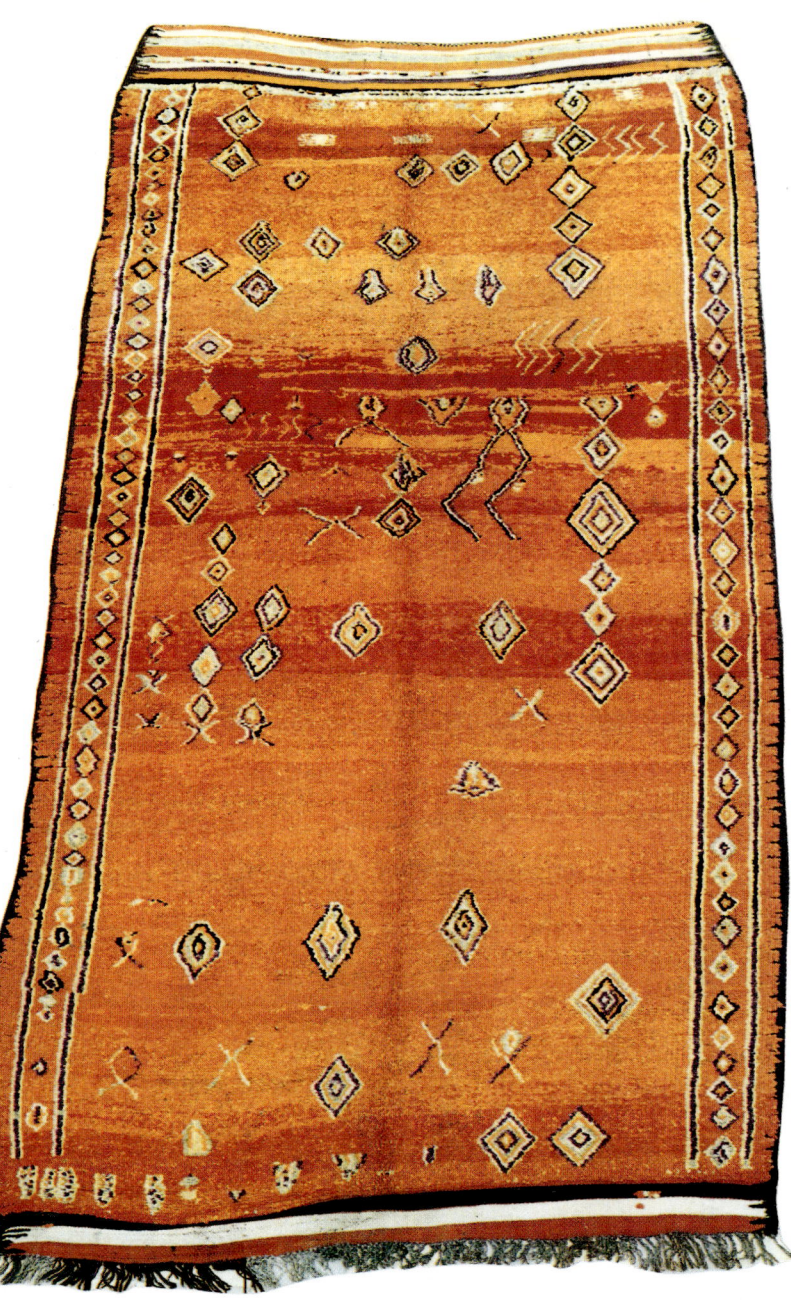

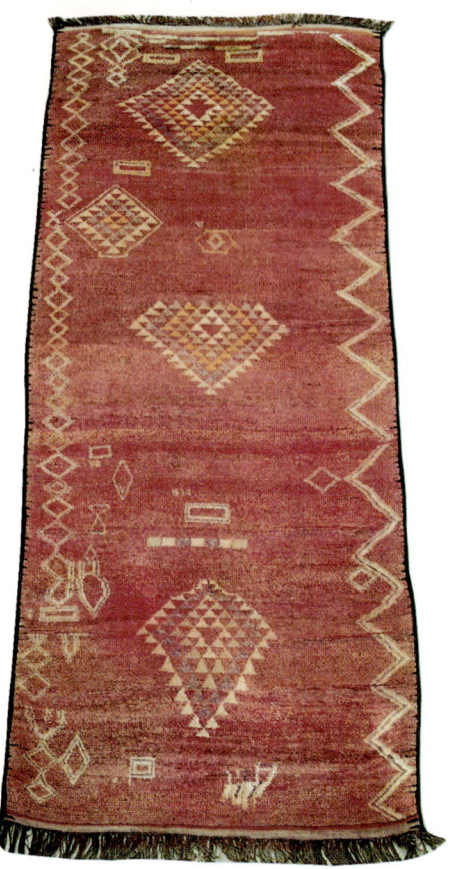

Chichaoua noué à fond vieux rose (427 × 180). L'évitement de la symétrie est une caractéristique des pièces anciennes. Ici, les deux lisières se répondent mais se distinguent ; un quatrième losange déporté à gauche vient rompre la velléité d'alignement des trois autres, faisant par surcroît basculer la densité d'un seul côté du tapis.

Chichaoua noué (346 × 175).

Là, nous sommes dans un autre monde. Tout est rudesse, violence, désordre et mystère. Nombre de Chichaoua anciens – à ne pas confondre avec leurs homologues de coopératives – tracent des traits incertains et comme troublés sur un immense champ lie de vin, chaudron ou vieux rose. Ces chaînes qui se dévident par étranglement, ces motifs préfiguratifs où l'on devine des postures humaines, des animaux étranges, n'ont plus rien à voir avec les droites abstractions des montagnes. Certes, il y a ici encore des figures géométriques, mais tout semble fait pour en gauchir la pureté. Quoi de plus hésitant que ces grands carrés maladroits inscrits dans le champ des tapis du Haouz ? Une telle gaucherie est évidemment un système, et qui se retrouve dans tous les états du tapis. Irrégularité du format d'abord, puisque, là plus qu'ailleurs, le métier semble ne jamais devoir être droit, générant ces trapèzes informes, sinueux sur toutes les faces, inadmissibles dans un salon « cartésien ». Rudesse de la laine ensuite, qui, à de rares exceptions près, est toujours un peu bourrue, moins serrée, plus écrasée que dans d'autres régions, produisant des effets de surface extrêmement rustiques. Tapis du Haouz, Rehamna, Chichaoua, Beni Ahmar, Oulad Bousbaa répondent à cette description. Quant à la disposition des motifs, dont nous avons déjà dit un mot, elle se caractérise également par une extraordinaire confusion pour qui ne sait les lire. On dirait

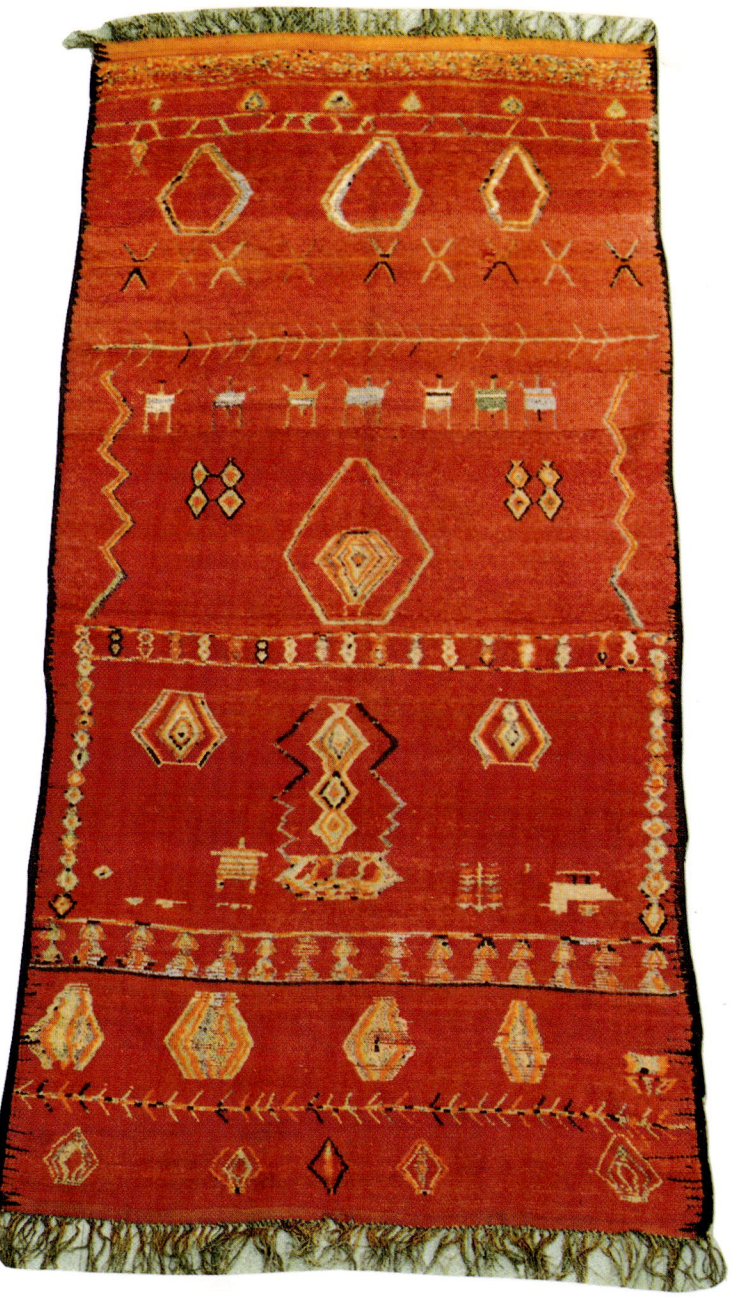

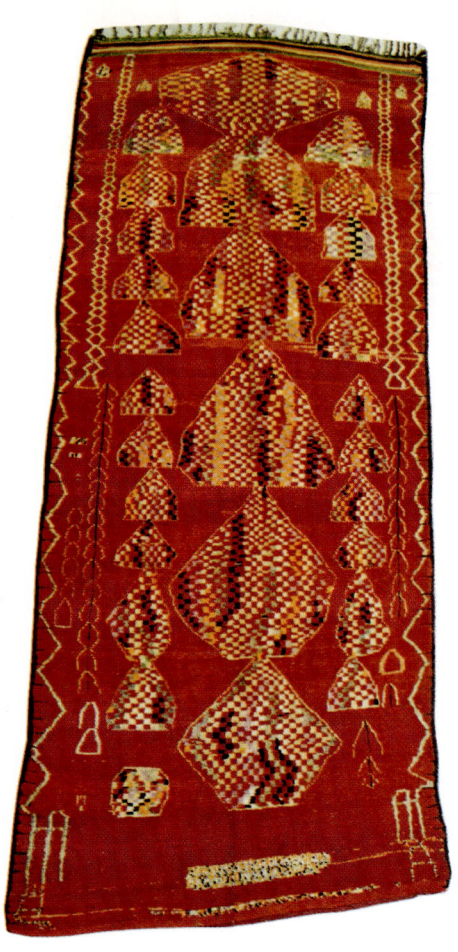

Chichaoua noué (485 × 185). Ce tapis très riche se caractérise par une occupation du champ exceptionnellement dense pour la région.

toujours un essai malhabile, quelque représentation naïve de maisons, de scorpions, de carabes, une tentative de tachisme en damier, en somme l'expression très libre d'une fantaisie sans savoir-faire. Cette prétendue naïveté est cause de bien des malentendus dont le plus curieux est sans doute celui qui voit dans ces œuvres un pont entre l'art ethnique et la modernité.

Quoi qu'il en soit, un Chiadma, un Haouz ou un Chichaoua appartiennent évidemment à un monde à part qui semble puiser ses modèles et son inspiration à quelque source primitive. Non pas que leur apparente maladresse en fasse des œuvres réellement plus archaïques ; mais parce qu'on semble y percevoir le terrible travail de la naissance du motif. La virtuosité de ces tapis est de l'ordre du conceptuel : le jeu ne porte pas encore sur des formes arrêtées, mais sur les idées qui les font naître. Nous verrons plus loin comment un signe à peine modifié par quelques appendices ajoutés ou retranchés dit à la fois la maison, la femme et l'enfantement. Ce n'est pas encore de l'écriture ; c'est presque de l'expression par pictogrammes ; ce n'est en aucune façon de la maladresse d'exécution résultant d'on ne sait quelle fruste inconséquence. Ces tapis âpres et passionnants proviennent, à l'exception de ceux de Marrakech et du littoral, des zones les plus ingrates du Maroc. Il y règne l'été une fournaise ardente et poussiéreuse. C'est presque le désert, mais sans

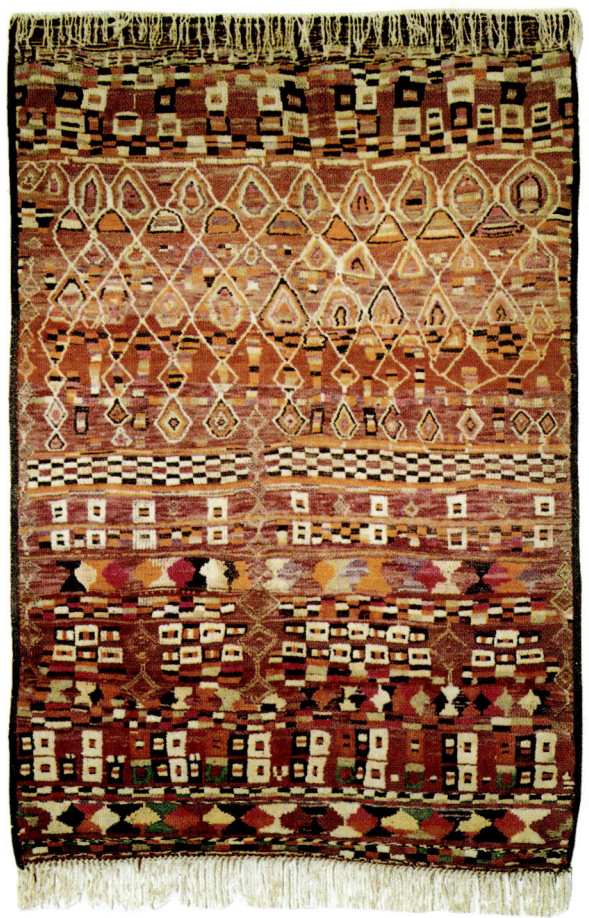

l'absolu mythique du vide. Les
récoltes sont bien incertaines
dans ces labours de pierres ; mais
comme la pluie vient parfois,
l'homme continue d'y vivre et
d'y travailler. Cette plaine ingrate
où les rares maisons sont cernées
d'épines est celle de la difficulté
d'être. Ces tapis difficiles, aux
motifs noueux et jamais
épanouis, ne disent pas autre
chose.

Chiadma noué (225 × 140).
Contrairement aux Chichaoua, les
Chiadma se caractérisent par une
profusion de formes et de
couleurs donnant un sentiment
de grouillement intense. Dans ce
tapis ancien aux teintes déjà
fondues, on distingue, sur une
dominante brune et lie de vin, du
blanc crème, du noir, de l'orange,
du rose, du vert et du violet,
chacune de ces couleurs ayant en
outre plusieurs nuances.

Les tapis de Rabat et de Médiouna

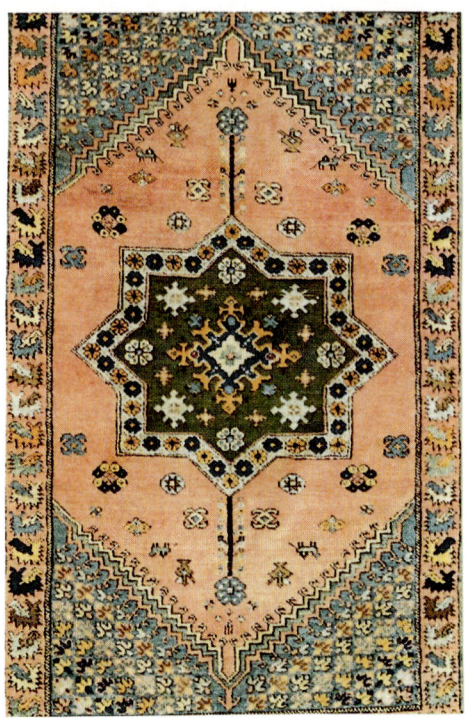

Champ central d'un tapis de *Rabat* (détail).

*L*es tapis et les tissages du Moyen Atlas, du Haut Atlas, du Haouz et des Plaines Atlantiques ont en commun d'être des œuvres de terroir, l'émanation d'une réalité tribale. Ce qu'on appelle au Maroc, d'un terme générique, les tapis de Rabat relève d'un autre ordre. Les tapis dits de Rabat ne sont pas tant en effet des travaux s'alimentant à une source régionale spécifique que des tapis de ville par excellence, acclimatant au Maroc l'art du tapis oriental. Nous sommes donc en présence ici de deux faits culturels distincts : les tapis de tribus ont toujours quelque chose de puissamment indigène ; tandis que les tapis de Rabat, de Casablanca ou de Médiouna, sa voisine, semblent nous faire entrer dans une sorte d'universalité arabo-musulmane. Ces tapis, nous l'avons dit, sont symboles de richesse et de

Tapis de *Médiouna* à décor de Rabat (555 × 255). Ces tapis de ville d'inspiration orientale ornaient les salons d'apparat des maisons riches. Dans ce grand Médiouna ancien, le décor d'inspiration florale s'organise en cadres rectangulaires enserrant un champ central à *mihrabs* crénelés et à écoinçons garnis d'oiseaux en vol.

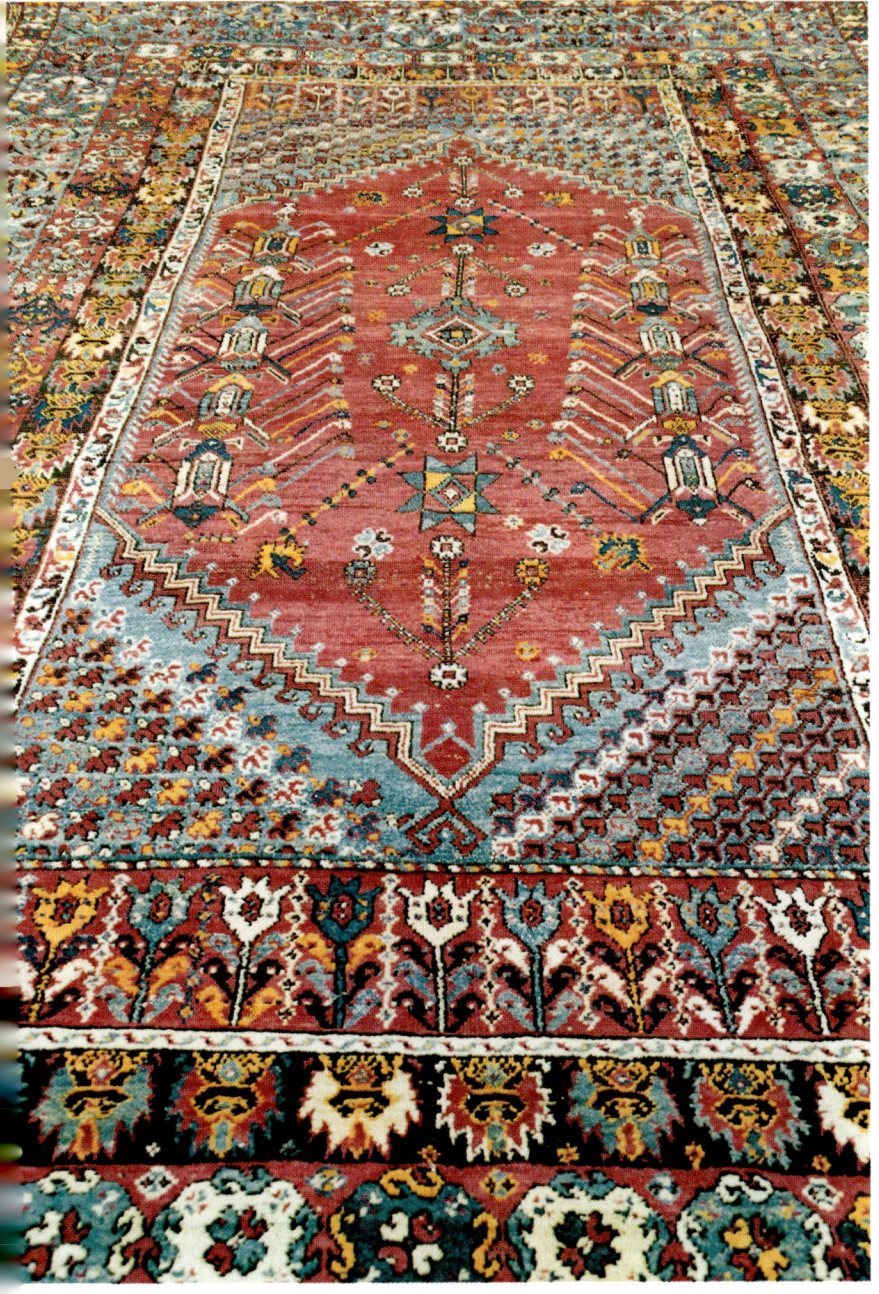

réussite. Le grand Rabat moderne, à fond rose ou rouge, à motif central étoilé ou en rosace, à moquette serrée, est l'ornement obligé des vastes salons d'apparat de la bourgeoisie. Des versions plus petites, moins travaillées, moins chères aussi, permettent d'ailleurs aux classes moyennes, souvent même aux petits fonctionnaires, de s'affilier à ce modèle prestigieux. Ainsi conçu, le tapis de Rabat (et plus récemment encore celui de Fès) est un peu la commode Louis XV ou le buffet Henri III de nos intérieurs d'avant-hier. C'est un tapis redingote, un tapis haut-de-forme ; ou encore, pour rester au Maroc, un tarbouche *mesri* à gland frangé opposé aux turbans des campagnards.

De l'Orient, ces tapis ont adopté le type de composition à champ central avec écoinçons. Tout autour de ce centre, des bandes concentriques, remplies d'un même motif qui leur donne son nom, s'élargissent jusqu'aux lisières. Ainsi composés, les Rabat anciens sont très denses et, en dépit d'une structure encore dominée par le trait droit de culture berbère, ont une incontestable « physionomie » orientale. Les plus travaillés d'entre eux semblent, au sol, le reflet de laine de ces plafonds à caissons ornés de stalactites, de ruchés en stuc, d'arabesques enluminées que l'on admire dans les palais.

Les tapis de Médiouna, plus rares aujourd'hui alors qu'on rencontre encore de nombreux Rabat anciens, se réfèrent précisément à l'art hispano-mauresque d'Andalousie : leur champ est fréquemment décoré de médaillons encadrés de figures polygonales. Un peu comme les noubas de la musique arabo-andalouse qui, elle, est restée bien vivante, ils ont contribué à perpétuer au Maroc la nostalgie de l'exil espagnol.

Les tapis de Rabat et de Médiouna ont donc une place à part dans l'imaginaire marocain. Est-ce à dire, comme on l'a parfois avancé un peu rapidement, qu'ils sont radicalement séparés du vieux fonds ethnique auquel se nourrit le reste ? Une attention précise aux motifs, au traitement, montre que la situation est plus complexe : ces tapis d'Orient parlent ici avec accent. Ils influencent d'ailleurs les autres, les campagnards, qui, tels les tapis de Tazenakht, leur empruntent des motifs, le goût d'un centre ; mais en retour ils reçoivent d'eux des leçons évidentes où se devine la pérennité d'un style de main. Les tapis de Rabat, malgré leurs fleurettes, leurs oiseaux, leurs rosaces, gardent en effet une rectitude et même parfois une raideur de trait qui les retranchent de l'extrême raffinement et de la mollesse d'Orient.

Médiouna ancien, fragment (535 × 255).

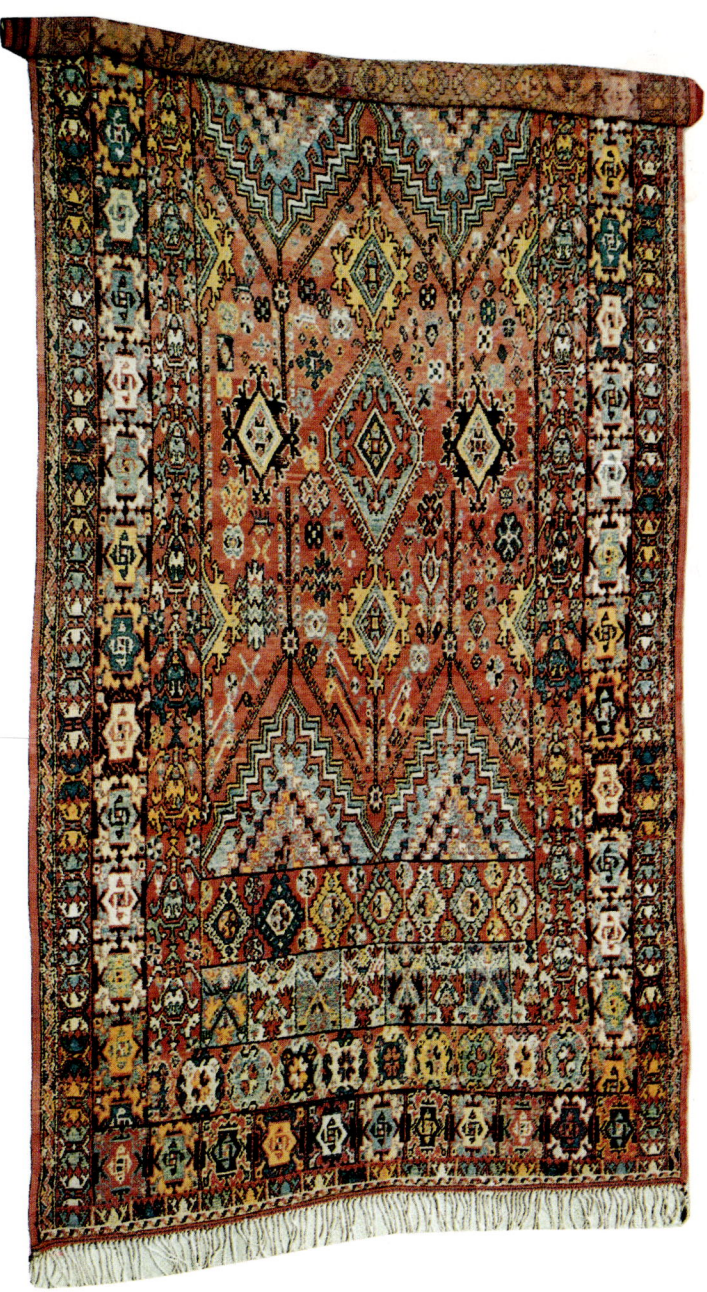

À les juger strictement sur ce modèle extérieur, on les trouverait moins savants, moins parfaits, un peu « provinciaux ». C'est en les faisant « rentrer dans leur pays », et en cherchant ce qui en eux rejoint les tribus, qu'on pourra peut-être en apprécier la saveur exacte.

Cette dernière remarque inciterait non pas à minimiser les écarts profonds qui individualisent ces cinq grands groupes, mais à se garder des séparations trop définitives. Il pourrait être tentant, par exemple, de superposer la carte des tapis et la carte linguistique du Maroc, de façon à rechercher si arabophones et berbérophones se distinguent par des esthétiques différentes. Cette démarche a un intérêt spéculatif évident, et l'on imagine bien un bloc chleuh, géométrique et afiguratif, profondément agrippé à sa montagne, face à un ensemble arabe installé dans les plaines et dans les villes, davantage tenté par la ligne souple, le trait gauchi, l'ornementation. Ce serait faire peu de cas de la situation complexe qui prévaut. Combien de tribus parlant aujourd'hui l'arabe dialectal n'employaient autrefois que le Tamazirt ou le Tachelhait ? Combien de bourgades ou de villes, telle Meknès par exemple, se sont constituées sur un vieux fonds rural et berbère qui, progressivement, a abandonné la langue des montagnes ? Et que dire des apports soudanais qu'on allègue parfois pour expliquer l'étrangeté des tapis de Chichaoua, comme si l'expressif et le violent ne pouvaient qu'être nègres. Il ne s'agit pas de dire que des filiations ne peuvent se suivre et se prouver – rappelons-nous Marcel Mauss lisant les limites de l'expansion celtique à la forme des pains exposés à la devanture des boulangeries – mais de se garder des projections idéologiques trop simplistes et de négliger le rôle important des échanges dans un pays où le commerce sous toutes ses formes joue un rôle si déterminant.

Médiouna (395 × 180). On reconnaît bien dans ce Médiouna typique, quoique assez récent, l'influence hispano-mauresque d'Andalousie avec son décor de médaillons encadrés de figures polygonales. Mais l'hypertrophie des motifs détruit quelque peu l'équilibre ornemental de la composition classique.

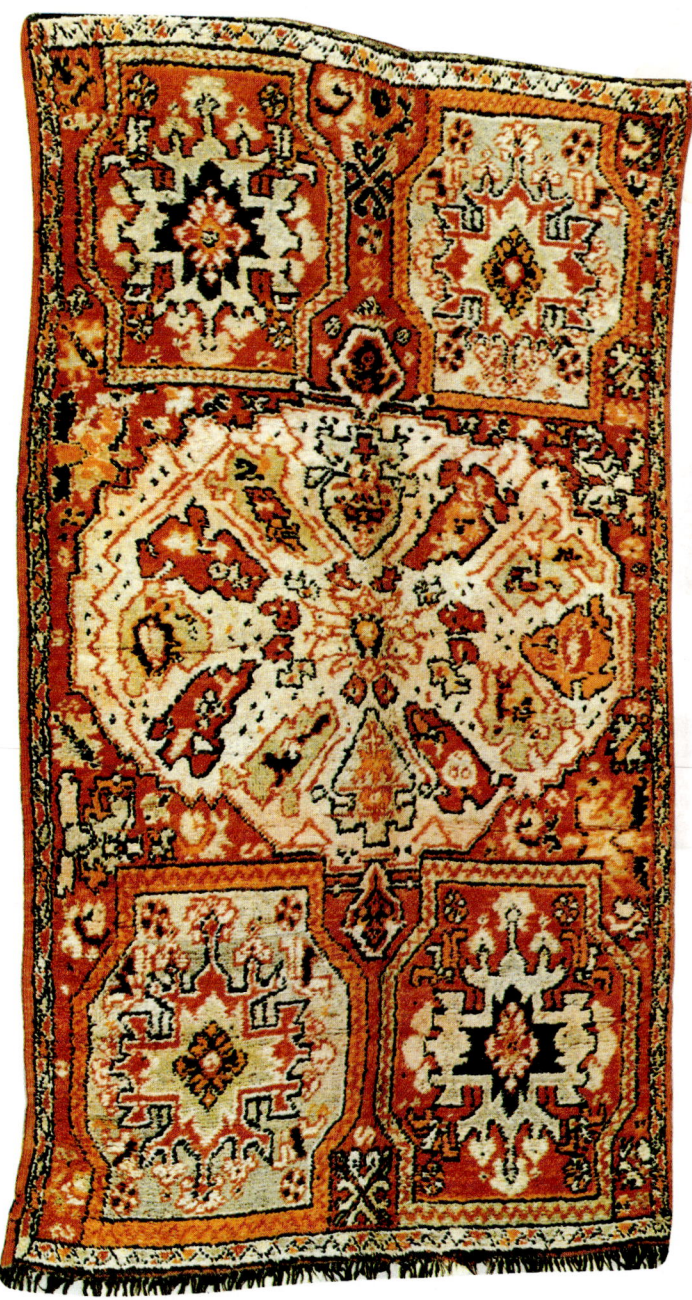

Les motifs :
figures analogiques
et figures abstraites

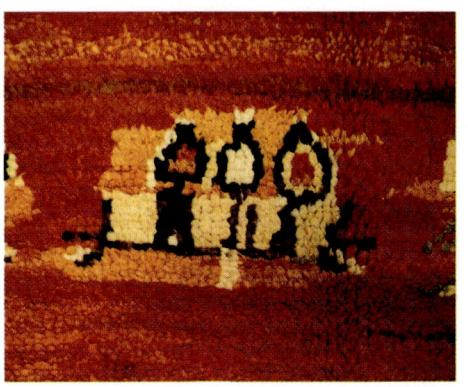

Détail de tapis *Chichaoua*.

Détail de tapis *Rehamna*.

*L*es motifs visibles sur les tapis des différents groupes contribuent, parmi d'autres critères, à affirmer une appartenance tribale ou régionale. Certains d'entre eux, tels les scorpions, les serpents, les oiseaux ou les maisons, ne se rencontrent guère qu'en quelques zones bien déterminées ; tandis que d'autres, comme le losange, le triangle et en général toutes les figures géométriques, sont proprement universels.
À l'origine d'une réflexion sur le motif, on doit donc prendre conscience d'un paradoxe : le motif est à la fois un critère permettant l'identification précise d'un tapis ; et, inversement, ce par quoi le même tapis se relie à d'autres qui ne sont pas comme lui. En fait, le caractère discriminant réside davantage dans l'exécution du losange, du

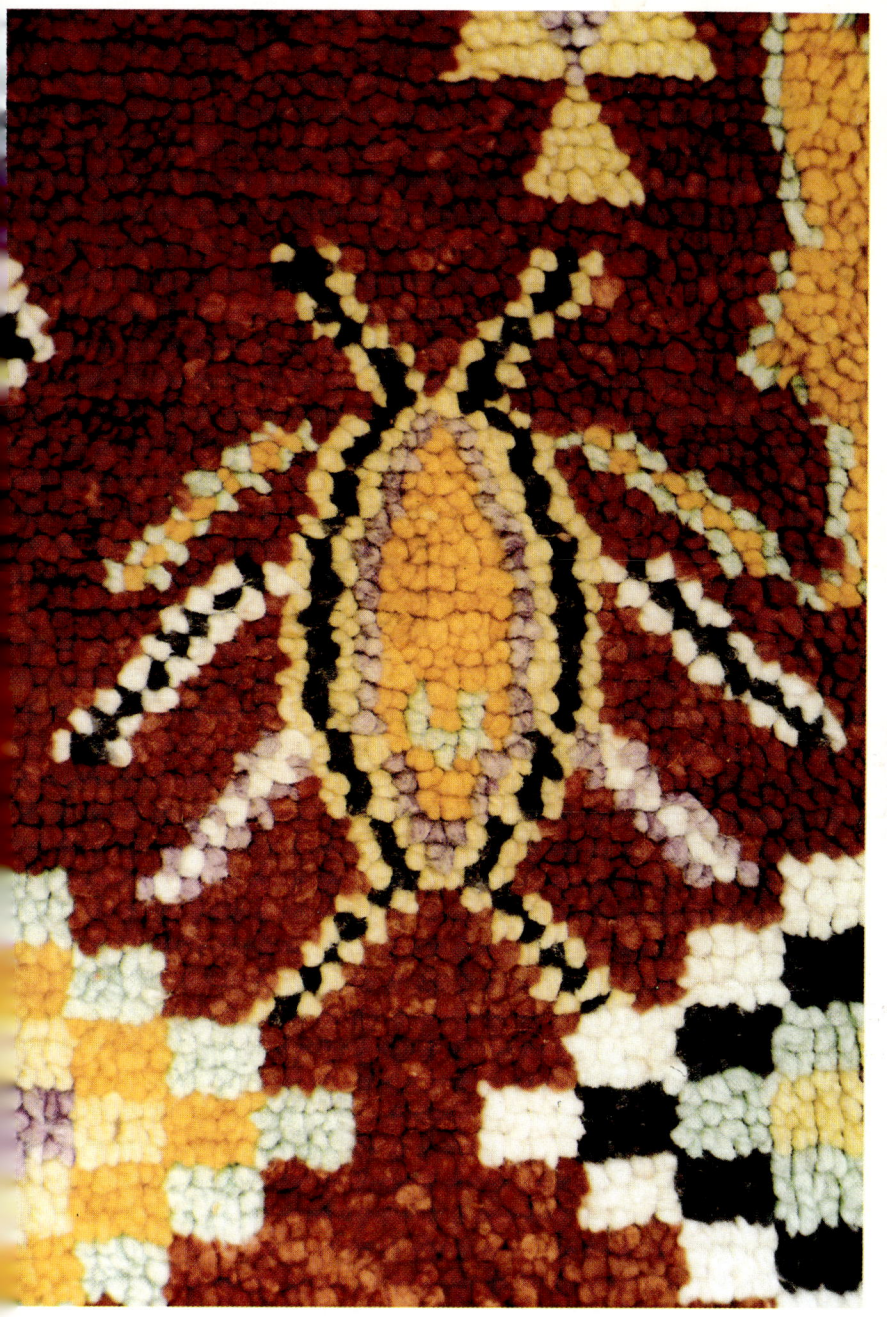

chevron, du damier, de la maison ou de l'étoile que dans leur choix proprement dit. C'est qu'en l'occurrence la technique, la fréquence et la structure de la « mise en page » l'emportent très souvent sur la nature même du « sujet ». Ce caractère transtribal des motifs circulant de tapis en tapis est encore accusé par le fait, important, que certains d'entre eux ne vivent pas exclusivement sur la laine. On les retrouve en effet fréquemment dans les tatouages des visages ou des mains, sur certains bijoux d'argent, sur des poteries décorées au doigt trempé dans le goudron, des céramiques richement décorées, de simples portes, pour ne rien dire des mille possibilités expressives qu'offre l'architecture. Cette très large diffusion à travers différents supports ne peut que renforcer l'idée selon laquelle les motifs qu'on repère sur les tissages et sur les tapis puisent dans un fonds culturel particulièrement significatif et ne sont en aucune façon la marque d'une fantaisie décorative. L'ornement, dont on ne doit pourtant pas nier l'importance, est ici second. Ces signes omniprésents émanent de toute une société, et sans doute est-ce d'abord par là qu'ils semblent beaux à ceux qui, de l'intérieur, s'y reconnaissent.

Quand un regard extérieur considère un tapis, la curiosité la plus immédiate et la plus intense se porte en revanche sur ce qui le relie au reste du monde. On cherche d'abord ce qui *signifie* immédiatement, c'est-à-dire par le truchement de la représentation analogique. Nous proposons ici de reprendre cet itinéraire simple, en considérant successivement les motifs clairement figuratifs, puis les motifs intermédiaires que l'on dira stylisés, enfin les motifs relevant apparemment de la pure abstraction.

Des motifs figuratifs se rencontrent un peu dans toutes les régions, que l'on pense aux Zemmour, aux Marmoucha et même à certains Aït Ouaouzguite. Mais c'est sûrement dans les tapis du Haouz de Marrakech et dans ceux de la région de Chichaoua qu'ils sont les plus visibles. On y reconnaît ainsi sans grande difficulté des silhouettes humaines, parfois des cavaliers montés à deux sur le même cheval, mais aussi, comme nous l'avons déjà signalé, des oueds,

Chiadma (300 × 200). Alors que les tapis de la région ont une disposition habituellement désordonnée, celui-ci respire l'ordre et la richesse. Quatre maisons, hautes et blanches comme celles d'Essaouira (un riche musulman peut avoir quatre épouses), occupent le centre de la composition. Tandis que, en haut et à gauche, un bel épi d'orge camouflé dans les losanges semble indiquer la source de cette abondance.

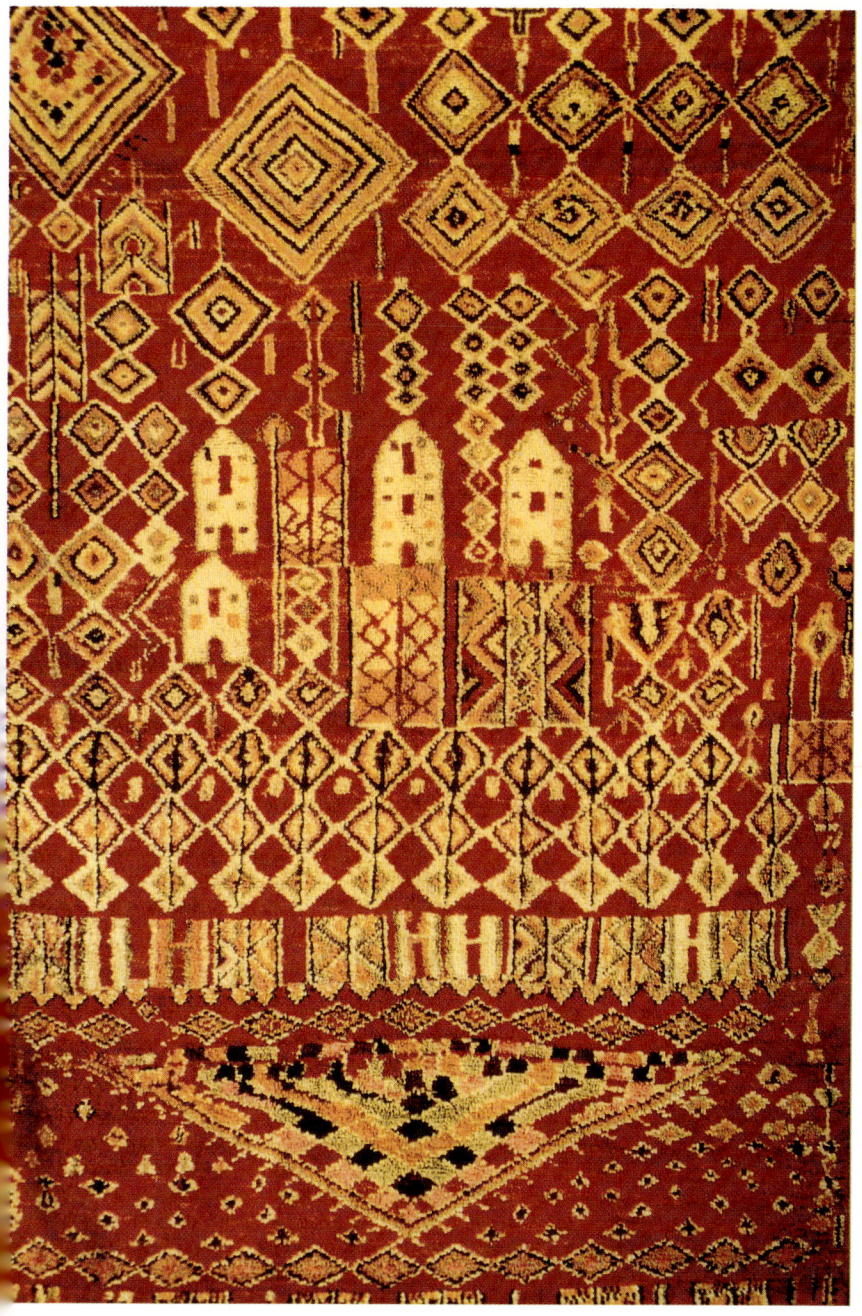

des chameaux, des serpents, des insectes, des scorpions à mandibules... Des objets très usuels, telle la théière indispensable en cette terre d'hospitalité, le marteau à casser les pains de sucre, ou même le prétentieux samovar apporté jadis par les Turcs en Algérie, puis diffusé au Maroc sous le nom approximatif de *babor*, sont également présents. Notons en outre que ces motifs figuratifs ne sont en général pas très nombreux sur un même tapis, ce qui, sans doute, les met en valeur et en augmente la lisibilité. Celle-ci, lorsqu'il s'agit de théière ou de silhouettes humaines, ne pose souvent aucun problème, même si l'on peut juger la représentation malhabile. En revanche, les rivières et les serpents, pour ne rien dire des scorpions, sont-ils clairement perçus ou au contraire reconnus uniquement comme des signes codés ? Dans les années vingt, Prosper Ricard et ses informateurs s'interrogeaient avec prudence sur ces signes figurés que les marchands leur montraient et définissaient. On touche là à un point capital de l'interprétation, à savoir la relation entre le motif et son nom. Nul doute qu'aujourd'hui une tradition interprétative s'est fixée – dont les marchands, qu'on n'a d'ailleurs pas lieu de suspecter *a priori* de falsification, ont été les clercs. Mais, petit à petit, la définition a pu entraîner une sorte de cristallisation figurative des motifs. Il est donc extrêmement difficile de savoir si, à la fin du XIXe siècle par

exemple, les méandres qui, de fait, sont devenus réellement pour tous le cours sinueux d'un oued avaient déjà ce statut de motif clairement représentatif. On observe en revanche que plus le tapis est destiné à l'extérieur, en l'occurrence aux touristes, plus ces motifs figuratifs sont clarifiés. Une telle évolution, très sensible dans certains tapis récents de Tazenakht, diminue évidemment la marge de lecture où l'imagination se plaît, et entraîne généralement un appauvrissement esthétique de l'ensemble. Où l'on reconnaissait au prix d'une légère exploration un ou plusieurs motifs analogiques, on constate la médiocrité d'une figuration à laquelle il n'est plus possible d'échapper. Certains de ces tapis, qui présentent des chameaux,

Dans cet *Aït Immour* typique, quatre petites silhouettes humaines apparaissent dans un champ principalement occupé par des losanges agglomérés. Ces formes ne représentent pas des hommes, comme pourrait le laisser croire leur entre-jambes, mais des femmes en posture d'accouchement (280 × 190).

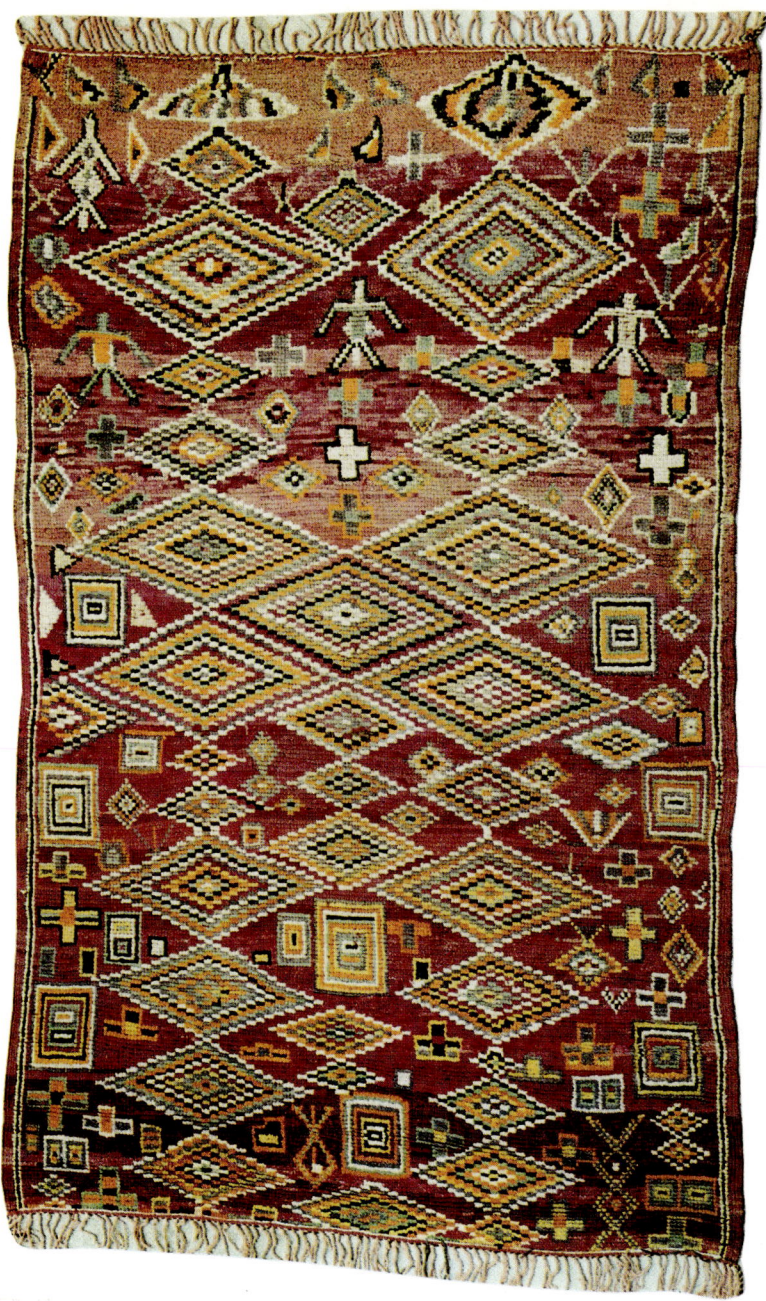

mais aussi des automobiles ou des camions, doivent alors, pour se classer, trouver d'autres références que l'expression d'une culture enfouie. On les assimile alors, dans un mouvement qui n'est d'ailleurs pas immédiatement dévalorisant, à des dessins d'enfants.

Entre le motif clairement figuratif et le motif géométrique,

intervient toute une gamme de figures intermédiaires qui incitent à parler de stylisation. Le plus souvent, celle-ci semble le résultat d'une exagération des traits dominants de l'objet de référence : ainsi, dans les tapis des Zemmour ou des Aït Yacoub, la théière apparaît-elle sous la forme d'un triangle flanqué de deux appendices symétriques figurant, sans les différencier, le

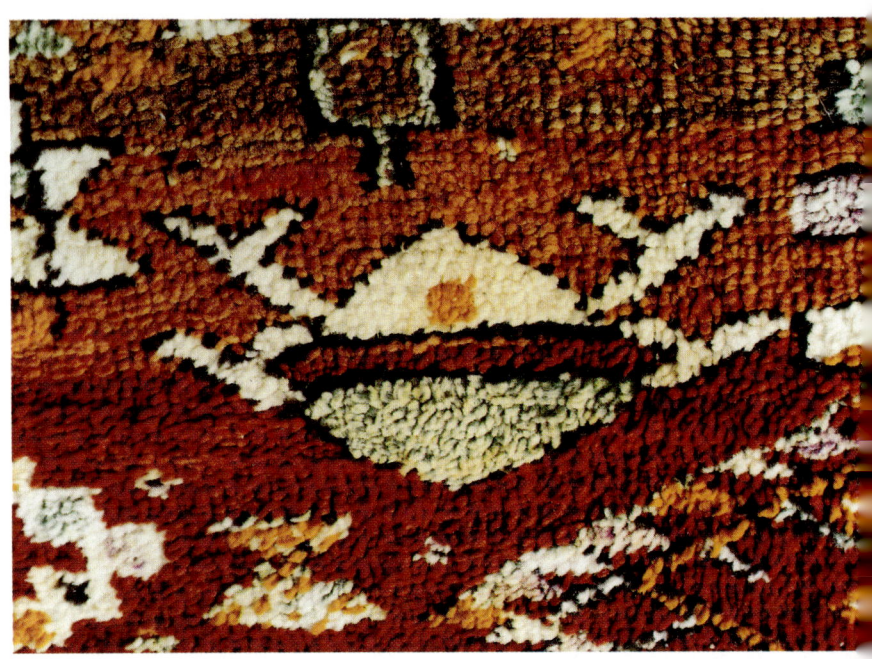

Dans les tapis des *Zemmour*, la théière est représentée par un triangle flanqué de deux appendices symétriques, le bec et la poignée.

Ces deux triangles reliés figurent un campement minimal formé de deux tentes : celle des hommes et celle du bétail, dont les destins sont liés. Détail de tapis *Zemmour*.

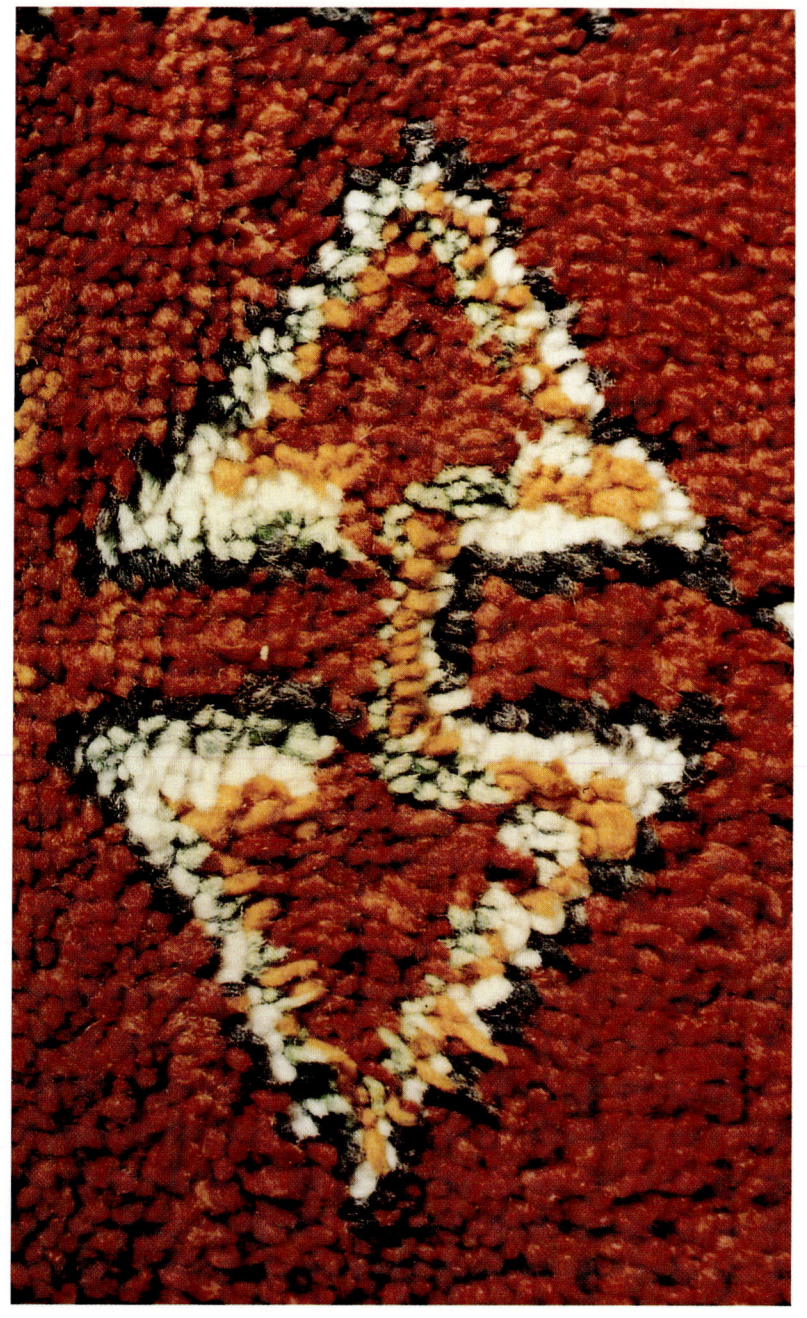

bec et la poignée. La représentation des mariées participe du même phénomène de réduction aux lignes essentielles.

Dans certains tapis anciens de la région de Chichaoua, la mariée traditionnelle marocaine, assise sur son siège d'apparat et vêtue de ses atours, est figurée comme une silhouette nettement divisée entre un haut étroit et un bas large et évasé. Cette figurine constituée de damiers qui lui donnent une sorte de brillance est suffisamment précise pour que, dans la partie supérieure, autour de l'étroit losange qui représente la tête et le buste, on devine l'étole précieuse habillant la jeune *aroussa* le jour de ses noces. Il arrive cependant que ce motif s'épure encore davantage, allant jusqu'à se réduire à une structure purement géométrique préservant la partition du corps en deux losanges très inégaux mais uniquement constituée de croisillons.

En outre, de nombreux tapis présentent *en même temps* des motifs relevant d'états différents de figuration ou de stylisation. Dans de tels cas, la tisseuse semble jouer sur plusieurs registres : tantôt elle montre, tantôt elle suggère, compliquant parfois l'ensemble en utilisant quelques figures proprement polysémiques. Un exemple précis nous permettra de mieux comprendre le caractère subtil de ces variations.

Si nous revenons sur le grand Chichaoua à la mariée évoquée précédemment, nous constatons en effet qu'autour de ce motif central quasi figuratif coexistent des graphismes plus obscurs. L'un d'eux, qui ressemble à un système de parenthèses accouplées par un étranglement, pourrait représenter une femme accouchant dans la position traditionnelle des campagnes marocaines, c'est-à-dire accroupie (parenthèses figurant les jambes écartées) et les deux bras dressés (parenthèses du haut). Ainsi identifié, le motif s'éclaircit et il devient possible de « visualiser » les mains de la parturiente dressées vers les soutiens qui l'aident dans sa poussée. De même, les deux points se répondant de part et d'autre de la taille pourraient correspondre à la tête de la mère et à celle de l'enfant sortant de son ventre. Ajoutons aussitôt que

Fragment d'un tapis de *Chichaoua* représentant une mariée assise sur son siège d'apparat.

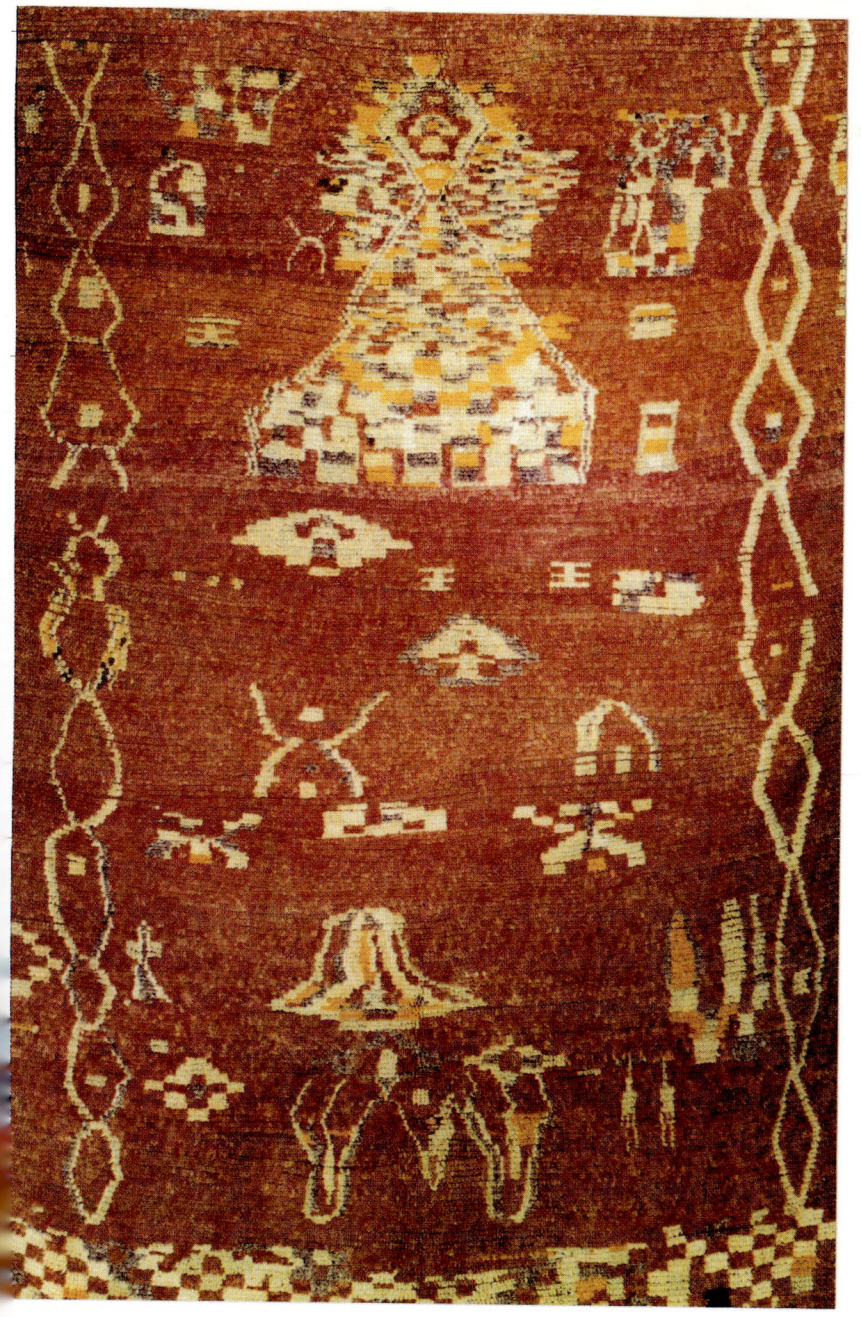

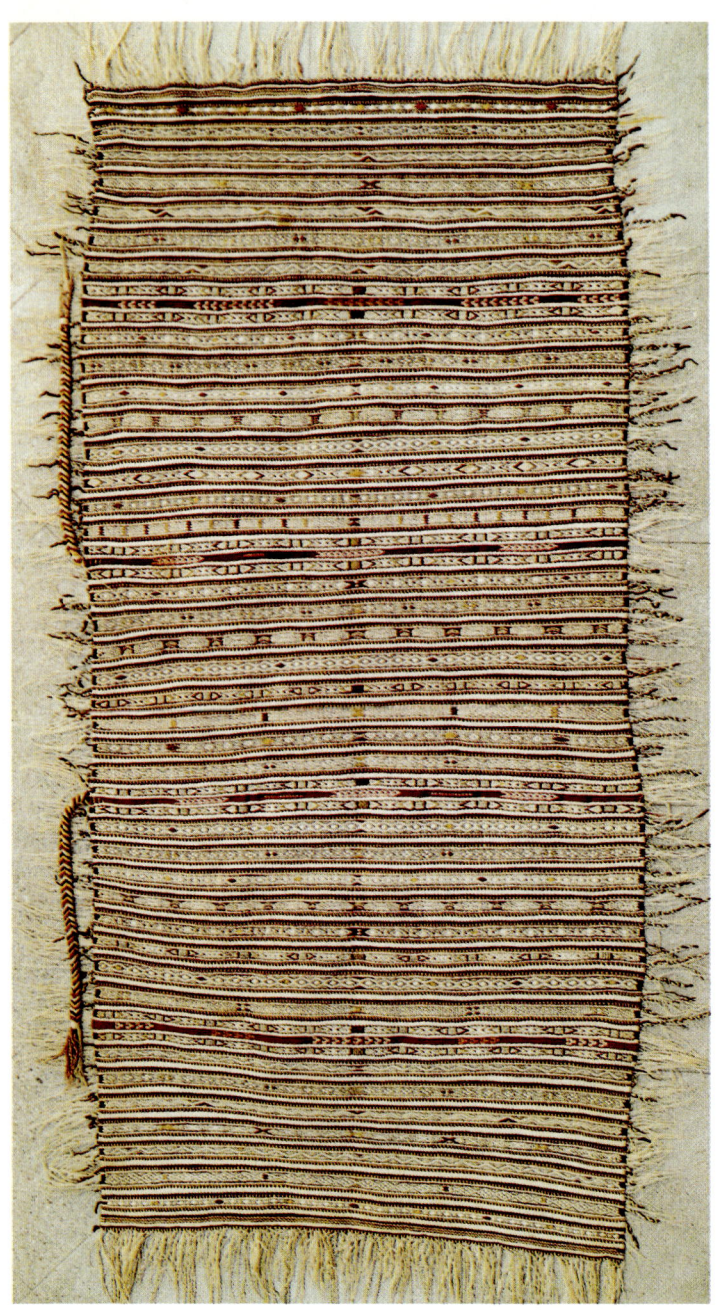

le décryptage de ce motif est grandement facilité, et pour ainsi dire autorisé, par le fait que de nombreux autres tapis en donnent une version nettement plus lisible à laquelle il est donc possible de le confronter.

Non loin de cette parturiante, on trouve sur la droite un motif graphiquement voisin composé, cette fois, d'un seul couple de parenthèses et d'un gros point situé au milieu. Si nous cherchons de nouveau la ressemblance, il sera possible de considérer que ce motif figure une sorte de maison pauvre, l'une de ces huttes constituées de branchages et de torchis qu'on appelle *nouala*. Et, d'interprétation en interprétation, on pourrait ainsi parvenir à une dénotation satisfaisante de quelques motifs obscurs.

Or, cette façon de procéder par motifs isolés, pour chacun desquels on rechercherait une ressemblance en tenant compte de ce que le contexte socioculturel rend acceptable, présente l'inconvénient de négliger la logique unitaire de la conception. Certes, lire sur un « tapis de mariée » la présence d'une parturiante et celle d'une maison n'a rien qui choque, tout au

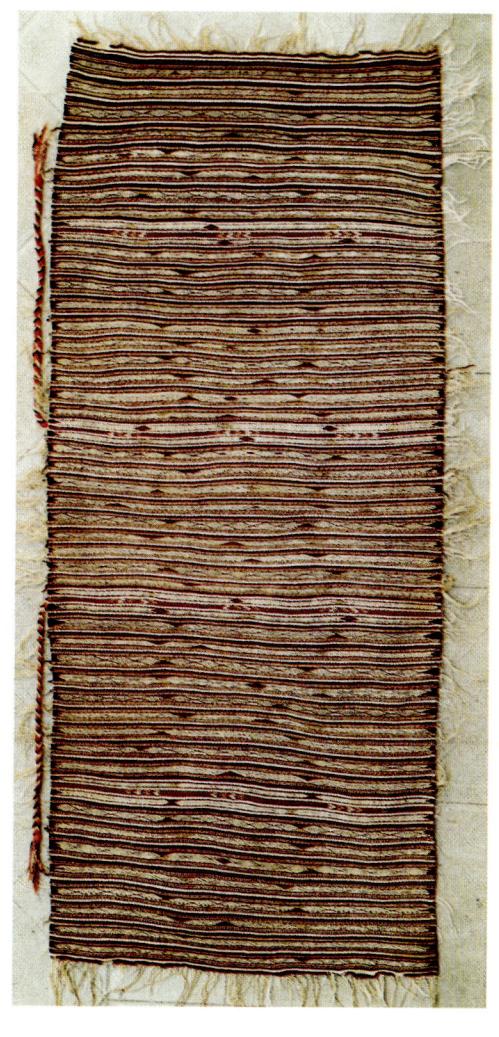

Cape de cérémonie *(handira)* des femmes *Beni Ouarain* (210 × 100). Ces tissages très fins ne sont mornes qu'en apparence. Entrant en contact avec le corps, ils sont conçus pour faire l'objet d'une exploration en vision rapprochée où leur richesse se découvre.

Handira des *Beni Ouarain*. Dans cet exemple, la disposition irrégulière de petits triangles lie de vin crée un effet dynamique. La monotonie de l'alternance en bandes est rompue par une sorte de dessin aléatoire évoquant le jeu des veines et des nœuds dans un bois poli.

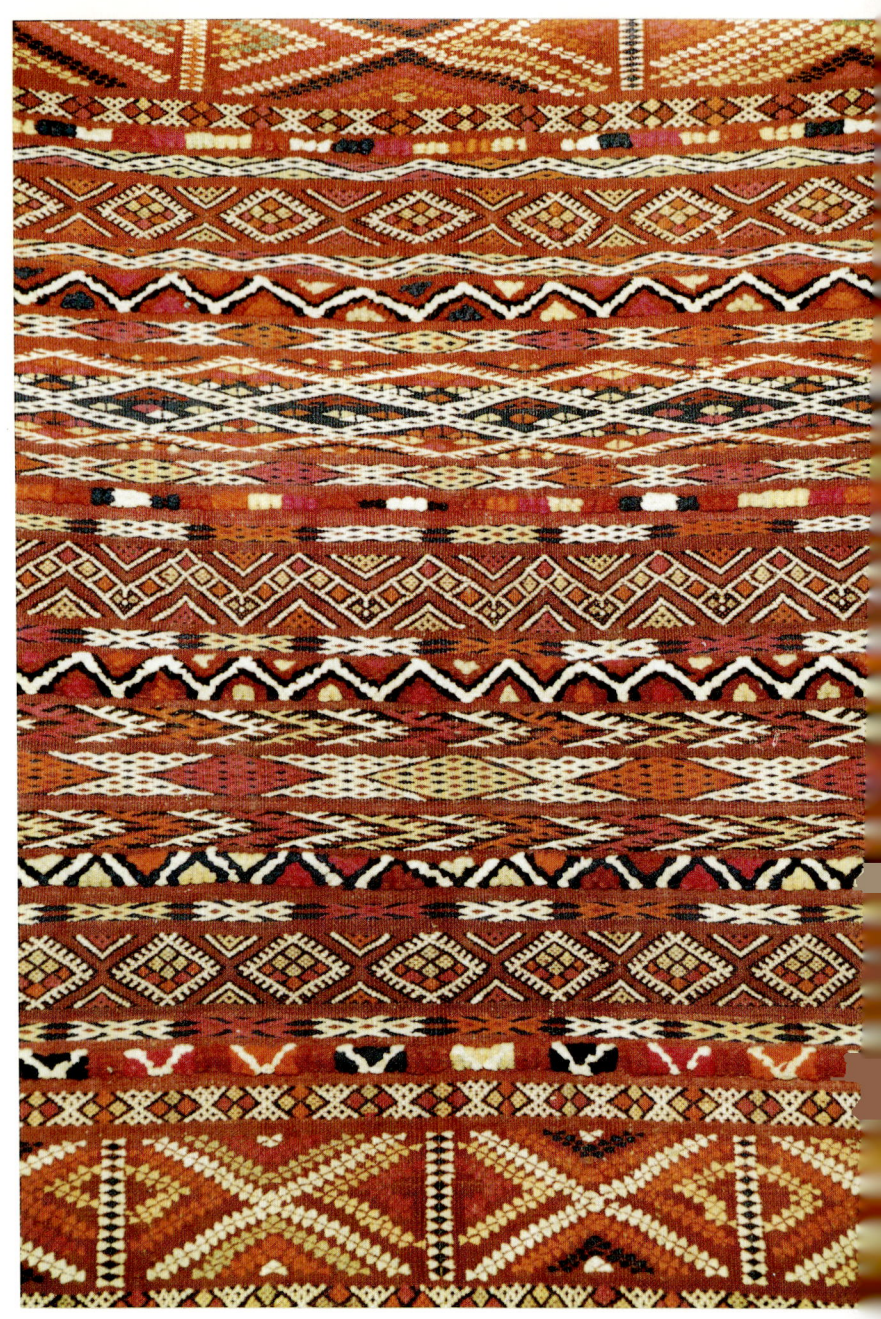

contraire. À ceci près que le tapis est riche, ainsi que la mariée portant une étole, alors que la maison serait vraiment très misérable.

Un autre point de vue permet de reconsidérer l'interprétation en réduisant ces invraisemblances. En juxtaposant le motif de la parturiante et celui pris pour une hutte, on constate que le second est une variante par division du premier. Ce que nous avions d'abord pris pour une habitation munie d'une porte n'était autre que la partie inférieure de la parturiante (jambes écartées et tête de nouveau-né). À partir de là, on comprend mieux ce qui unit les deux motifs et comment le glissement s'opère : on est passé du figuratif (la maison) encore

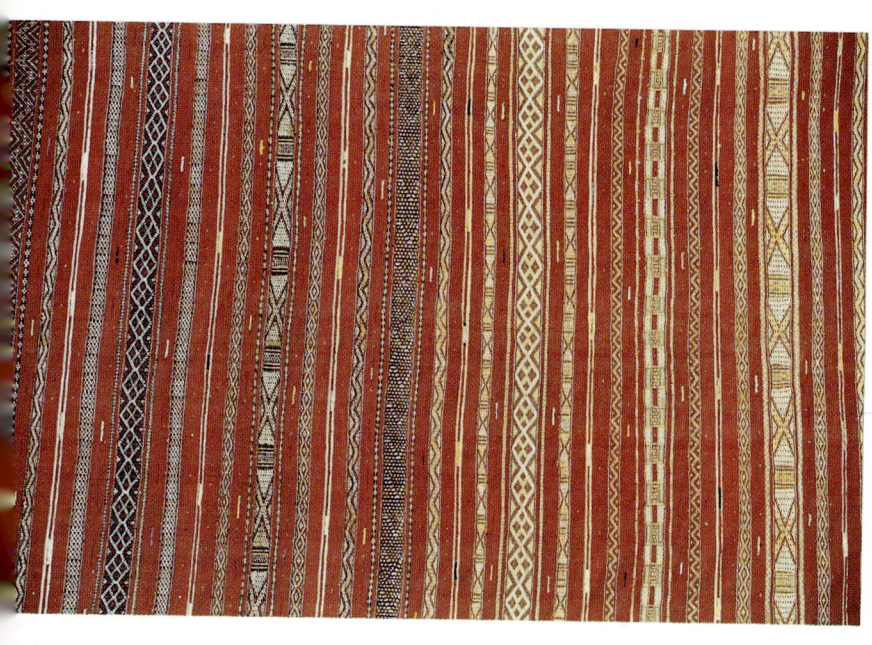

Tapis de selle *Zaer*, fragment. Tissage comportant quelques bandes nouées.

Hanbel Zemmour, fragment (340 × 165). Ce tissage, utilisant des fils de soie, présente une organisation bichromatique très fréquente au Maroc : l'ouvrage évolue insensiblement d'une tonalité froide vers une tonalité chaude. Dans d'autres tapis, un système analogue joue sur la densité des teintes, sombres à un bout, plus claires à l'autre.

décodable par la simple ressemblance, au signe formellement dérivé (la demi-parturiante) uniquement compréhensible lorsqu'on le rapporte au motif initial. Il y a donc bien ici, comme nous le suggérions plus haut, deux régimes de représentation.

Une telle lecture présente en outre l'avantage considérable de référer d'autres motifs obscurs de ce tapis à cet étymon initial de la parturiante. On observe en effet de part et d'autre du tapis des chaînes verticales formées de lignes courbes se succédant avec des étranglements. Ces chaînes annelées, qu'on identifie maintenant comme des chapelets de motifs *parturiante,* pourraient figurer elles aussi des accouchements, auraient à tout le moins une relation précise avec les thématiques de la grossesse et de l'enfantement, dont nous verrons ultérieurement l'extrême importance dans les tapis de cette région.

Ce tapis présente donc trois états différents d'une seule et même entité graphique centrée sur le concept de femme : apparaît tout d'abord une représentation assez clairement figurative, celle d'une mariée installée dans ses postures cérémonielles et reconnaissable par ses vêtements rituels et colorés ; puis le motif encore analogique, mais déjà dégagé de la stricte ressemblance, de la parturiante ; enfin, une série de motifs non figuratifs (chaînes verticales) dérivés du précédent et le réduisant à ce que nous appellerons une représentation abstraite de l'idée d'enfantement.

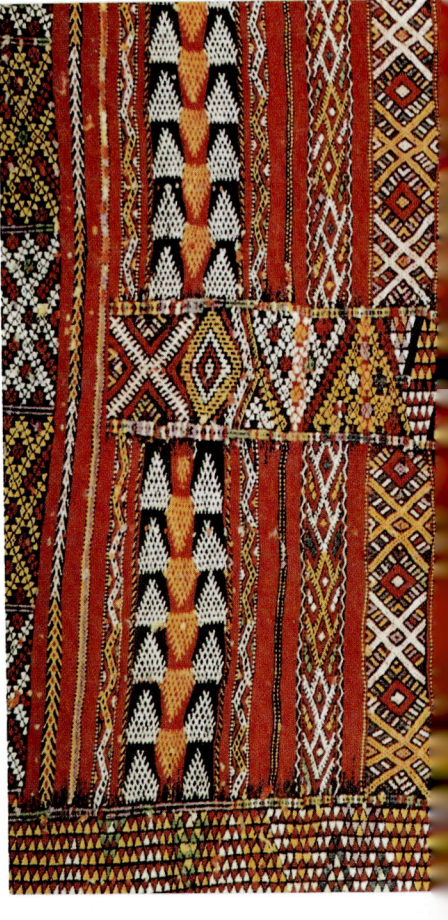

Une telle lecture, qui cherche à suivre les avatars d'un même thème dans le champ du tapis, permet en outre de comprendre l'importance de la variation, de la métaphore dans cette forme d'expression. De nombreux tapis jouent en effet continuellement sur la déconstruction, l'éclatement, la recomposition d'un ou de plusieurs motifs.

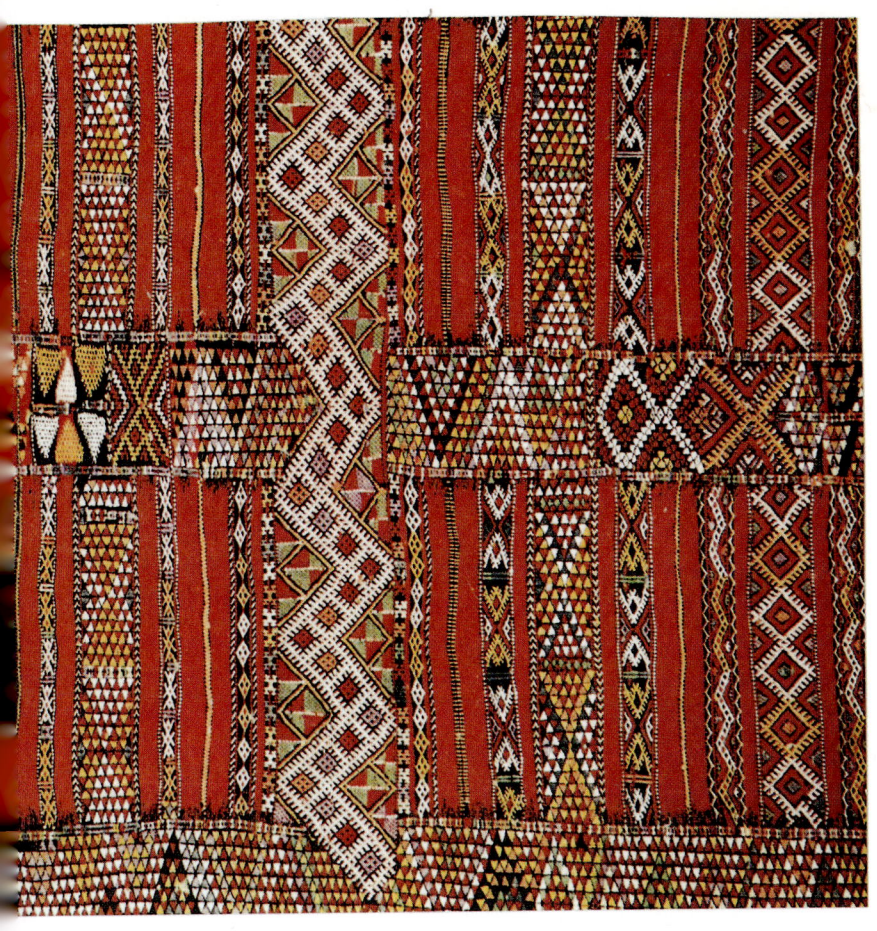

Dans certains Aït Yacoub,
l'observateur attentif pourra
suivre la formation et la
déflagration d'une fleur dont le
cœur et les pétales se dispersent.
Le plus souvent, et c'est d'ailleurs
le cas dans ce tapis de mariée sur
lequel nous nous sommes arrêtés,
coexistent au sein de la même
composition des motifs se
référant à des phases temporelles

Fragment de *hanbel Zemmour*. Ce
tissage, d'une grande richesse
graphique, donne l'impression
que certains motifs se recouvrent,
créant ainsi un effet de relief.

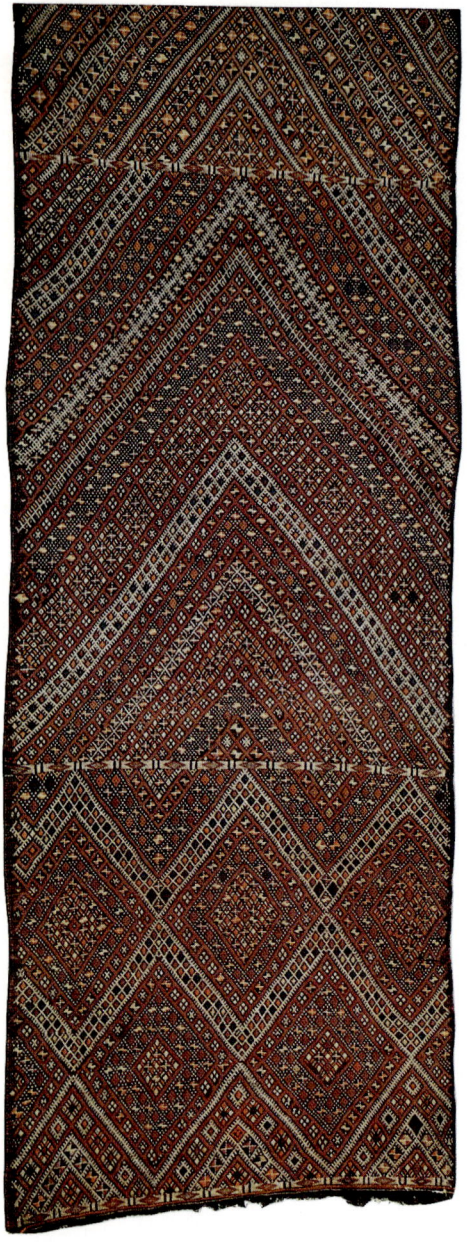

différentes. On voit ainsi, en même temps, l'*aroussa* le jour de son mariage et la femme qui accouche ; la chose à venir et la chose passée. Nous constaterons plus loin que cette représentation globale d'un destin type – qui se retrouve d'ailleurs dans la tapisserie ou dans le vitrail européen du Moyen Âge – peut avoir une valeur propitiatoire : on souhaite à la mariée, ou la mariée se souhaite, de nombreuses naissances.

Ces remarques nous amènent donc à reconsidérer la pertinence des concepts de figuration et d'abstraction. Dans le Maroc traditionnel, et cela vaut particulièrement pour les tapis ethniques, la représentation non analogique ne participe pas nécessairement du phénomène de déréellisation négative qu'implique si souvent en Occident le terme d'abstraction.

Ruptures et continuité dans les tissages *Beni Mguild*. Fragment d'entourage de tente (745 × 100).

Hanbel Beni Mguild (215 × 155). L'effet central de débordement du motif sur les cadres rapproche ce *hanbel* du tissage *Zemmour* de la page 73.

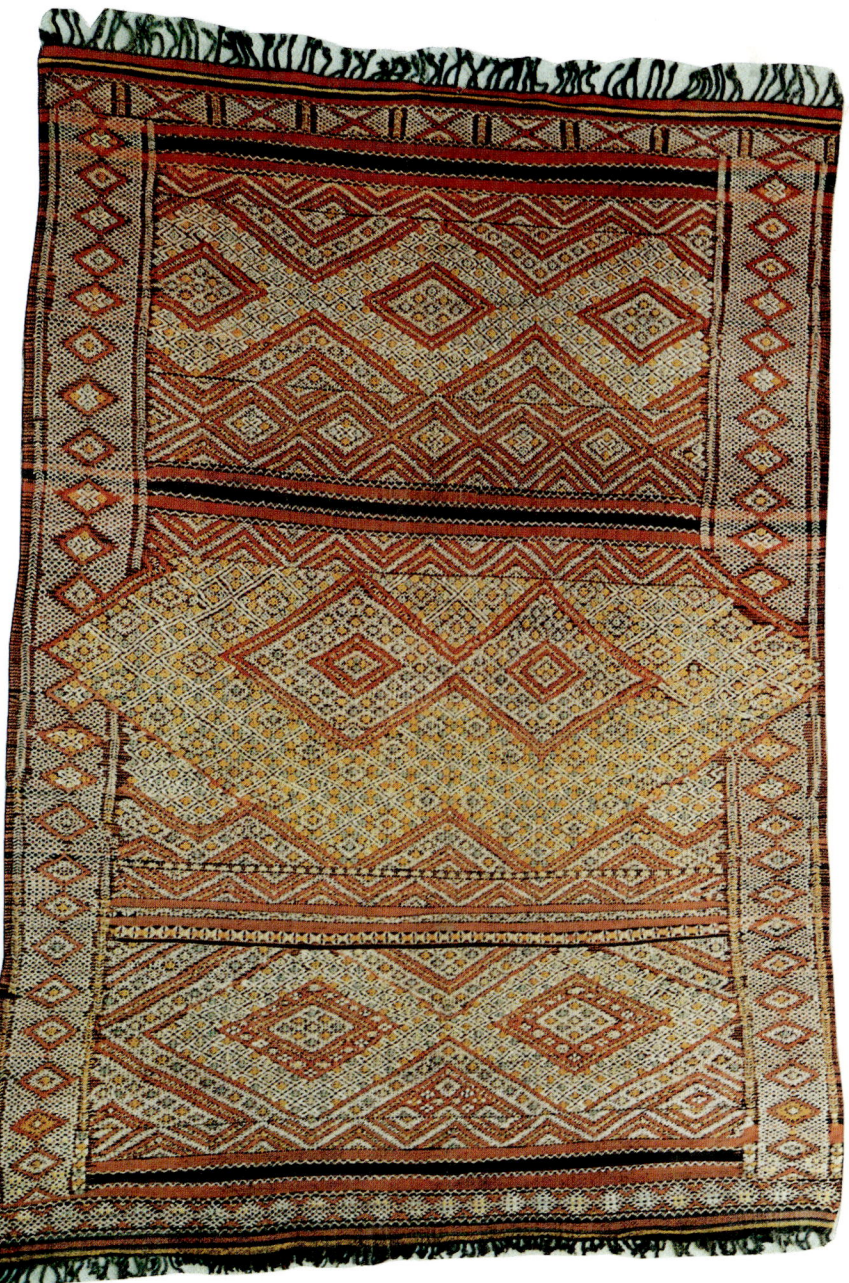

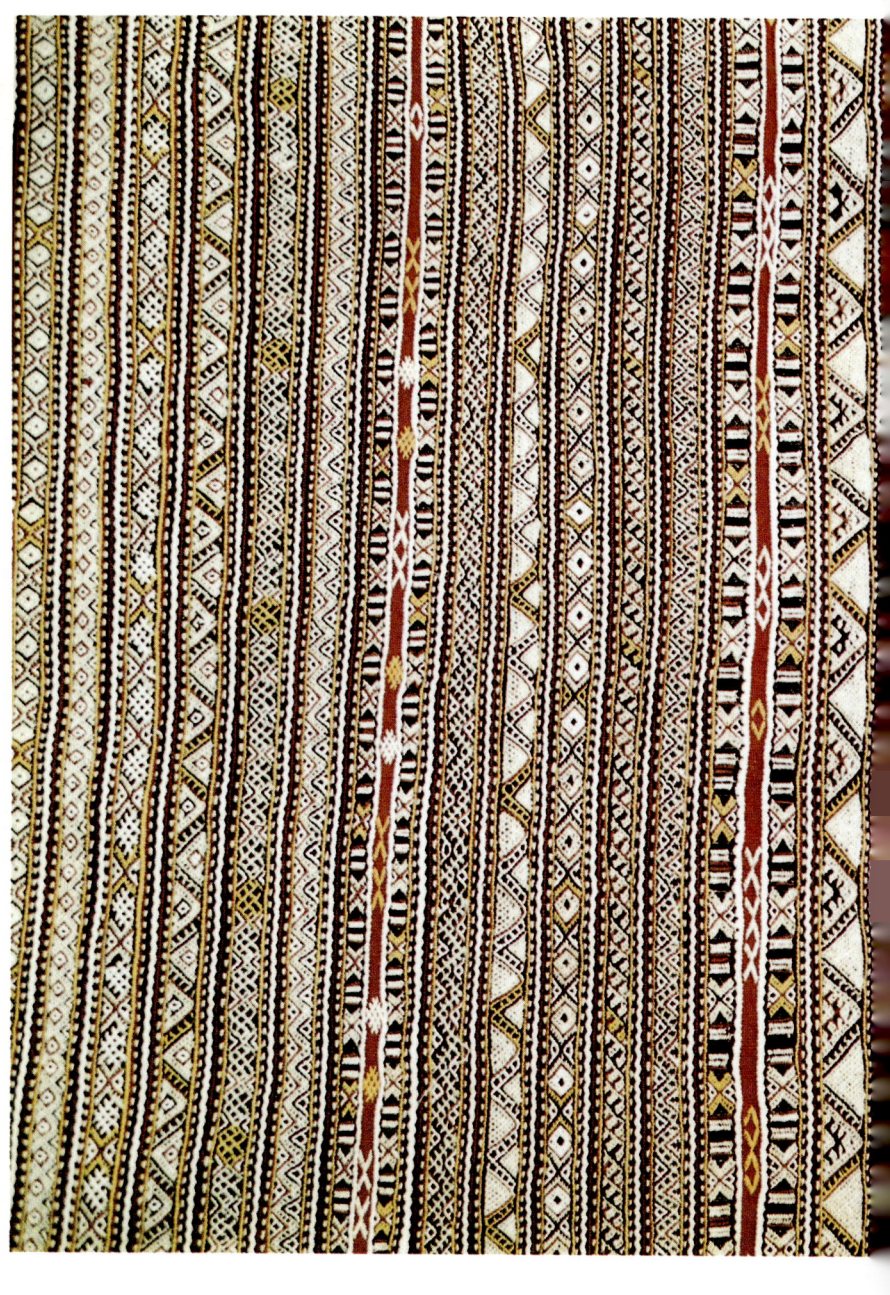

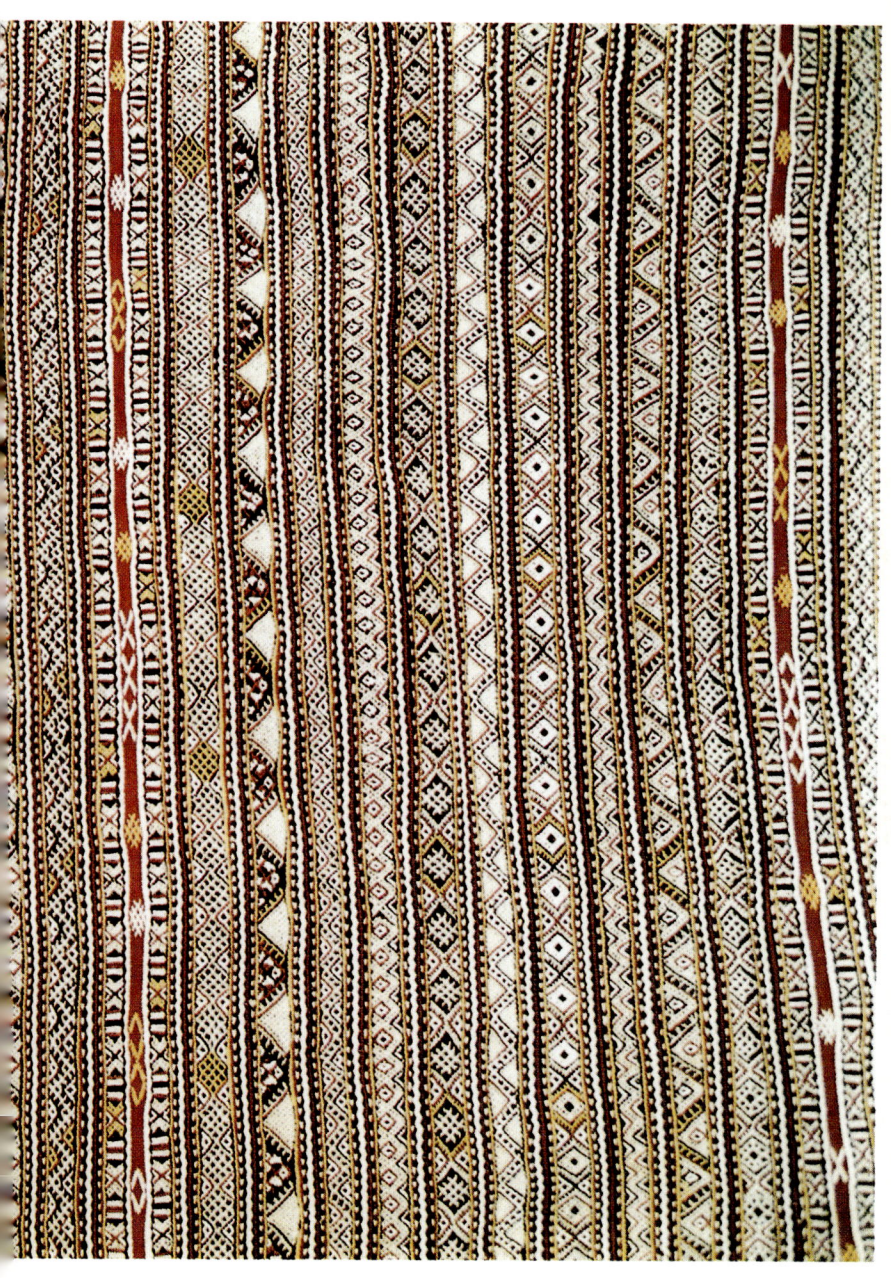

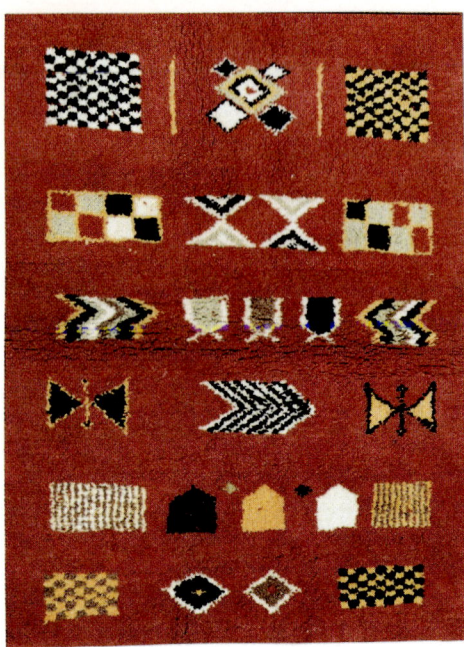

Haouz d'atelier moderne : toute syntaxe a disparu et les motifs sont alignés comme dans un catalogue (130 × 95).

Double page précédente : *Handira* des *Beni Ouarain*, fragment. Les *handira* les plus riches construisent un double système de variations : chaque bande horizontale diffère de la précédente ; tandis qu'à l'intérieur d'elle-même la juxtaposition des motifs joue sur d'insensibles décalages.

Les grands carrés concentriques comptent parmi les motifs les plus représentatifs des tapis noués du *Haouz* de Marrakech (285 × 170).

Pour les tisseuses, le motif non figuratif reste un motif populaire, une autre façon de dire, peut-être plus cachée, parfois plus pudique, mais non moins reliée à la réalité. Dans ces tapis, les structures graphiques, montrant par exemple des processus de germination ou de dissolution, n'ont donc rien d'abstrait au sens négatif du terme. Elles semblent au contraire y figurer exactement des grandes catégories vivantes, des modes d'enchaînemernt concrets, presque des universaux humains.

Ainsi éclairée, la disposition purement géométrique des tapis du Haut Atlas où des tissages du Maroc central ne laisse pas de prendre un autre sens. Un certain nombre de grandes structures esthétiques s'y rencontrent avec suffisamment de constance pour qu'on puisse y discerner non pas tant un style formel que la symbolisation d'une vision du monde. Nous ne donnerons ici que quelques exemples particulièrement fréquents. Tout d'abord, l'importance extrême que ces œuvres accordent à la reprise et à la variation. Les capes de mariées des Beni Ouarain, les *hanbel* des Beni Mguild, des Zemmour ou des Beni Mtir valent en effet par la subtilité de leurs systèmes de reprises. Les *handira* les plus riches construisent ainsi une double variation : chaque bande horizontale diffère légèrement de la précédente ; tandis qu'à l'intérieur d'elle-même la juxtaposition des motifs joue également sur d'insensibles

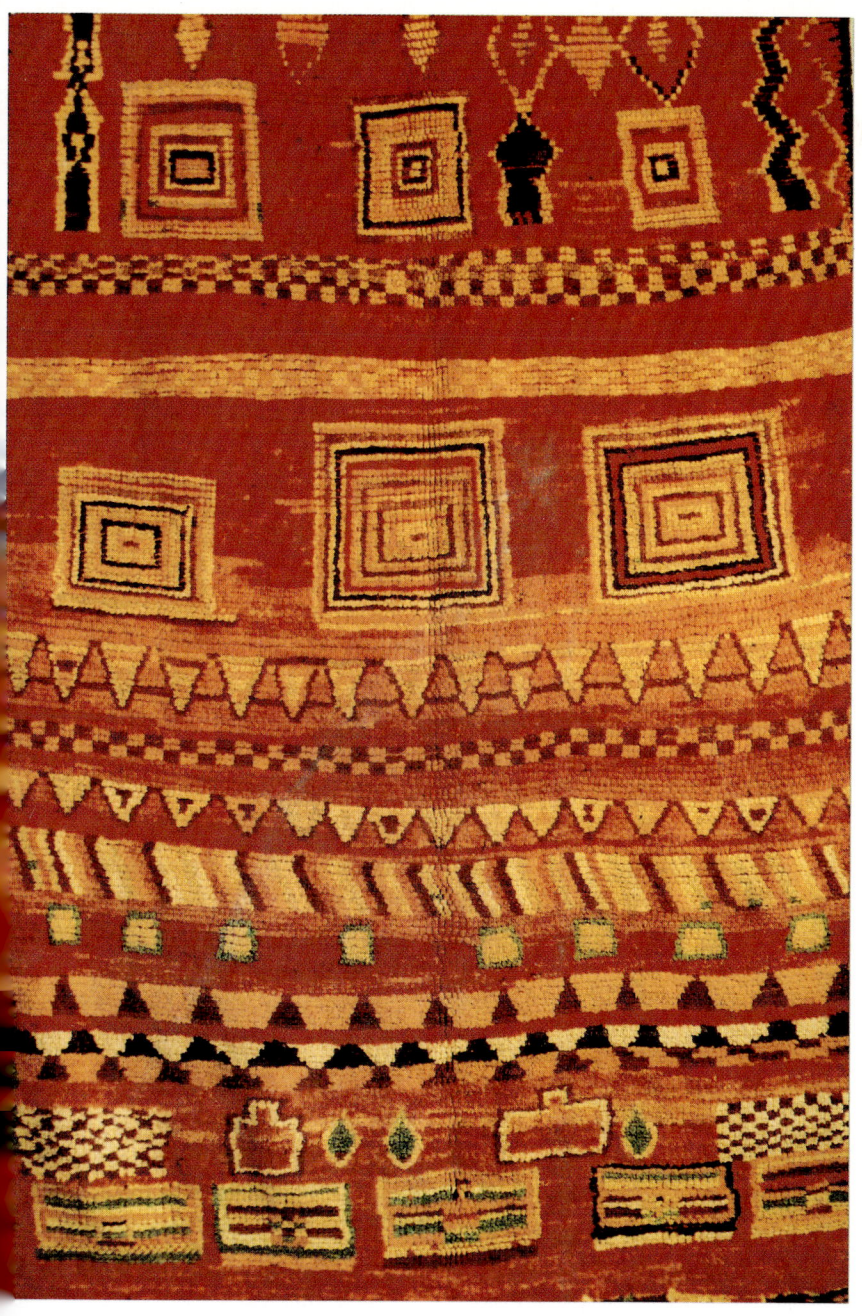

décalages. De l'extérieur, ces pièces tissées peuvent paraître uniformes ; au premier vrai regard, elles s'animent d'une infinité de nuances, dont la ténuité même augmente la profusion. Plus accentués, de tels écarts seraient certes plus mémorisables, mais moins vivants. La subtilité d'évolution et d'altération du motif table, en fait, sur le temps. Ces tissages sont objets de très long usage, la vie se passe dans leur voisinage : leur savante et discrète complexité leur assure une sorte de longévité.

Ce que nous disons là des tissus du Maroc pourrait sans doute s'appliquer à bien des productions élaborées dans le cadre d'une société traditionnelle. Certaines musiques orientales, la musique mathématique et contemplative de Jean-Sébastien Bach même, pour s'en tenir à ces indications très générales, semblent ainsi participer du même état d'esprit : l'œuvre produite dit à la fois le temps qui glisse et se répète, tout en cherchant, en élaborant une structure difficilement embrassable en une seule fois, à le contredire. Ces jeux sur le temps peuvent d'ailleurs s'exprimer sur un plan technique. Nous pensons ici aux tapis de haute laine des Zaïane qui, lorsqu'ils sont jeunes, ne laissent pratiquement discerner aucun motif. Le tapis, brouillé comme un champ de fleurs versicolores, en est à sa phase indécise, immature, où quelques amateurs se plaisent à voir un impressionnisme primitif. Il faut attendre l'usure très progressive des brins de laine pour que, longtemps après la mise en service, le dessin apparaisse peu à peu et, proprement, se révèle.

Une autre caractéristique très forte de ces tapis et de ces tissages géométriques réside dans la mise en forme si particulière de la rupture des motifs. Quand on regarde attentivement un long entourage de tente des Beni Mguild (certains peuvent mesurer près de huit mètres de longueur), on constate en effet que les zones de motifs s'enchaînent suivant une *fausse continuité*. De loin en loin, un listel transversal vient interrompre la progression des masses de signes qui reprennent de l'autre côté de cette frontière, presque au même endroit, raccordant dans le mouvement, mais seulement de façon approximative. L'hypothèse d'une quelconque difficulté à faire coïncider les lignes est évidemment à écarter dans ces travaux de haute virtuosité. Nous sommes en réalité en présence d'une caractéristique importante de l'esthétique berbère, à savoir la création d'une *continuité dans la rupture*. Les pointes des triangles ne s'achèvent pas, les chevrons sont parfois simplement suggérés, mais le raccord se fait quand même, au-delà du listel d'interruption, sur un autre mouvement lui-même inachevé. Les hypothèses de Rudolph Arnheim sur la tendance naturelle de l'esprit à « continuer de façon rationnelle une forme donnée si elle est inachevée » nous aident bien ici à comprendre pourquoi ces rythmes graphiques constamment interrompus donnent aussi le sentiment d'une continuité parfaite.

Nous voilà donc parvenus au-delà des questions de la simple ressemblance et de sa reconnaissance. Le mode d'appréhension que nous suggérons ici est global et non analytique. Nous ne croyons pas finalement qu'il y ait beaucoup de sens à penser que les damiers tremblés tissés par les Chiadma dans des compositions d'une modernité confondante, mais sans doute aléatoire, représentent le scintillement de la mer près de laquelle vivent ces populations. Il y a en revanche, nous semble-t-il, plus de pertinence à replacer cet intérêt constant pour la forme qui se répète et qui se fuit dans le cadre général d'une pensée iconique rêvant, dans la contrainte d'une société archaïque, le même et le mouvant, la règle et sa transgression. La difficulté ici consiste donc à interpréter la structure sans se laisser enfermer dans les pièges de la ressemblance, pourtant toujours désirée comme une preuve : supposer que les grands tapis du Haouz de Marrakech, qui comportent sur leur champ de vastes carrés concentriques et souvent pointés, donnent la vision d'un monde semi-désertique où les maisons s'affirment dans leur isolement, comme le disent les marchands, n'est en somme acceptable que si l'on se détourne du leurre qui

consisterait à vouloir reconnaître dans ces carrés des maisons réelles. La voie est donc étroite, et sans doute faut-il renoncer à une lecture qui, se voulant trop précise, cesserait paradoxalement d'être exacte.

La question de la dénomination des motifs est, par ailleurs, une bonne pierre de touche pour apprécier la complexité des problèmes d'interprétation posés dans les tapis marocains. Rappelons d'abord que toute considération descriptive, si modeste soit-elle, implique un effort pour nommer les formes. Or, cet effort, qui va naturellement faire naître des appellations, installe une première ambiguïté, car les tisseuses, dans leurs langues, ne parlent pas nécessairement de damiers, de losanges, de triangles ni même d'oueds ou de maisons. D'une part, elles peuvent parfaitement donner des noms figuratifs à des motifs que nous pensons géométriquement (une ligne de chevrons devient une serpette – *tamougert* – chez les Aït Youssi ; une succession de quatre carrés dont les côtés se prolongent extérieurement reçoit le nom de « griffe du grand lion » ; deux traits se croisant à angle droit font une « empreinte de colombe »). Mais surtout, les tisseuses peuvent ne pas donner de nom à certains motifs ; ou encore, par pudeur, ne pas accepter de communiquer verbalement ce qu'elles pensent seulement par devers soi. L'expérience semble en effet montrer que plus le sujet devinable du tapis touchera à des questions fondamentales de la vie personnelle ou sociale (mariage, naissance), plus le motif échappera ou résistera à la nomination. L'exemple des parturiantes est, en la matière, hautement significatif : on sait ce que le motif représente, mais on ne le dit pas. Le tapis devient bien dans ce cas le lieu d'une écriture du silence. Ces refus et ces décalages ont leur importance. Profondément, ils touchent à ce qu'on pourrait appeler la sincérité native de l'expression, l'idée étant que le non-dit ou le dit caché est un garant d'authenticité.

En réalité, la nomination du motif ne semble avoir de sens que dans le cadre d'une communication sociale finalisée : soit dans une relation commerciale, soit dans une relation de production. Le souk et l'atelier du centre artisanal sont ainsi les deux lieux où l'on rencontrera le plus de motifs lexicalisés de façon fixe. Le marchand interprète les motifs et les cerne nominalement pour répondre à la demande d'information qui, particulièrement dans le cas d'un acheteur étranger, euphorisera la vente ; les ouvrières de fabrique, elles, désignent les figures pour optimiser un travail devenu répétitif et s'entendre sur leurs tâches. Dans les deux cas, effectivement, on a besoin de noms. Mais à la maison, dans le secret des heures dérobées à des travaux plus durs, la tisseuse, seule avec elle-même, forme sans dire. Interrogée, elle pourra toujours se taire : le motif sans

nom est une protection.

Cela permet de mieux comprendre pourquoi la plupart des noms de motifs rapportés par Prosper Ricard et ses collaborateurs après enquête dans les ateliers et sur les marchés n'entretiennent qu'une relation très conventionnelle ou peu motivée avec le référent. Un nom disjoint de la chose qu'il décrit assure bien une fonction de désignation, mais il n'engage pas l'utilisateur : c'est une commodité, non un dévoilement. Ces disjonctions prennent parfois des tours surprenants. Ainsi appelle-t-on *moussrîoula* – c'est-à-dire « celles qui portent de petits pantalons » – les étoiles à huit branches si fréquentes dans les tapis de Rabat. De même, le motif connu sous le nom de *nesrani* – mot qui, au Maroc, désigne le chrétien, le *nazaréen* – dessine une sorte de rectangle crénelé, barré par une écharpe diagonale intérieure. L'esprit, naturellement, se perd en conjectures devant ces guirlandes d'appellations. Pour ne rien dire de la perplexité amusée dans laquelle nous plongent les « petits pantalons », faut-il penser que le *nesrani* tirerait son nom d'un motif aperçu primitivement sur un tapis réputé chrétien ? On songe alors aux butins pris par les corsaires de Salé et de Mogador ramenant dans leurs vaisseaux ces captifs chrétiens qui allaient peupler les geôles de Meknès ou de la côte et que les barbaresques échangeaient parfois contre de riches rançons. Tout est possible... et rien n'est probant[1]. Ce qui semble clair, en revanche, c'est que le motif non figuratif porte un nom de code, laissant alors, comme c'est la règle, libre cours à une certaine fantaisie. Ainsi, un rectangle découpé par des diagonales peut-il être appelé « babouche » *(tabourekst)* en quelques régions du Moyen Atlas à cause d'une ressemblance approximative avec une babouche neuve encore aplatie. De même, certains motifs traditionnels des tapis de Rabat, évoquant pour nous des feuilles ou des fleurs à pédoncule et à pourtour dentelé, portent-ils le nom d'un couteau marocain – *khanjar beldi* – peut-être parce que le pédoncule en question évoque la lame recourbée d'un poignard. Mais ici encore il faut être prudent. Le mot a pu faire progressivement dériver la chose : à force de désigner ce motif comme un couteau, la lame a pris forme plus affirmée, est devenue visible.

L'un des plus vivants exemples de cette mobilité lexicale se rapporte à un motif assez répandu formé de deux lignes parallèles de rectangles communiquant les uns avec les autres. Chez les Aït Ayache, cette chaîne a reçu le nom de *tammerakchit,* c'est-à-dire « venant de Marrakech », par un phénomène d'attribution d'origine semblable à celui que nous avons constaté avec le motif « chrétien ». Pour les Aït Youssi, le même motif représente, selon Prosper Ricard, une succession de peignes à carder la laine ; tandis que les jeunes ouvrières de l'ouvroir créé par les sœurs franciscaines de Meknès au début

du Protectorat y voient très nettement un train composé de ses différents wagons... Dans ce dernier cas, on peut supposer que cette intégration naïve du modernisme doit quelque chose au lieu même qui la voit naître : les religieuses, sans doute, ont été ravies d'accueillir la vision de leurs jeunes pensionnaires intégrant joyeusement un signe des temps nouveaux dans leur activité traditionnelle.

Ainsi, une sorte de rêverie imaginative, prenant souvent ses modèles dans l'environnement proche, baptise le motif et le fixe. Poignard, paire de ciseaux, babouche, gâteau de miel, train constitué de wagons sont à la fois reconnus, puis reproduits parce que désignés.

Faut-il conclure que ces noms ayant un rapport si variable avec la réalité des motifs ne nous apprennent pas grand-chose sur leur sens ? Tout ce qui précède montre en effet que la grille des appellations, quand elle existe, est loin de coïncider avec la grille des formes.

(1) Prosper Ricard confirme cette hypothèse en précisant toutefois que c'est par erreur que ces tapis d'origine étrangère furent attribués à l'Europe. Ils seraient en réalité d'origine orientale. Des bandes d'encadrement formées de lignes de *nesrani* se trouvent couramment dans les tapis anatoliens de Megri. (*In Corpus des tapis marocains,* I « Tapis de Rabat », p. 25, librairie orientaliste Paul Geuthner, Paris, 1923).

Rien ne serait plus faux, cependant, que de tirer argument de ce flou lexical pour penser que le « symbolisme berbère » relève de quelque bluff interprétatif machiné pour des motivations commerciales. La variabilité des termes, leur faible valeur descriptive nous renvoient simplement au fait que les tapis montrent et ne disent pas. En somme, leur sens ne procède pas de l'établissement et de la traduction d'un « lexique », mais de l'interprétation de structures, de constantes, de variations développées à l'intérieur d'une thématique liée à un cadre culturel précis. À strictement parler, un tapis, même s'il est crypté, ne se déchiffre pas comme un message codé. Il n'y a pas de pierre de Rosette en laine dont quelque nouveau Champollion pourrait se servir pour lire tous les tapis sur la base d'un lexique stable.

Ce type d'interprétation, qui lie forme et sens sans le truchement nécessaire du mot, ne vaut cependant pas exactement pour toutes les catégories de tapis. Il ne vaut plus, par exemple, pour ceux purement destinés au commerce, qu'on pourrait définir comme des tapis systématiques dans la mesure où, *mécanisant* l'esprit de variation dont nous avons précédemment montré la souplesse, ils n'offrent guère au regard qu'une répétition sans vie. Plus la production est importante et bien commercialisée, plus le type est apparent et la forme morte : c'est le cas, notamment, des tissages Zemmour ou Beni Mguild fabriqués en série dans les coopératives.

Cette interprétation globalisante, qui cherche à mettre en relation « l'esprit des formes » et la culture profonde, ne paraît pas non plus exactement adaptée à ces tapis ornementaux d'inspiration étrangère que sont les Rabat et les Médiouna. Nous sommes en effet en présence d'une esthétique importée. On connaît la fonction décorative de ces tapis luxueux et l'on voit bien ce qu'ils figurent. Au milieu de grands salons pleins d'ombre et de silence, ils donnent clairement l'image d'un jardin d'Orient déroulant son champ de fleurs. Mais, comme l'a si bien montré Jacques Benoist-Méchin, le jardin arabe renvoie toujours un reflet du paradis. Ainsi, le champ central des tapis de Rabat, d'ailleurs souvent bleu, renvoie-t-il au ciel, comme l'atteste la présence, presque obligatoire, d'oiseaux en vol, de papillons, voire de chevaux ailés... Écho du plafond – lui-même extrêmement travaillé – du palais, le tapis est donc, dans la riche demeure, morceau du ciel désiré. C'est ici précisément que se ressource et se revalorise la fonction ornementale de ces tapis.

Avec ses fleurs, ses chevaux ailés, ses oiseaux, ses *mihrabs*, son étoile octogonale, le champ central de ce tapis de *Rabat* se réfère à une description classique du paradis (300 × 210).

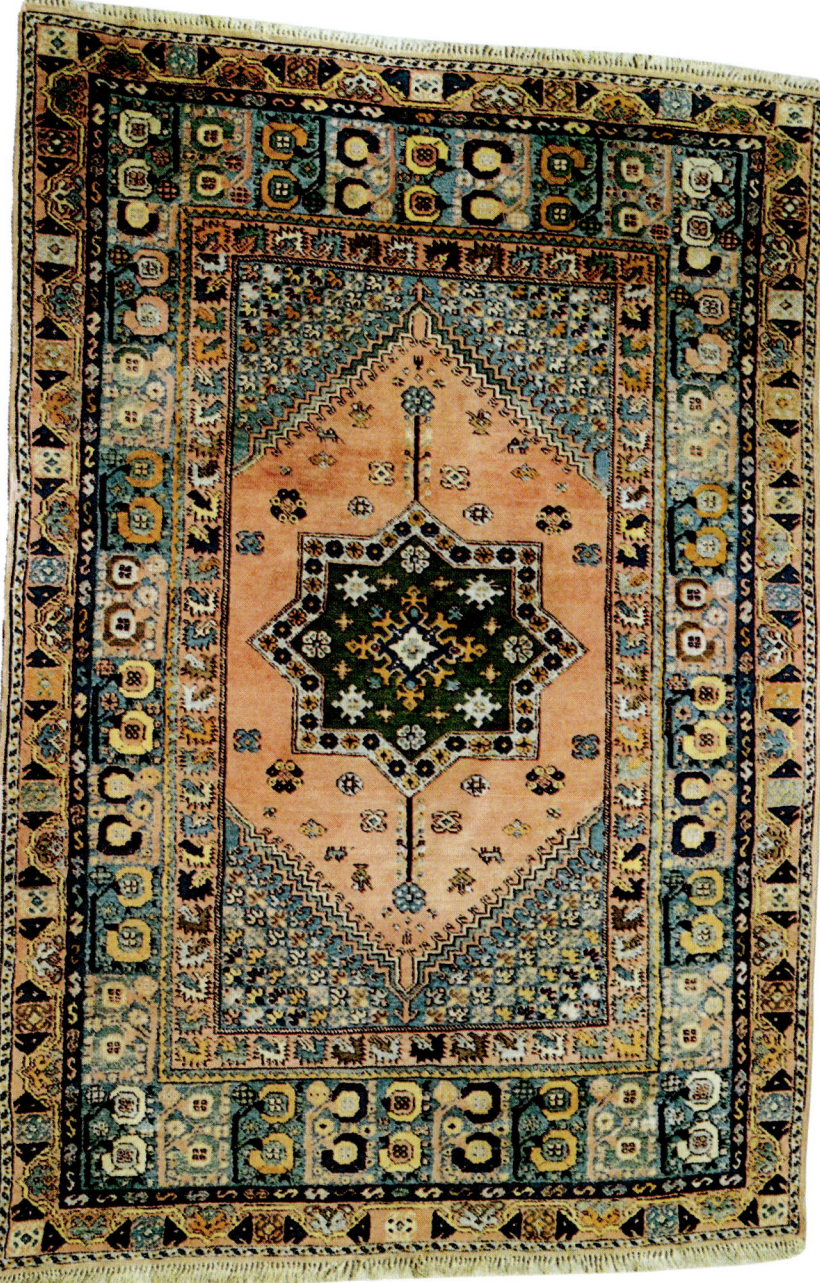

Car la figuration du bonheur céleste espéré par le croyant prend un sens très fort en ce pays de foi. On observe d'autre part que ces tapis d'Orient apprivoisés au Maroc tendent fortement à s'indigéniser. Cela prend la forme d'une véritable lutte entre les fleurs importées et les motifs géométriques traditionnels en Berbérie.

D'une façon générale, les encadrements, assez minces en Orient, tendent à s'épaissir, à se multiplier, à se hiérarchiser, comme le notaient dès 1925 Henri Terrasse et Jean Hainaut dans *Les Arts décoratifs au Maroc*. Là où l'Orient recherchait souvent la finesse, cet art de la courbe qu'en Europe on appelle arabesque, il est vrai que les tapis de Rabat affirment la construction marquée et le motif géométrique. Tout se passe en fait comme si les tendances archaïques cherchaient à se réapproprier cet objet décoratif venu d'ailleurs.

Le succès social du tapis de Rabat et la constitution au Maroc d'une moyenne bourgeoisie assez importante ont cependant contribué à arrêter cette dérive qui, en d'autres temps, aurait peut-être totalement naturalisé ces tapis d'Orient apportés au Maghreb par une cigogne, comme le dit la légende. Tels quels, ils demeurent quand même fondamentalement différents de ces fabricats ethniques dont nous avons interprété plus haut le travail expressif. Ceux-ci ne sont pas, en effet, comme les Rabat idéaux reflet du paradis promis, mais fragments de la vie d'ici-bas. Hypothèse qui reconstruit la forte opposition esthétique entre tapis de ville et tapis ruraux sur un autre plan : le paradis et la vie terrestre ; l'idéal et la chronique existentielle. Aux premiers l'azur rempli d'oiseaux, le vert des jardins, les constructions ordonnées et cérémonieuses ; aux seconds la figuration de l'oued qui sinue dans le cailloutis, l'inscription des accouchements, l'inventaire des ustensiles de ménage : braséro, peigne à carder la laine, cadeaux de mariage, mais aussi, comme nous avons tenté de l'exprimer, l'extraordinaire élancement vital des formes géométriques.

Tapis de *Rabat* (425 × 270). Les minces encadrements des tapis d'Orient se sont épaissis et multipliés jusqu'à occuper une grande partie de l'espace. La prédominance des lignes et des motifs géométriques replace partiellement ce tapis dans une esthétique berbère.

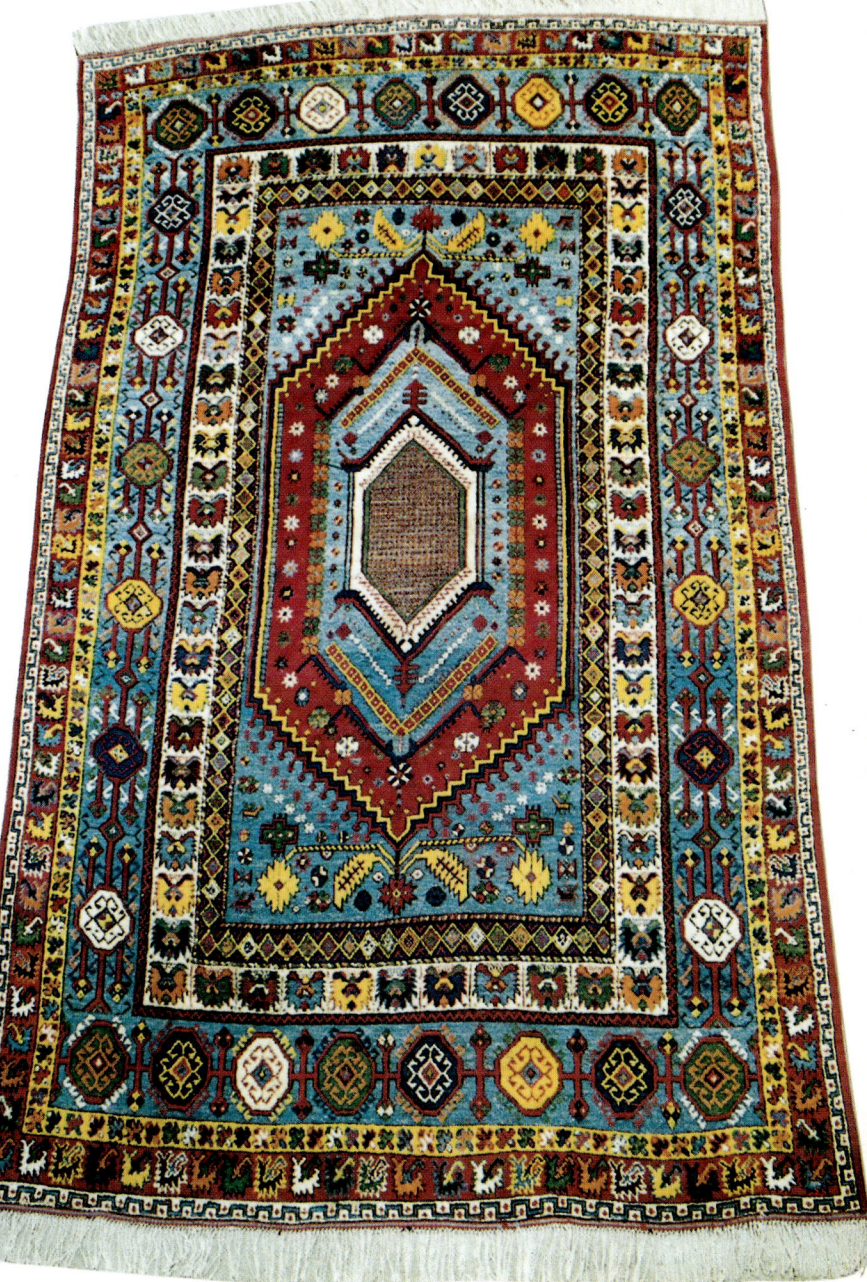

Le tapis et son milieu

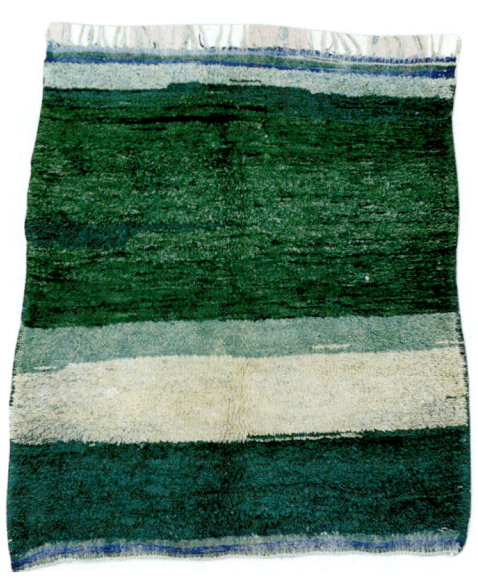

Ce petit *Chichaoua* tout simple n'a qu'une idée originale, mais elle fait de lui une rareté : il a revêtu une livrée verte dans un environnement régional où le rouge domine absolument (170 × 140).

*L*e tapis entretient une relation étroite avec son milieu naturel et social. Dans un premier temps, on pourrait presque dire qu'il sort du sol, comme une plante, tant ses caractéristiques sont précisément liées à l'environnement. Tout d'abord, son apparence dépend de la qualité de sa matière première, c'est-à-dire de la laine qui est elle-même directement en relation avec la richesse ou la pauvreté du terroir. Dans une région où les pâturages sont abondants, on aura une grosse production de laine et des tapis à brins nombreux et très serrés. C'est le cas des Zemmour et, en général, des produits du Moyen Atlas. Là, on rencontrera même beaucoup de tapis en laine d'agneau, notable signe d'aisance. Cette laine, qui fleure bon la prospérité rurale, est d'ailleurs plus résistante que celle du mouton adulte. Cela se sent dès le filage : on dit qu'elle « colle » mieux. C'est aussi une laine plus longue, plus soyeuse, et qui prend bien la couleur. Mais elle offre surtout l'image du luxe : elle brille doucement et « donne de la lumière » au tapis. En revanche, les régions de maigres et épisodiques pacages

Ce tapis des *Haha* pourrait être Chiadma par ses motifs et sa disposition générale. Seule sa dominante rouge chaudron le distingue de ses voisins du Nord à fond généralement violine (185 × 152).

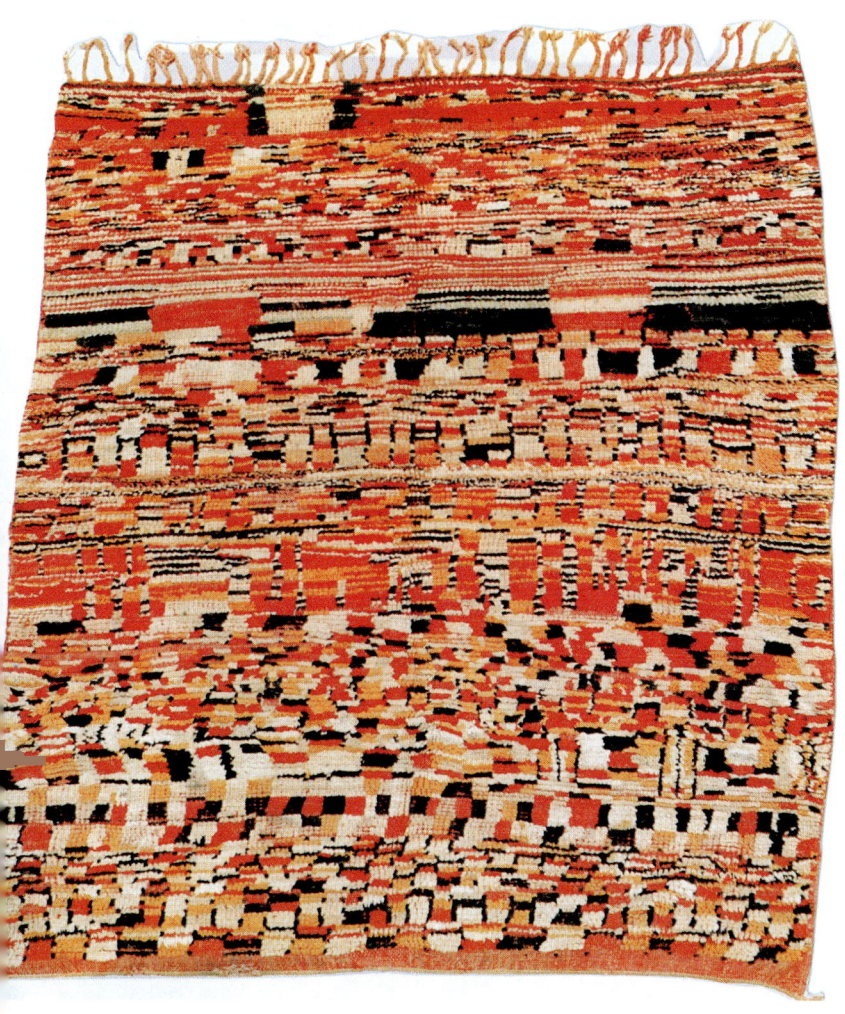

ne voient guère « pousser » que des tapis de toison pauvre. La laine en est grossière, la texture faite de gros nœuds espacés pour épargner une matière première plus rare. Cela n'enlève d'ailleurs rien à la force créatrice de ces « plantes sèches », comme le montre la puissance d'invention des tapis du Haouz de Marrakech.

Bien entendu, la pauvreté ou la richesse des familles réintroduisent les mêmes types de variations à l'intérieur de chaque ensemble. Une tisseuse pauvre, même dans une région riche, pourra ainsi être amenée à utiliser diverses qualités de laine, et son tapis, comme un arbre gardant dans sa croissance la trace des années de sécheresse et des années d'abondance, poussera par à-coups, gardera la cicatrice des ruptures.

Que la laine puisse être considérée comme un fruit de la terre ne résulte pas seulement de son statut objectif de produit naturel. Un ethnologue comme Henri Basset, travaillant sur la société marocaine prémoderne, a en effet clairement montré que les rites du travail de la laine l'assimilent culturellement à un produit agricole. « La tonte des moutons, écrit-il, est une véritable cérémonie... (...) On tond les bêtes en chantant des formules destinées à attirer sur elles et sur la laine les bénédictions célestes ; et la journée se termine par des réjouissances. Ce qui frappe principalement dans cette cérémonie, c'est sa ressemblance avec celles qui marquent la récolte des produits de l'agriculture : elle présente de grandes analogies avec la moisson et surtout avec le gaulage des olives[2]. »

Il observe également que la même croyance en un accroissement surnaturel et spontané réunit la laine, le blé ou l'huile. Il note ainsi que le soir même du lavage des toisons on les abandonne dans un coin de la maison pour les y laisser reposer plusieurs jours. « Car, poursuit-il, de même que le grain, après la moisson, peut continuer à croître sur les aires à battre et dans les silos, de même que le niveau de l'huile monte spontanément dans les réservoirs où on l'emmagasine au sortir du pressoir, la laine, une fois lavée, peut s'accroître encore, elle aussi, pour le plus grand profit de son propriétaire : mais il faut se garder de déranger les forces mystérieuses qui président à cette croissance surnaturelle. » Et de conclure : « Cela montre encore nettement l'analogie qui existe dans l'esprit des indigènes entre la laine et les autres produits de la terre. »

Si la laine apparaît comme la fibre vivante du tapis, la couleur, qui en est la parure, ne dépend pas moins du milieu naturel.

Chiadma noué à motifs polychromes sur fond lie de vin (315 × 175).

(2) *In* « Les rites du travail de la laine à Rabat », pp. 140 et 141, revue *Hesperis*, tome II (1er et 2e trimestre), 1922 (réédition en fac similé, juin 1986, Edaraf, Rabat).

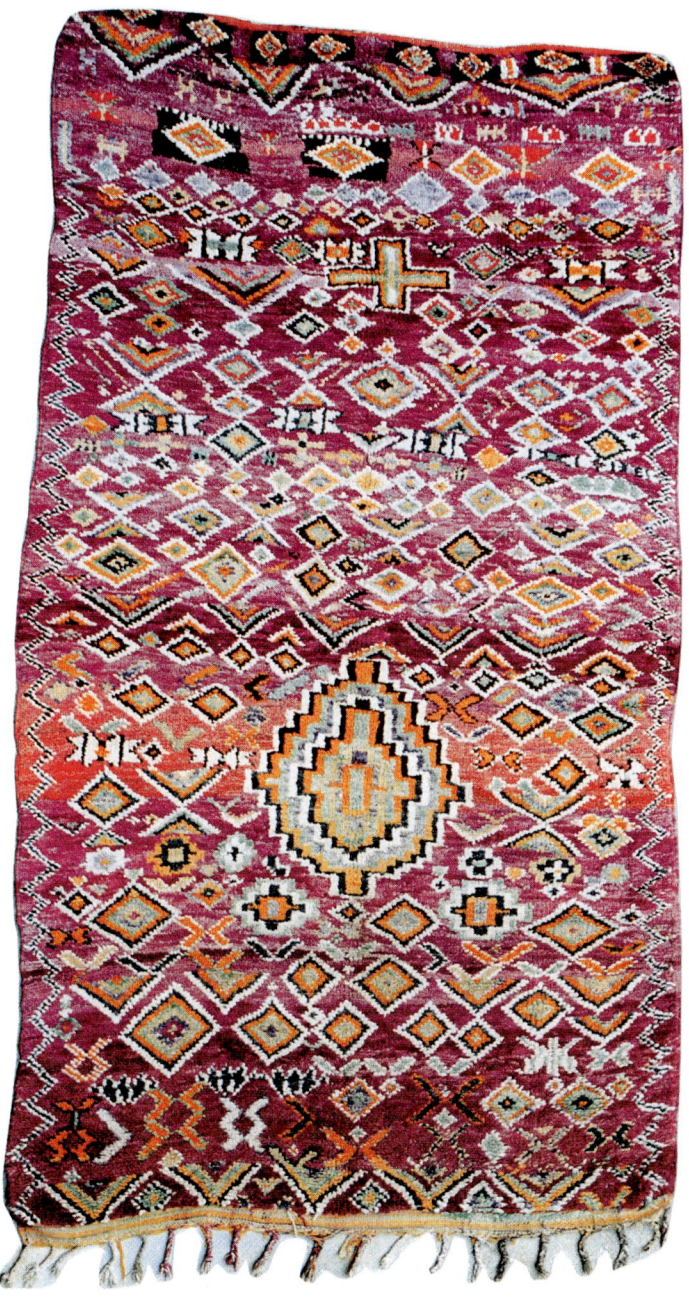

Traditionnellement, en effet, les couleurs étaient fabriquées avec des éléments minéraux, végétaux et animaux collectés sur place. Les tisseuses se servaient, avant l'invasion des pigments artificiels, de racines, de pierres, de fleurs et d'insectes. Ainsi le rouge était-il souvent obtenu à partir de la cochenille ou de la racine de garance, et le jaune à partir du safran, de l'écorce de grenade ou du daphné, cet arbuste de montagne à fleurs blanches ou rouges. Le noir, en revanche, quand il ne provenait pas de laines naturelles, était obtenu à partir de l'écorce de chêne vert. En milieu traditionnel, les femmes, déjà fort occupées par les tâches de toutes sortes qui leur incombent, n'avaient pas coutume d'aller chercher bien loin les pigments qu'elles utilisaient. Tout, en la matière, dépendait donc du milieu presque immédiat. Ainsi s'expliquent parfois des différences tonales qui créent des ruptures entre des tapis très voisins d'inspiration : à bien des égards, les Chiadma et les Haha se ressemblent, également construits sur des variations subtiles de masses disposées en damiers ; mais leur disposition les premiers ont à leur disposition les pigments minéraux qui leur permettent les jaunes et les violets ; tandis que leurs voisins du Sud, en général rouge chaudron, sont teintés avec les pigments végétaux que les tisseuses ont sous la main. Un tapis, redisons-le, pousse comme une plante, là où la famille est enracinée, et la variété des tapis provient presque autant de la variété des sols que de celle des traditions tribales.

Les recettes traditionnelles sont évidemment complexes et nous verrons plus loin qu'elles tirent partiellement leur efficace du caractère magique ou alchimique de leur préparation. Le procédé par lequel le marron-grenat est obtenu dans les tapis du Moyen Atlas, rapporté par l'écrivain Ahmed Sefrioui, donnera une idée précise de la mise à contribution du milieu naturel dans cette élaboration. On sera en effet attentif, dans le texte qui va suivre, au retour du mot sauvage, à la présence de la nuit, à celle de l'eau libre :

« Prendre des racines de garance ou des racines de sumac bien sèches, les écraser avec du raisin sauvage vert ou de l'oseille sauvage dans les proportions de deux tiers de garance pour un de raisin sauvage. Placer le mélange dans un récipient d'eau avec les fils de laine et les y laisser toute la nuit. Le lendemain matin faire bouillir l'ensemble pendant deux ou trois heures ; retirer les fils, les mettre à sécher. Faire dissoudre des cendres de chêne dans de l'eau ; plonger dans ce bain les fils de laine, les y laisser une bonne heure ; retirer et rincer enfin à l'eau courante[3]. »

(3) In De l'extrême Occident, tapis et textiles du Maroc, Patricia L. Fiske et alii, éd. The Textile Museum Washington D.C., 1980. Cette description d'A. Sefrioui, figurant à la page 91, est entièrement reprise de Prosper Ricard, Corpus des tapis du Moyen Atlas, p. 45.

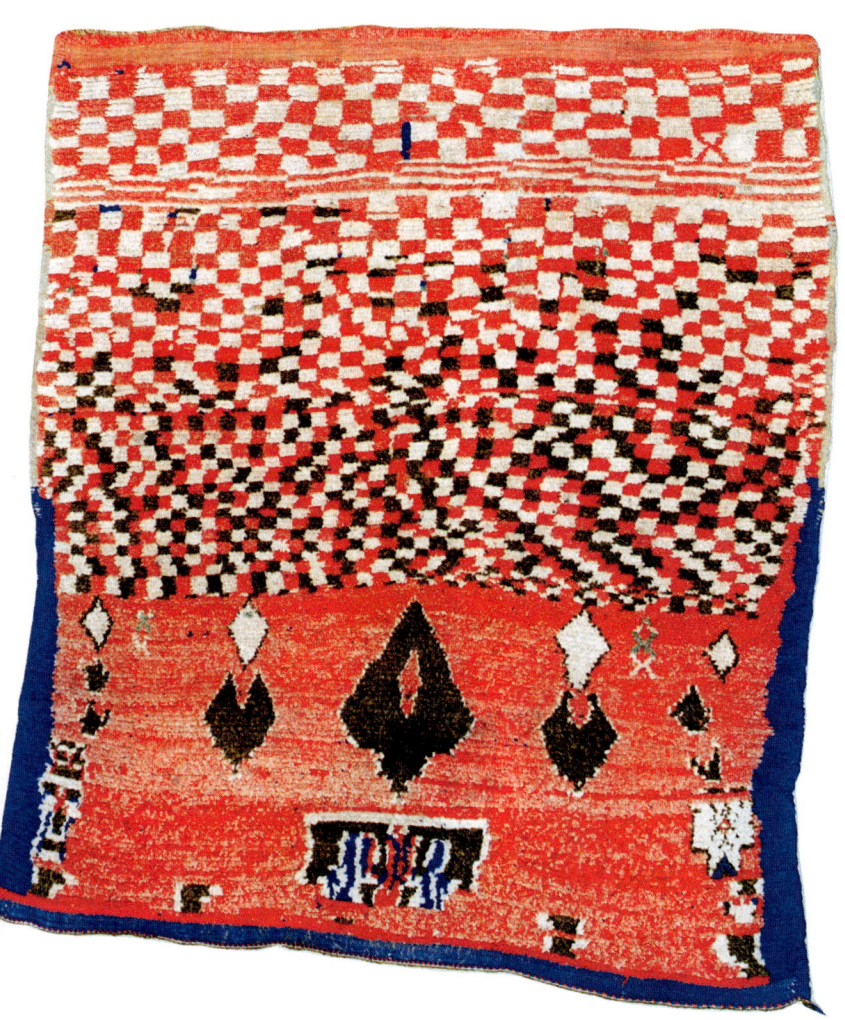

Un autre aspect qui lie le tapis à la nature concerne la vitesse de vieillissement des couleurs. Celles-ci, comme toutes choses naturelles, se transforment à leur rythme, modifiant les harmonies, créant de nouveaux rapports de tons. Si tout ce qui est végétal passe en général assez vite, les couleurs d'origine animale ou

Chiadma noué vert, blanc et bleu sur fond saumon (180 × 155).

minérale résistent mieux. Cela explique que le vert, élaboré à partir de plantes, est presque complètement éteint dans les tapis anciens, alors que le rouge cochenille bouge très peu. De toute façon, le tapis traditionnel a des couleurs vivantes qui évoluent doucement avec le soleil et l'usage, vers des tons fondus. En écartant les brins pour examiner la racine de la moquette, on retrouvera d'ailleurs la teinte, parfois criarde, du tapis d'origine. Au contraire, si dans un tapis plus récent demeurent, à côté de couleurs qui descendent lentement, quelques motifs d'un rose toujours vif ou d'un bleu inaltérable, on peut être sûr d'être en présence de couleurs synthétiques.

Il ne faudrait d'ailleurs pas croire que *couleurs artificielles* équivaut exactement à *couleurs stables*. On sait que les premiers centres artisanaux créés par l'administration du Protectorat au début des années vingt eurent ainsi de graves déboires avec les anilines trop fugaces qu'ils utilisaient. Quelques magnifiques Chennana, fabriqués dans ces conditions, sont ainsi aujourd'hui complètement effacés. Ce n'est qu'après correction, au bout de plusieurs années, que les pigments synthétiques diffusés au Maroc acquirent la stabilité parfois même un peu agressive qui marque le passage de l'état de « nature » à l'état industriel. Mais hâtons-nous de dire que, pendant une certaine période, tous les procédés continuent de vivre en même temps, comme

des espèces menacées cohabitent encore quelque temps avec les espèces qui les remplaceront. Cela ne contribue pas, évidemment, à simplifier les problèmes de datation.

De la nature, le tapis traditionnel garde aussi la trace dans sa forme même. Directement d'abord, dans la mesure où ses lisières inégales, souvent trop sinueuses au gré des yeux modernes, sont directement calquées sur les montants de bois qui encadrent le métier. Le tronc grossièrement équarri continue en quelque sorte son mouvement dans le tapis. Les montants de fer des fabriques ont mis bon ordre à ces courbes inopinées.

La nature, indirectement cette fois, contribue également à imposer sa marque en agissant sur la forme des salons qui doivent accueillir les tapis. La remarque a souvent été faite : les longues pièces des vieilles maisons traditionnelles doivent leur étroitesse au bois cassant des poutres transversales soutenant les terrasses. Trop longues, ces poutres, souvent en bois de cèdre, eussent menacé de fléchir ou de rompre. C'est donc bien (en dehors des palais où l'on emploie des techniques plus savantes) la nature qui, par bois de charpente interposé, est à l'origine, tout particulièrement

La beauté de ce *Zaïane* est demeurée longtemps cachée : le foisonnement des motifs n'est apparu qu'avec l'usure des brins de haute laine (245 × 130).

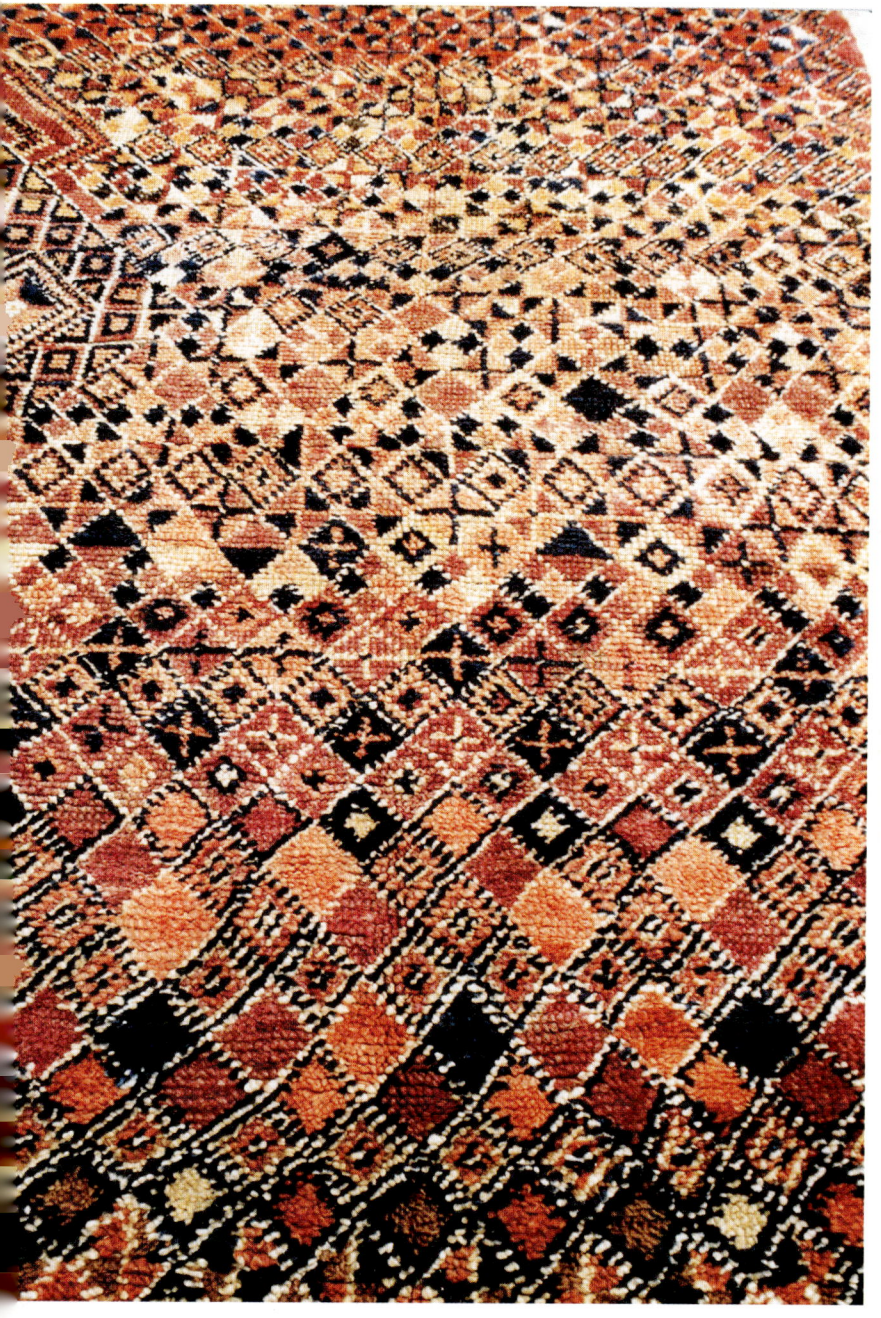

dans les montagnes du Haut Atlas, de ces tapis lanières adaptés à une architecture s'accommodant elle-même des contraintes du matériau.

La relation manifeste qui unit le tapis à son milieu n'est pas sans rappeler, *mutadis mutandis,* la longue série d'observations faites par les naturalistes au sujet de l'adaptation des espèces végétales ou animales à leur biotope. Les tapis de haute laine des Beni Ouarain, des Aït Ighezrane, des Beni Alaham, et en général des tribus qui nomadisent dans le Moyen Atlas enneigé, pourraient ainsi être comparés à ces animaux à toison épaisse, dont Darwin attestait avec tous les fourreurs du monde que « la fourrure est d'autant plus épaisse et d'autant plus belle qu'ils habitent sous un climat rigoureux ». Inversement, les tapis à moquette courte proviennent généralement, comme s'ils s'adaptaient aux données météorologiques, de régions plus chaudes et plus méridionales.

De telles interactions ne doivent pas pour autant nous faire oublier que des exceptions existent. Rappelons d'abord que Darwin, si l'on veut bien poursuivre la comparaison entre un artefact et une espèce vivante, ne pensait pas que le climat fût absolument prépondérant pour expliquer les phénomènes d'adaptation. « Tous les naturalistes, écrit-il dans *L'Évolution des espèces*[4], pourraient citer des cas innombrables d'espèces restant absolument les mêmes, c'est-à-dire qui ne varient

en aucune façon, bien qu'elles vivent sous les climats les plus divers. » La résistance des tapis du Haut Atlas à la haute laine semble bien aller dans ce sens. L'hiver rigoureux des montagnes des Aït Ouaouzguite aurait dû en faire des « animaux » à fourrure épaisse, comme leurs frères Beni Ouarain ou Aït Ighezrane du Moyen Atlas, alors qu'ils sont, par excellence, des tapis pelliculaires à laine rase. L'adaptation au climat semble donc ici prise en défaut. On connaît les conclusions du savant évolutionniste : l'action des conditions de vie joue un rôle important, certes, mais indirect. Ces remarques qui l'encouragèrent à construire une théorie de l'évolution s'appuyant sur des mutations intervenant dans la chaîne de l'hérédité peuvent nous être utiles pour les tapis. Ceux-ci, comme les espèces, s'adaptent en effet plus ou moins au substrat naturel qui les porte, mais ils évoluent, c'est-à-dire « se reproduisent », en fonction d'un potentiel culturel que l'on peut ici considérer comme un équivalent du capital héréditaire des espèces. Ce sont ces données-là qui, finalement, permettent de rendre compte d'écarts inexplicables en termes d'influence mécanique du milieu : les gens de la région de Tazenakht n'ont pas à leur disposition de bois vraiment plus droits que ceux de la côte des

(4) Chapitre V : « Les lois de la variation », p. 186, éd. Garnier-Flammarion, Paris, 1992 (ouvrage publié en 1859).

Chiadma, pourtant ils produisent des tapis constamment plus rectilignes. Ainsi la nature s'impose-t-elle chez les Chiadma ; tandis que chez les habitants du Haut Atlas, on éprouve le besoin, pour des raisons de nécessité esthétique, de « rectifier » le matériau. Le fait culturel est ici le discriminant pertinent.

Toutes ces remarques tendent donc à étendre à l'artefact certaines des caractéristiques des organismes vivants, à la fois régis par leur nécessaire adaptation au milieu et par leur patrimoine héréditaire. Sans doute doivent-elles être maintenues dans les limites d'une simple comparaison d'idées. Il n'empêche que ces tapis, qui empruntent tant de traits à la vie végétale ou animale – nous aurions pu évoquer à ce sujet les phénomènes de mimétisme qui font ressembler certains d'entre eux à la neige, au champ de blé, à la mer ou au semi-désert près desquels ils « vivent » –, ont fondamentalement un statut de sujet et non d'objet. C'est en cela que ce parallèle, qui trouvera sa justification profonde dans la partie sur les croyances, pouvait être tenté.

Si la nature continue de vivre et de se refléter en lui, le tapis garde aussi la mémoire matérielle du milieu humain qui l'a vu naître. Ainsi, il conserve parfois la trace précise de sa durée de gestation, laps de temps plus ou moins long qui, en lui-même, dit beaucoup de choses sur la vie de la famille. Chez les riches, en effet, le tapis pourra facilement être d'une seule venue, résultant d'un travail continu, non entravé par des pénuries de laine, de colorants, le manque de temps. Cela confère le plus souvent une unité de conception graphique, très étonnante dans ces œuvres réalisées sans carton. Dans une famille pauvre, au contraire, si la femme est accablée par l'entretien de la maison, les travaux agricoles, les corvées d'eau et de bois, si elle n'a pas de servante ou d'enfant en âge de l'aider, le tapis viendra petit à petit, comme une plante sèche attendant l'eau d'un rare loisir. De là ces tapis hétérogènes, ces tapis qui durent des années, commencés par une mère et terminés par une fille. Parfois, la « seconde main » se voit, non dans la technique mais dans la conception. Quelque chose boite, repart, ajoutant encore aux brusqueries de l'esthétique berbère.

Ces tapis mémoire portent aussi les stigmates des usages familiers d'un mode de vie en général peu soucieux de conservation. On y relève la trace d'un passage répété ; on voit, à une zone de décoloration, la proximité d'une fenêtre ou d'une porte ; on devine, au contraire, la banquette ou le coussin dont la présence a préservé les couleurs. Un archéologue de la vie quotidienne pourrait, grâce aux fragments d'herbes sèches ou de céréales que le tapis emprisonne dans sa moquette, et ce même après le plus vigoureux lavage en eau courante, reconstituer une part de la culture matérielle de ceux qui l'ont fait et qui l'ont habité. Il serait aidé en cela par les inévitables traces de henné, et autres taches d'huile ou de nourriture, sans parler des petites coulures de bougie, perles blanchâtres se souvenant des veillées de fête et des repas de Ramadan. Toutes ces taches humaines ont d'ailleurs, traditionnellement, leurs antidotes naturels. L'huile se dilue avec du rassoul, la bougie se tamponne avec une sorte de buvard fait d'un linge mou serré autour d'une pierre très chaude. Le henné, quant à lui, est pratiquement indélébile, mais il est vrai qu'il purifie et porte chance.

La mort même se lit dans ces tapis : les héritages y laissent leurs ruptures, divisant pour les vendre en morceaux de magnifiques et grandes œuvres qu'aucune sagesse ne vint épargner. Des livres dépecés par les bouquinistes des quais de Seine aux tapis mutilés des transactions adoulaires, l'esprit de lucre a souvent raison des belles choses...

Art ou artisanat ?

*A*uguste Comte dit qu'une société est composée des vivants et des morts. Dans les formes expressives traditionnelles, la part des morts semble prépondérante. Les signes se répètent, ils transmettent une mémoire, ils envahissent parfois le champ de la pensée au point de se faire mythe.

Une certaine conception (occidentale ?) de l'artiste se révolte contre cette victoire des morts sur les vivants. L'artiste devient alors celui qui fait place à la vie et qui repousse les ombres vers les marges et le cadre. Ainsi le mouvement s'institue, dans ce déséquilibre qui naît d'une tradition ayant perdu son hégémonie.

Ces considérations aident à situer la position des tisseuses. La place des morts est prépondérante dans leur métier, mais non tout à fait écrasante. Ou plutôt, le *mort* n'y est pas encore figé dans des signes immuables : il doit constamment être *redit.* La mémoire tribale évolue, se déforme, et vit dans cette métamorphose : les motifs s'altèrent, se reprennent, changent de place. C'est dans cette disposition et cette reformulation que se manifeste la liberté particulière ouvrant sur ce que nous appelons l'art. L'art des tapis n'est donc ouvert que d'un côté ; partout ailleurs la tradition le presse et le place sous haute surveillance. Il est l'échappée solitaire d'une personne poursuivie par ses morts. Quand les morts gagnent la course, on a la sagesse morte d'un bel objet d'artisanat ; quand l'artiste se démène et garde ses distances, tout redevient parole et, pour une fois, le vif saisit le mort.

APPROCHE SÉMANTIQUE

LE TAPIS DANS LE RÉSEAU DES COUTUMES ET DES CROYANCES

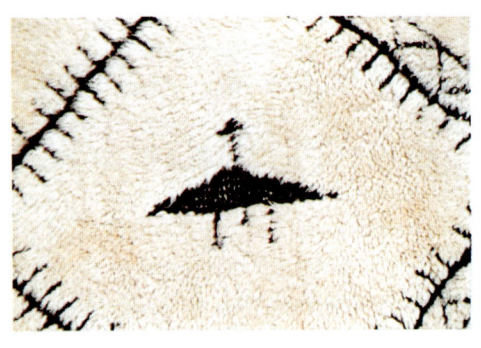

Détail de tapis noué *Beni Ouarain*.

*O*n pourrait commencer cette seconde approche en situant généralement le tapis dans les circonstances de la vie. Quand une femme tisse un tapis, elle ne le fait pas uniquement pour l'usage. C'est comme une lettre qui sort de sa main et qui sera lue par d'autres familles. Le tapis est d'abord message et, comme tous les messages, fait pour circuler. À partir de cela, on peut comprendre que le tapis, présent dans toutes les grandes occasions, occupe une position centrale dans la société traditionnelle. Signe fort de la prospérité, il doit être là pour les mariages, pour les fêtes, chaque fois qu'il se passe quelque chose d'important. Il faut aussi savoir que les gens se prêtent et se donnent des tapis pour se rendre service ou pour s'honorer. Quand on célèbre un mariage, dans un village du Haut Atlas par exemple, les invités viennent de toute la montagne, parfois de

Page 102 :
Hanbel Zaer (245 × 125). La finesse d'exécution des motifs ainsi que la subtilité d'agencement des coloris font de ce tissage un modèle de virtuosité.

Page 103 :
Zaer tissé (110 × 75). Les tapis de selle, tissés ou noués, sont de petites pièces très soignées : au souk, sur les chemins, ils sont l'oriflamme de la famille et de la tribu.

Beni Mguild noué (240 × 175). Le décor coloré et joyeux de ce tapis est enserré dans un double maillage rectangulaire et losangé formant comme une discrète résille.

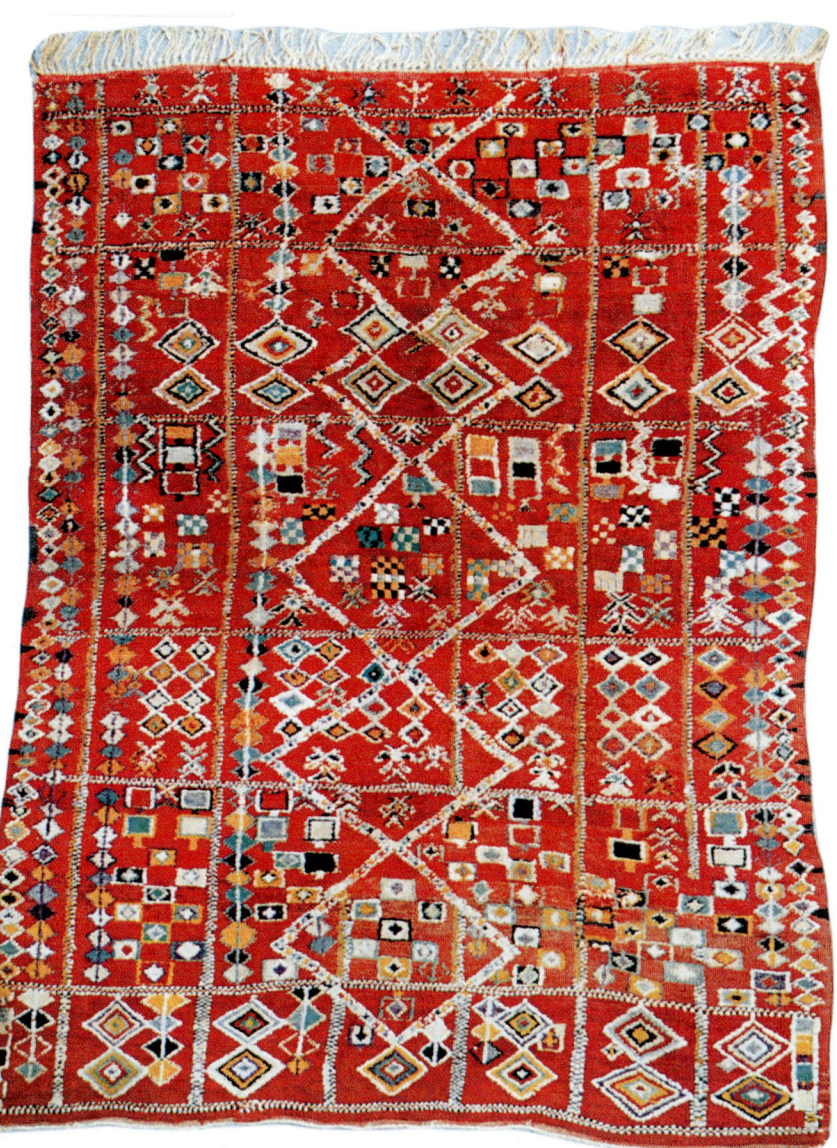

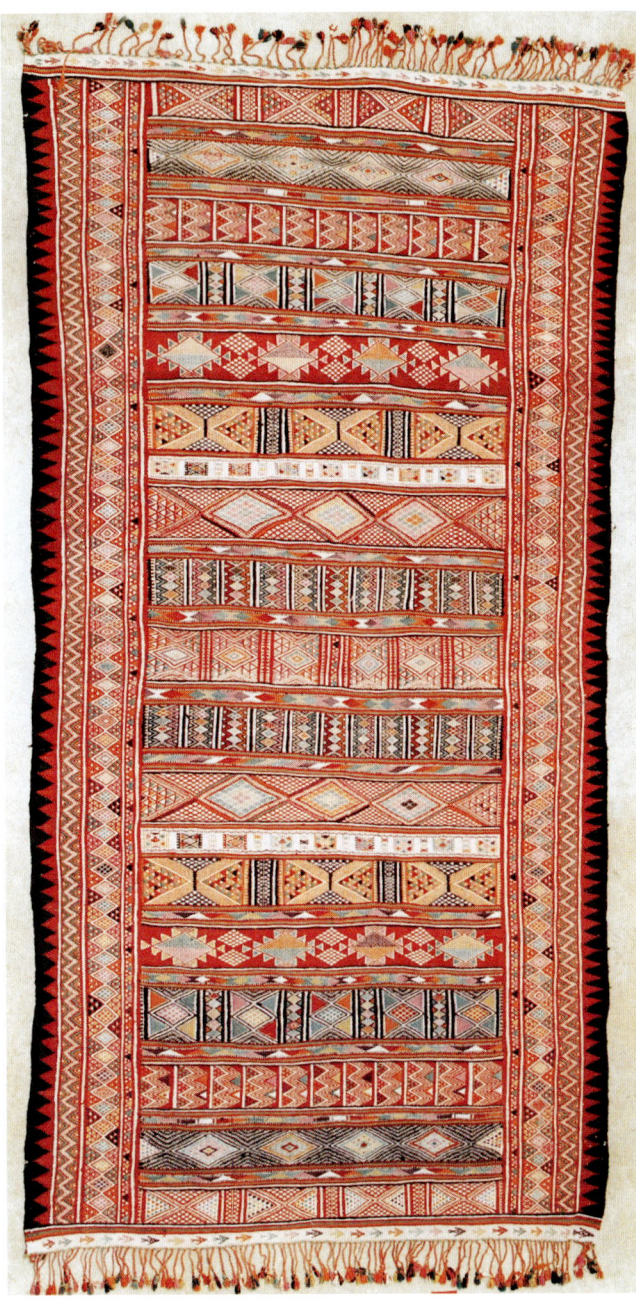

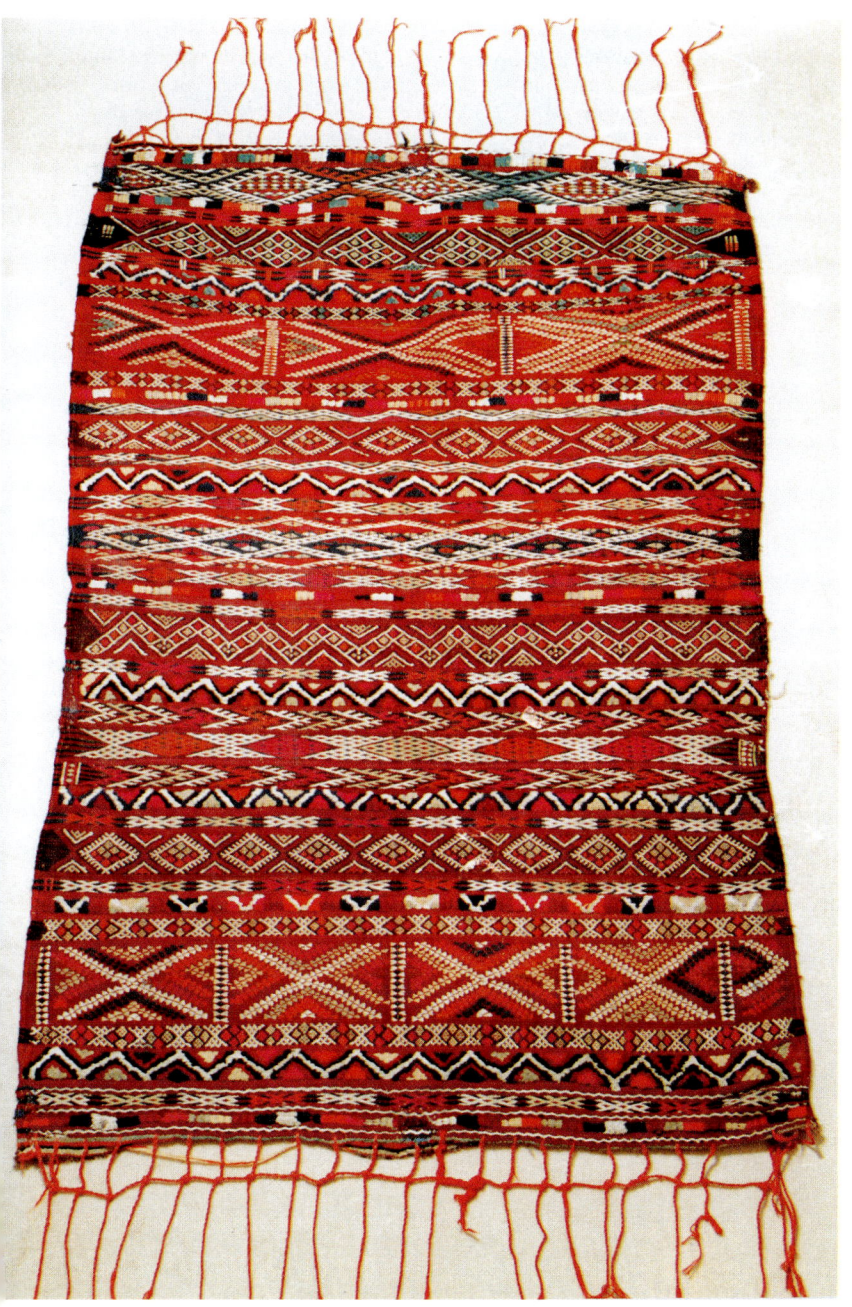

villes lointaines, et il serait honteux de les laisser s'asseoir à même le sol, sur la terre battue. Alors, la famille qui organise la fête doit se faire prêter le plus de tapis possible par les voisins et les amis. Les femmes sont d'ailleurs heureuses de rendre un tel service, car elles se disent que leur travail sera vu, jugé, et qu'elles en retireront de la considération. À la montagne, on est toujours fier et heureux de montrer ses tapis. Plus il y en a, plus on honore celui que l'on reçoit. Quand on est assis sur un tapis, on se sent invité ; quand on est assis par terre, on est un intrus. On a le sentiment d'être là contre la volonté des hôtes. Il y a d'ailleurs un proverbe qui dit : « Celui qui n'est pas invité ne trouvera pas de tapis dans la maison. »

Finalement, le tapis est un signe de vie. Tant que la vie est bonne, le tapis est là, et même lorsque les gens se déplacent, ils tâchent d'emmener un tapis avec eux : c'est le cas de l'homme qui voyage sur son cheval ou sur son mulet ; c'est aussi celui de la jeune mariée qui apporte un tapis de sa propre famille lorsqu'elle entre dans la maison de son mari. Cet objet, qui restera sa propriété inaliénable, est un morceau de son ancienne vie, une part d'elle-même aussi bien qu'un gage de richesse. Il en va de même avec les capes, qu'on appelle *handira*, dont se couvrent les femmes dans maintes tribus. Chez les Beni Ouarain, ces capes au tissage extrêmement fin ne servent pas seulement à protéger du froid ou de la chaleur ; elles sont l'héritage précieux que la mère remet à sa fille le jour de son mariage, presque le livre d'une vie, à charge pour elle de le continuer et de le transmettre à son tour. Mais quand la vie devient mauvaise, que les années de sécheresse amènent la misère dans les douars, le tapis reste un recours : il est ce que l'on vend tout à la fin. À ce moment-là, une vraie tristesse étreint la famille qui a le sentiment qu'en se séparant de son tapis elle trahit son passé et ses ancêtres. De plus, les gens savent qu'ils ne pourront jamais recouvrer ni même revoir un tapis vendu. C'est un véritable déchirement. Pour eux, le tapis n'est pas seulement quelque chose qu'on étend par terre, c'est aussi la mémoire de la famille, et une famille sans mémoire est une famille morte. Il faut avoir vu ces femmes maigres attendant silencieusement dans les *joutiya* que le crieur ait négocié leur bien, pour comprendre que, riche ou pauvre, singulier ou médiocre, l'objet sacrifié n'est pas une chose ordinaire.

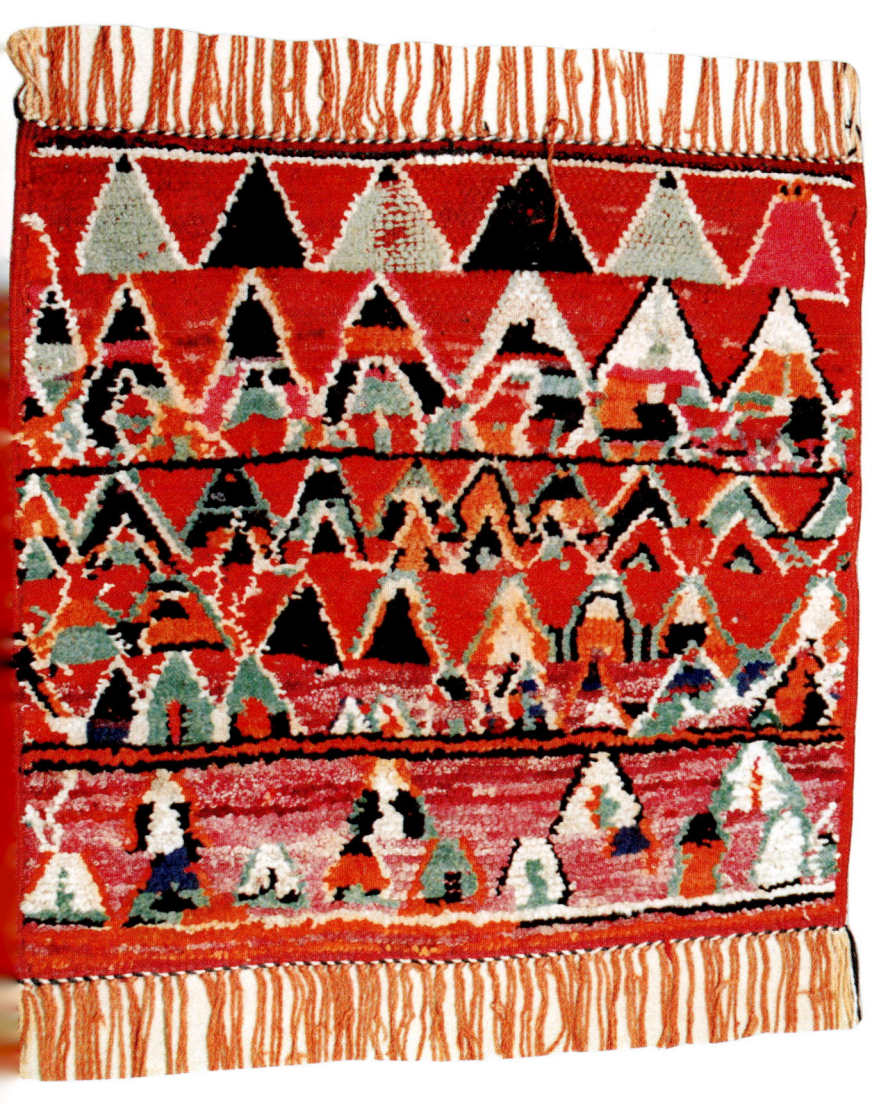

Chiadma. Tapis de selle noué
(90 × 85).

Le tapis et les femmes

Tapis noué des *Chichaoua*
(355 × 205). Composition très
forte, de style pur et archaïque :
les étranglements de losanges
s'organisent en chaînes qui, selon
la tradition, figurent les spasmes
de la grossesse.

*L*e moment est venu de définir plus précisément la relation étroite et privilégiée unissant le tapis aux femmes. Certes, toutes ne sont pas tisseuses en fait, mais toutes le sont en puissance ; cela entre en quelque sorte dans leur « génome social ». Bien entendu, c'est dans les régions nomades ou semi-nomades que cela prévaut avec le plus de force : naguère encore, la plupart des familles du Moyen Atlas possédaient un métier à tisser.

En outre, tissages et tapis font toujours partie des biens propres de la mariée, ces *hajat el aroussa* qu'elle apporte dans son nouveau foyer et dont nul ne peut, sans sa volonté expresse, disposer à sa place. Ce capital inaliénable en droit est l'un des facteurs importants de la constitution symbolique du statut personnel de la femme dans une société traditionnelle. On comprend bien d'ailleurs qu'il n'est pas de pure forme quand on sait que la tente des nomades, elle aussi tissée sur le métier, est propriété exclusivement féminine. Aujourd'hui encore, la plupart des femmes mariées, même engagées dans une vie moderne, possèdent en propre tapis, coussins bourrés de laine, banquettes et bijoux. Il arrive que ces biens aient une valeur marchande élevée ; mais même quand ce n'est pas le cas, la force du symbole reste vive. Nous connaissons des familles aisées où l'épouse porte un attachement particulier à ce capital réservé – jamais constitué, notons-le, d'une somme en numéraire – qui tout en la reliant à sa famille d'origine est regardé comme le garant

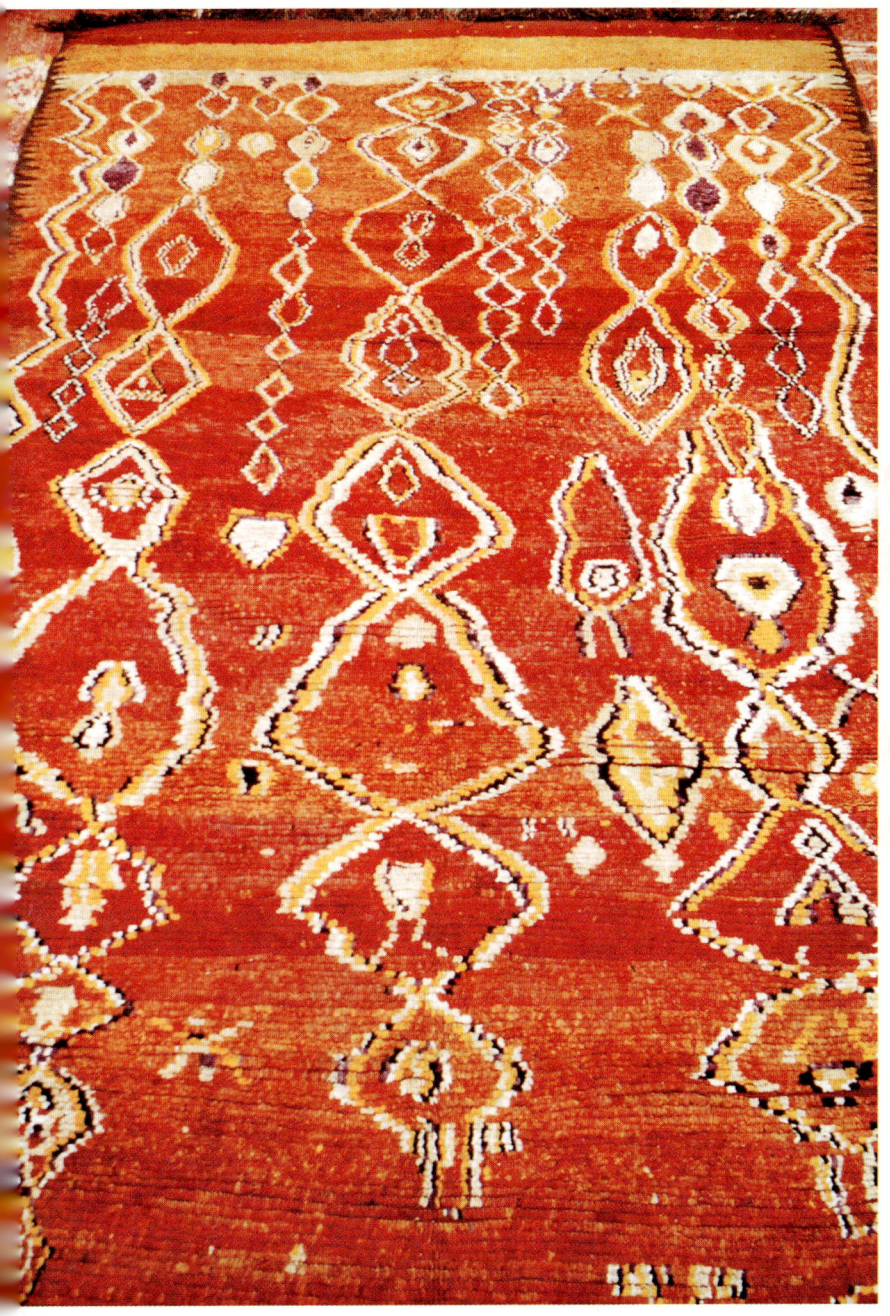

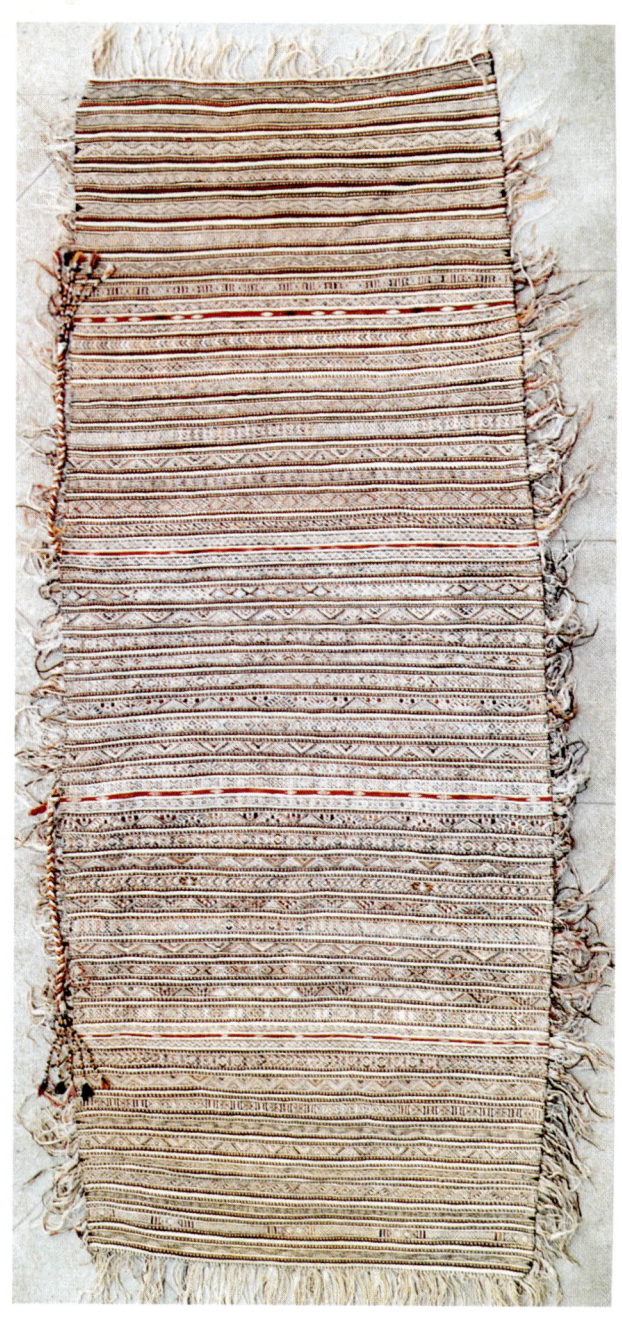

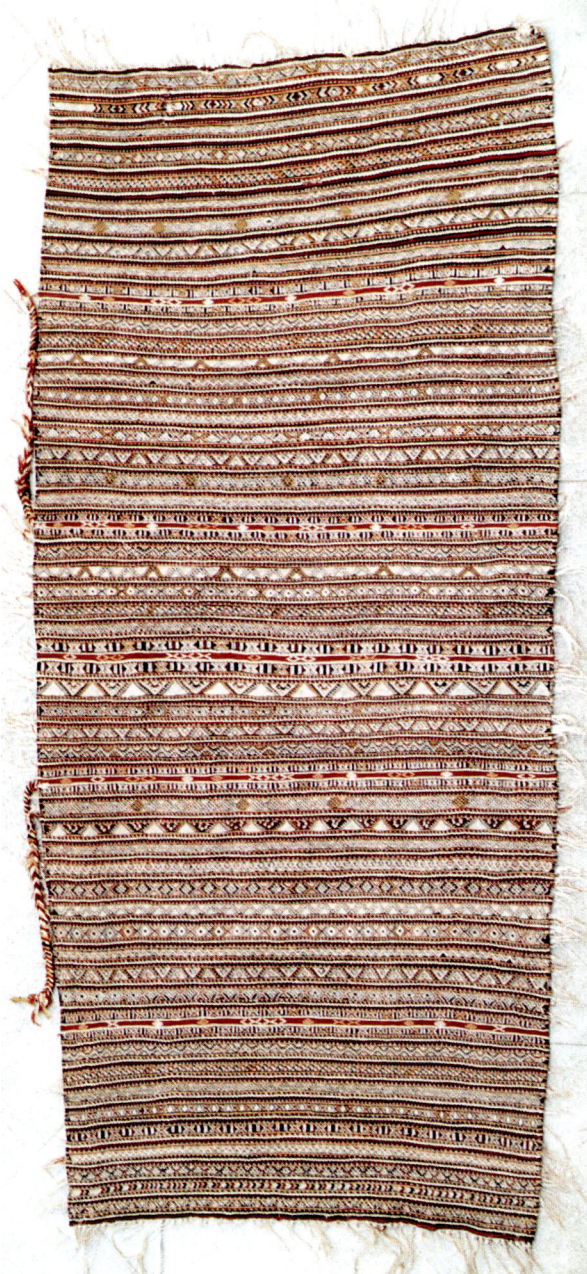

virtuel d'une possibilité d'indépendance dans le malheur. De là découle tout naturellement l'importance de la thématique féminine dans les tapis et les tissages. Les questions fondamentales du mariage et de l'enfantement y sont bien souvent abordées, comme nous l'avons déjà observé ; mais on peut dire qu'au-delà c'est tout un univers de préoccupations féminines traditionnelles qui est capté. Les objets du ménage parsèment ainsi très fréquemment le champ du tapis : on reconnaît, stylisés ou non, de grosses marmites métalliques dressées sur leurs pieds droits, ces petits foyers de terre cuite appelés *canoun* sur lesquels les femmes cuisinent accroupies, les tajines au chapeau

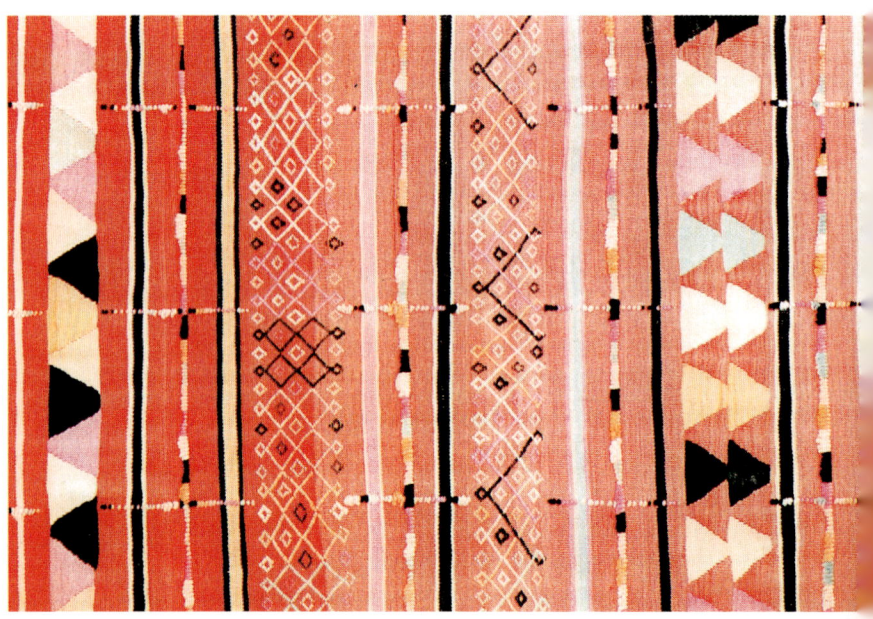

Détail de *hanbel Chichaoua.*

Page 108 :
Handira des *Beni Ouarain*
(220 × 95). Les cordons tressés pendant sur la poitrine servent à maintenir la cape. Celle-ci peut être portée à l'endroit (décor apparent) ou retournée, les brins de laine faisant alors comme une fourrure.

pointu dans lesquels se mijotent de longs ragoûts odorants, des samovars, des marteaux à casser le sucre, mais aussi des chandeliers de style européen, de petites lampes à huile de forme antique dénommées *candila* en berbère des régions jadis romanisées, et, bien entendu, quelques outils de tissage, telle la *mechta*, ce peigne métallique servant à tasser les fils de trame et les brins de laine qu'on vient de nouer...

Toutes les régions ne sont pas également prodigues dans la figuration de ce bestiaire ménager ; mais rares sont celles qui, dans un coin du tapis, n'accordent pas au moins une place à la théière. C'est que le thé vert très sucré, parfumé à la

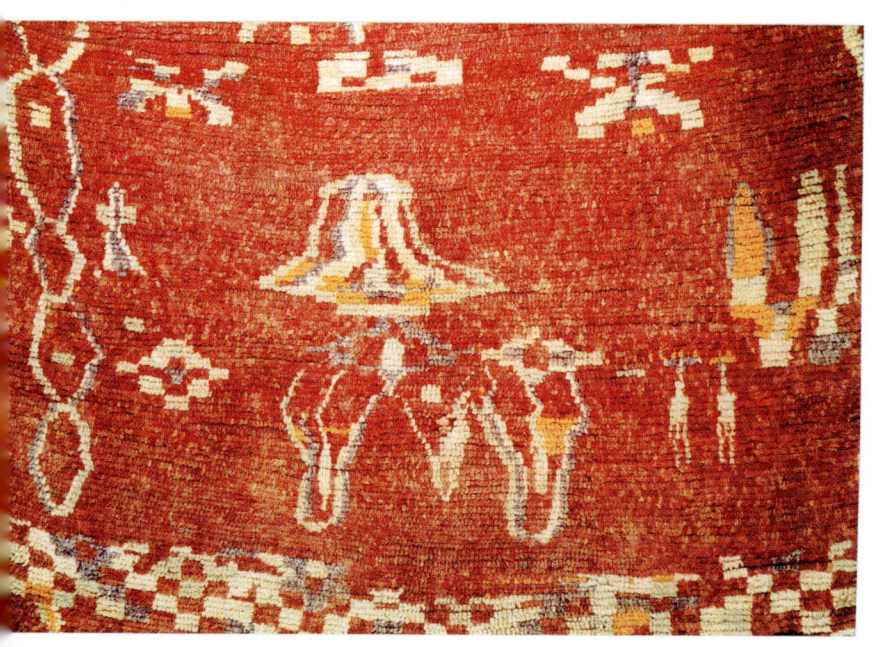

Page 109 :
Handira des *Beni Ouarain*
(210 × 90).

Détail de tapis *Chichaoua*.

menthe ou à l'absinthe selon la saison, est une boisson traditionnelle au Maroc, offerte partout en signe d'hospitalité. Ce thé sirupeux, dont la brûlure rafraîchit paradoxalement dans la fournaise de l'été, est entré à ce point dans les mœurs qu'il constitue parfois, accompagné d'un peu de pain, la base d'un régime ascétique. Quand il y a du thé, on considère que le minimum est là. C'est une valeur autant qu'un aliment, une sorte de signe conjuratoire de la pauvreté.

Un autre aspect contribue à expliquer l'extrême importance de la thématique féminine : c'est que les femmes de la campagne ne travaillent à leur métier qu'à leurs rares moments de loisir. Le tissage, bien entendu, reste un travail ; mais c'est un ouvrage désiré, une œuvre accomplie dans le retirement de la liberté. Or, ces enclaves de temps libre surviennent surtout en deux grandes occasions : lorsqu'il fait si mauvais qu'on ne peut s'occuper à autre chose ; et lorsque la femme attend un enfant. On n'a, nous semble-t-il, pas prêté assez d'attention à ce fait important que, dans leur grande majorité, les tapis traditionnels sont l'œuvre de femmes enceintes relativement proches de leur terme. Cette donnée, objective, permet d'expliquer la fréquence de ce qu'on pourrait appeler des « tapis de grossesse », traitant de la gestation et de l'enfantement. De tels tapis sont particulièrement fréquents dans la région des plaines sèches entourant

Marrakech, où la vie est très dure. Là, il semble que les femmes aillent à ce qui est pour elles l'essentiel, c'est-à-dire avoir des enfants. Ainsi, certains grands Chichaoua sont-ils entièrement composés de motifs formant des sortes de chapelets spasmodiques. Les étranglements, les resserrements qui les agitent semblent correspondre aux contractions de la gestation, aux douleurs de l'accouchement. La question des fausses-couches, celle des enfants morts-nés y paraissent aussi figurées dans des « messages » complexes et d'interprétation délicate où la hantise de ces malheurs se mêle au désir de leur prévention. Nous reviendrons plus précisément, en les confrontant aux données de l'embryogenèse traditionnelle ainsi qu'aux pratiques magiques, sur ces tapis qui semblent étroitement liés à ce que la féminité a de plus spécifique, le fait de donner la vie.

Ainsi conçu, le tapis emprisonne les secrets de la tisseuse, qui y noue ses craintes et ses espérances intimes. Certains

Ce petit *Haouz* (175 × 95) reprend la même thématique de grossesse que le grand Chichaoua de la page 107, mais il la transpose en un style géométrique beaucoup plus décoratif qu'expressif.

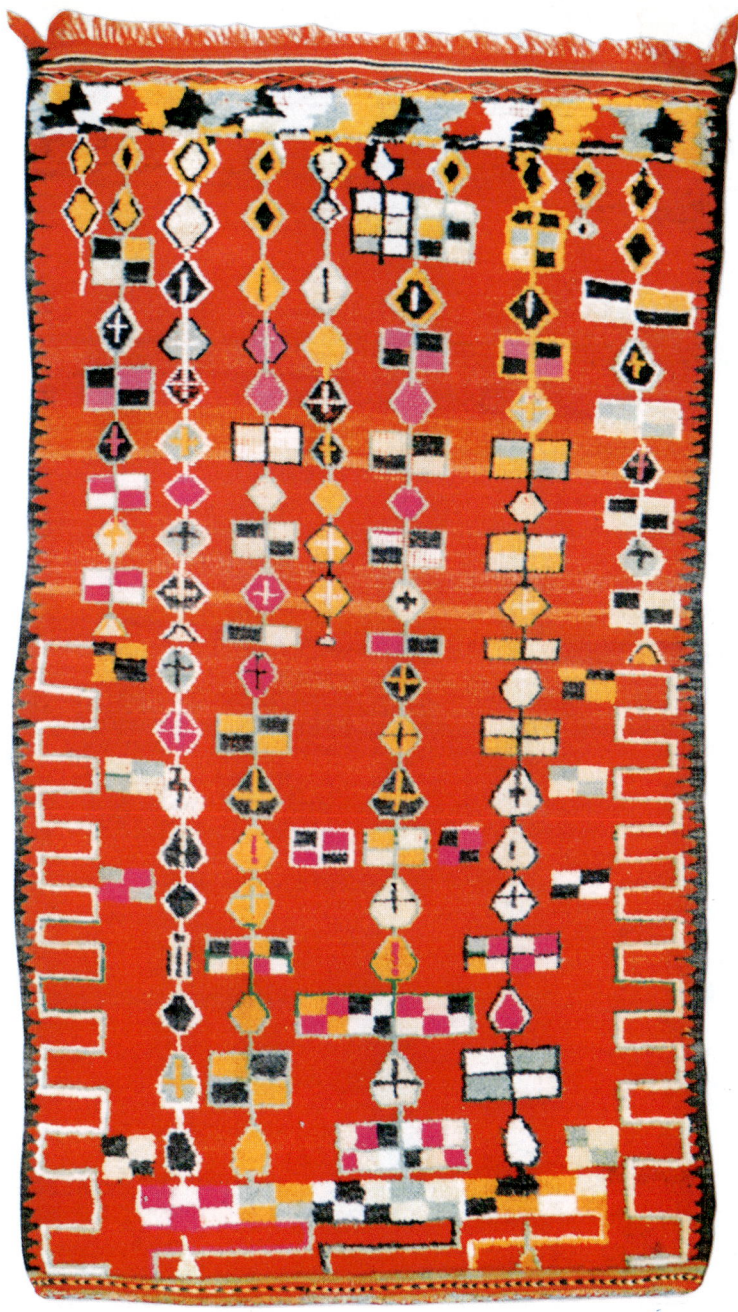

motifs obscurs sont alors investis de significations inexprimables autrement, parce que soumises à la censure de la parole.

Quiconque connaît, fût-ce superficiellement, les mœurs du Maghreb, aura buté au détour d'une conversation contre ce mot qui borne l'interdit : *Chouma !* *Chouma*, c'est-à-dire *C'est honteux !* Honteux de le faire, certes, mais surtout d'en parler publiquement. D'une certaine façon donc, l'expression cryptée du nouage contourne la parole illicite. Nombreux sont ainsi les tapis qui, de façon plus ou moins évidente, abordent des questions non seulement liées à la procréation, mais aussi à la sexualité. Le Moyen Atlas, et en général la montagne berbère, procèdent par le biais de la transposition géométrique ; tandis que se manifestent dans certains tapis des Plaines Atlantiques des représentations figuratives protégées par un voile d'ambiguïté. Nous pensons ici à un tapis de Chichaoua ancien dans lequel apparaît, entre les jambes d'une sorte d'animal mystérieux, ce qui pourrait être un sexe mâle très fort. Ce n'est pas ici le lieu de chercher à justifier la présence inhabituelle de ce motif au milieu d'un travail évoquant par ailleurs les thématiques plus ordinaires du mariage et de l'enfantement. Une hypothèse, parmi d'autres, serait pourtant qu'il s'agit du tapis d'une femme délaissée, la frustration sexuelle féminine étant une cause fréquente de morbidité sociale en pays polygame. Quoi qu'il en soit, on peut constater que, par cette exhibition de phallus, la tisseuse exprime une chose vraiment impudique dans une société musulmane traditionnelle. Et cependant, elle le fait, sur un tapis qui est là, dans la maison, visible par tous.

C'est qu'en réalité, elle sait que personne ne pourra la prendre en défaut et l'accuser d'obscénité. Si, par extraordinaire, on lui demandait ce que signifie un tel motif, elle aurait toujours la possibilité de répondre qu'il s'agit d'un animal. Elle pourrait, en somme, s'abriter derrière la naïveté de son dessin ; car, après tout, ce corps sans visage peut être celui d'un bélier, d'un cheval ou d'un taureau. Elle seule saura s'il désigne un homme et quel homme il désigne. Dans un cas semblable, le tissage devient vraiment une écriture secrète permettant d'exprimer une pensée considérée comme impure. Il n'est d'ailleurs pas dans les habitudes de demander la signification d'un motif. Ce serait inconvenant et, d'une certaine façon, la honte de la question protège la honte de la réponse. Chacun voit donc et pense pour lui-même. Il est loisible de parler de la qualité de la laine ou de la finesse du tissage, mais du sens, non. C'est chose trop intime ; et, dans un cas comme celui-ci, on imagine que la femme a emporté son secret dans la tombe.

Rien ne dit mieux, en fait, cette étroite liaison de la tisseuse et de son tapis qu'une coutume toujours pratiquée dans la tribu des Chiadma. Il est ainsi d'usage chez les femmes de cette région côtière d'incorporer parfois à la moquette du tapis qu'elles nouent de petits morceaux de tissu provenant d'une de leurs robes. Celle-ci, appelée *dfina*, est d'un type particulier : il s'agit du vêtement de dessus porté par la jeune épousée le jour de ses noces. Ce vêtement léger et transparent, qu'on pourrait comparer aux voiles de mousseline de nos mariées et de nos communiantes, recouvre le *tchamir*, lui vivement coloré et brodé, tout en le laissant voir. La dispersion partielle de la *dfina* dans le tapis est également presque invisible. Elle n'est effectuée ni par souci décoratif ni par raison d'économie : l'intention est seulement de marquer l'union de la tisseuse et de son œuvre. La femme met dans son tapis quelque chose d'elle-même. Le tapis devient châsse et reliquaire.

L'association quasi exclusive des femmes et des tapis s'exprime aussi à travers un certain nombre d'interdits qui éloignent les hommes du métier. Henri Basset, dans son passionnant article sur les tisseuses de Rabat, rappelle ainsi que « le travail de la laine, travail féminin, apparaît souvent, en Afrique du Nord, dans l'une ou l'autre de ses phases, dangereux pour les garçons ». Les exemples abondent, qui incitent les hommes à rester à l'écart. On croit par exemple qu'une fois la chaîne tendue et le tissage commencé, les jeunes garçons ne sauraient se glisser entre le montant inférieur et le sol sans

courir le risque d'être frappés d'incapacité le jour de leurs noces. De même, un enfant mâle qui serait présent au moment où l'on enlève le tapis du métier s'exposerait à périr par le fer. La gravité de ces menaces, variables selon les régions, assure donc aux femmes une sorte de monopole mythique du travail de la laine. Les quelques exceptions signalées par Prosper Ricard, et qu'à notre connaissance aucun autre observateur ne relève, ne laissent pas d'étonner dans un tel contexte. Pourtant, le *Corpus des tapis du Moyen Atlas* fait état d'au moins trois tribus – les Beni Alaham, les Aït Youssi et les Aït Segougou (fraction des Zaïane) – au sein desquelles un petit nombre d'artisans hommes se rencontreraient. Encore faut-il noter que, dans tous les cas décrits, les enquêteurs insistent sur quelque aspect restrictif de cette activité : tantôt le lissier ne travaille pas chez lui mais au domicile de celui qui l'emploie ; tantôt il n'exécute que le dessin en nouant les moquettes, laissant aux femmes le soin de passer et de tasser les fils de trame. Ces restrictions au « droit de tisser » nous semblent pouvoir être interprétées comme une conséquence de l'interdit primitif qui règne encore si bien dans les esprits que nous n'avons guère rencontré en dix ans de séjour au Maroc qu'un seul homme installé derrière un métier de basse lisse. Et encore exerçait-il son activité dans le cadre éminemment non traditionnel d'un centre artisanal dépendant du ministère du Commerce.

Tapis et croyances

L'une des caractéristiques essentielles des sociétés archaïques est la prévalence de la pensée magique. Celle-ci est, au sens propre, fondamentalement animiste : les objets n'y sont pas des choses inertes et transformables par la simple industrie, mais des entités vivantes habitées par des forces que l'homme doit se concilier. Cette conception, qui survit d'ailleurs de façon latente dans les sociétés technologiques, s'exprime à chaque étape de la fabrication d'un tapis traditionnel.

Henri Basset fait ainsi une description très complète des précautions nécessaires dont la tisseuse de Rabat doit s'entourer pour se mettre au travail. Il faut d'abord qu'elle se plie aux nécessités des jours fastes et néfastes. Ce calendrier particulier dont le détail varie selon la tribu et les types d'opération se retrouve partout. Dans la région de Demnate, explique-t-il, on ne file ni ne tisse la laine le vendredi ; alors que chez les Ntifa les femmes montent leur métier le mardi, mais ne tissent ni le dimanche, ni le vendredi. La préparation de la matière première qu'est la laine, de la tonte au filage en passant par le lavage et le peignage, s'accompagne toujours de pratiques rituelles, ayant pour but de chasser les mauvaises influences et d'accompagner, dans leur métamorphose, les forces mystérieuses qui donnent la vie. Nous avons évoqué plus haut cette période de retirement intervenant après le lavage de la laine. Les toisons, comme des bêtes harassées et convalescentes, sont déposées dans un coin tranquille de la maison où, dans un secret que nul regard ne doit

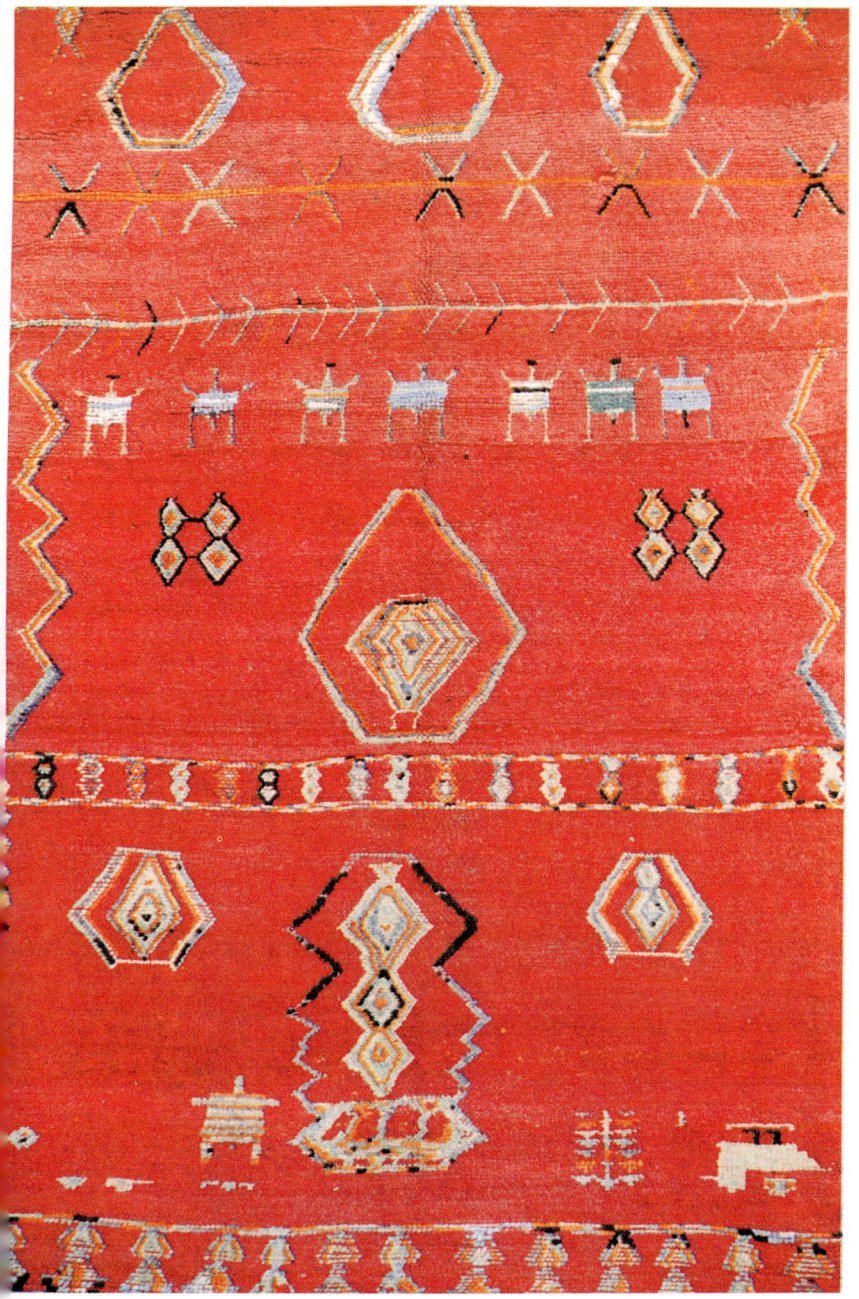

troubler, elles enfleront de façon surnaturelle.

La fabrication des couleurs est également gouvernée par la même pensée : chaque recette de chimie empirique assure son efficace par une pratique d'ordre magique. Et encore aujourd'hui, dans certaines régions, on expose les bains à la lueur des étoiles, on donne de la force au jaune en l'additionnant d'urine de vache, et l'on jette de vieux clous rouillés dans les cuves à teinture...

Les outils dont se sert la tisseuse sont également investis de puissance occulte. Le fuseau, si présent dans les contes de fées européens, sert dans plusieurs régions du Maroc d'amulette protectrice : on le suspend aux cornes des vaches qui viennent de véler afin de les préserver d'influences néfastes. Ailleurs, il semble jouer le rôle de substitut phallique lors de la circoncision des garçons. Dans la région de Marrakech, au début du siècle, le peigne à carder la laine était utilisé pour connaître les pensées d'un homme absent. Le docteur Mauchamp, qui a laissé des notes saisissantes retrouvées après son assassinat en 1907 dans la médina, décrit ce rituel complexe au cours duquel le peigne est habillé à la ressemblance de l'homme dont on veut percer le secret.

Mais c'est bien entendu le métier à tisser lui-même qui est l'objet le plus concerné par les croyances. Henri Basset assure que pour les tisseuses le métier est, sans métaphore, une personnalité vivante qu'elles craignent et

qu'elles vénèrent. Elles ont même une idée très précise du lieu où réside cette vie magique : elles l'appellent *Nira* et le situent dans la ligne mobile des nœuds constituée juste avant l'entrecroisement des fils de trame. Le métier, qui peut refuser de travailler si le commanditaire est une personne mauvaise, doit toujours être traité avec égards et prudence. L'ouvrière le salue quand elle entre dans la pièce où il réside, et prend garde à ses paroles. Il est en outre interdit de s'en servir à des fins vulgaires : on n'accrochera pas de vêtements à ses montants, on s'abstiendra de s'asseoir sur sa traverse inférieure. L'auteur, pour achever ce portrait du métier en divinité païenne, rapporte même que, jadis, en divers points de l'Algérie, on le nourrissait en déposant quelques grains de blé sur ses montants. En outre, dans les grandes occasions, on faisait couler sur la *Nira* quelques gouttes du sang d'un poulet sacrifié.

Aït Youssi noué (180 × 165). Variation caractéristique sur le chiffre cinq *(khamsa)*, qui a la réputation d'éloigner le malheur. La représentation de ce chiffre fait ici penser à la face d'un dé à jouer.

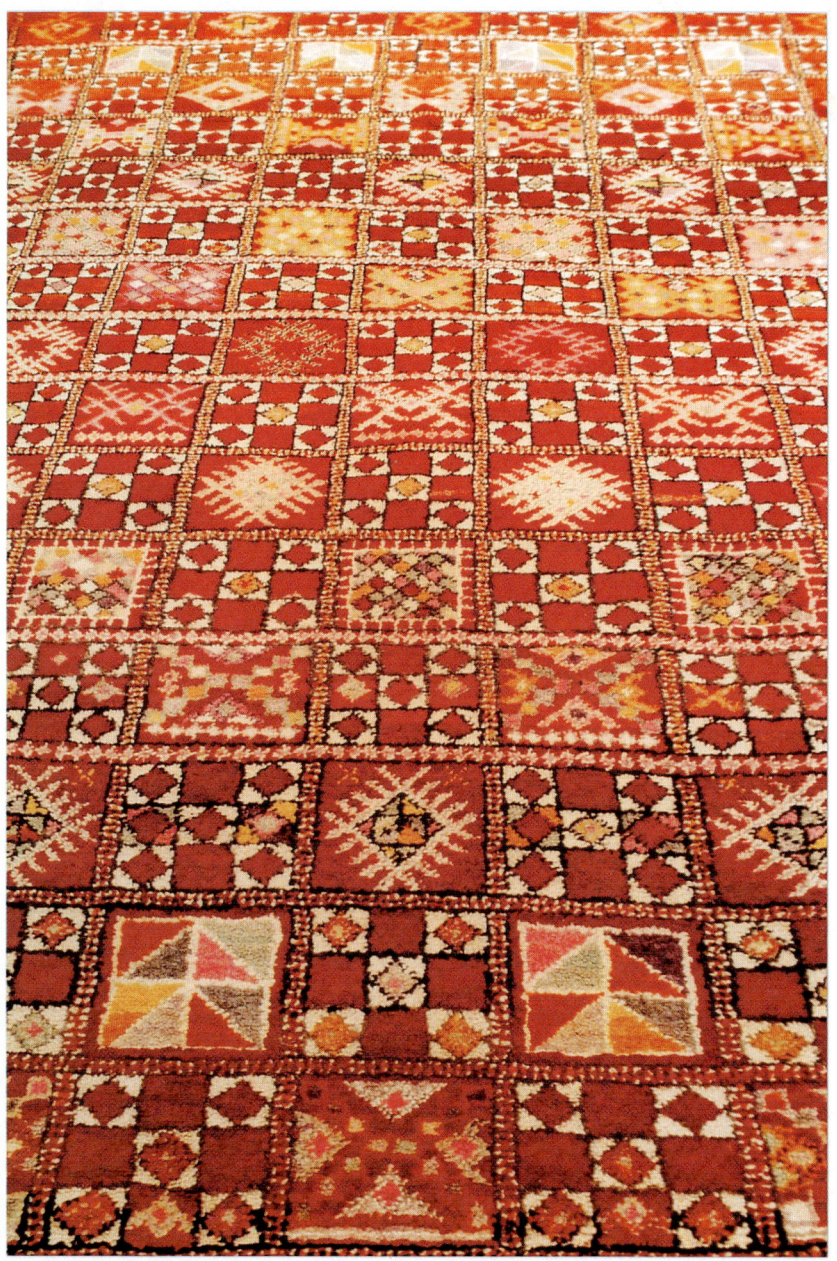

Ces pratiques rituelles, constituées d'observances et d'interdits, ont, classiquement, une valeur propitiatoire : il s'agit de tout mettre en œuvre pour que le tapis « réussisse ». La préparation des fils de chaîne, dont dépendra la solidité de l'ouvrage, est ainsi effectuée de façon ininterrompue, cette continuité étant analogiquement conçue comme un gage de résistance. Plusieurs femmes peuvent se relayer au cours de ce travail long et fatigant ; mais qu'elles aient garde d'éternuer, ce serait pour elles ou pour leurs proches de fort mauvais augure. Le moment où le tapis achevé est enlevé du métier est évidemment un temps fort du rituel. La description qu'en donne Henri Basset dégage une sorte de solennité funèbre : la descente du tapis se passe toujours à la fin de la journée, en présence des femmes assemblées autour de lui comme une famille. La maîtresse ouvrière l'asperge de quelques gouttes d'eau, agissant à son égard comme avec un agonisant à qui l'on donne à boire afin qu'« il ne parte pas avec la soif ». Enfin, pour rompre les fils qui l'attachent encore au métier, on utilisera le feu pour ne pas imposer à la laine le contact du fer impur. Le métier est alors explicitement assimilé à un champ mort : on le célèbre dans des hymnes de tristesse et d'allégresse mêlées appelant sur lui la grâce de nouvelles moissons. En dehors de ces pratiques directement orientées vers la production d'un « bon » tapis, l'activité des tisseuses est aussi prétexte à toutes sortes d'interprétations divinatoires. Qu'il s'agisse de connaître la probabilité d'un mariage, les pensées d'un fiancé, le sexe et la destinée d'un enfant à naître, les tisseuses marocaines savent mettre à profit les divers instruments de leur art. Saisissant, par exemple, le roseau qui sert à écarter les fils de chaîne, l'une d'elles se précipite à la porte de la maison : « Voit-elle un homme, elle aura un fils ; une femme, ce sera une fille. » De tels agissements, relevés dans maintes cultures par les ethnologues du monde entier, transforment chaque étape de la vie présente en graine d'avenir.

On aurait tort de penser que tout cela appartient au passé. Certes, les rites, comme toutes choses humaines, changent avec les sociétés qui les nourrissent ; et l'on aurait beau jeu de dire que les jeunes femmes ont aujourd'hui d'autres moyens pour connaître le sexe de l'enfant qu'elles portent. Il n'en demeure pas moins que subsiste dans le travail de la laine et du tissage une part importante de cette « magie banale » dont les femmes, un peu partout, sont les

Fragment de *Chichaoua* noué (320 × 175). Mariée protégée par une main. Au centre d'un motif en halo rappelant une silhouette de mariée assise, la tisseuse a placé une *khamsa* inhabituellement voyante.

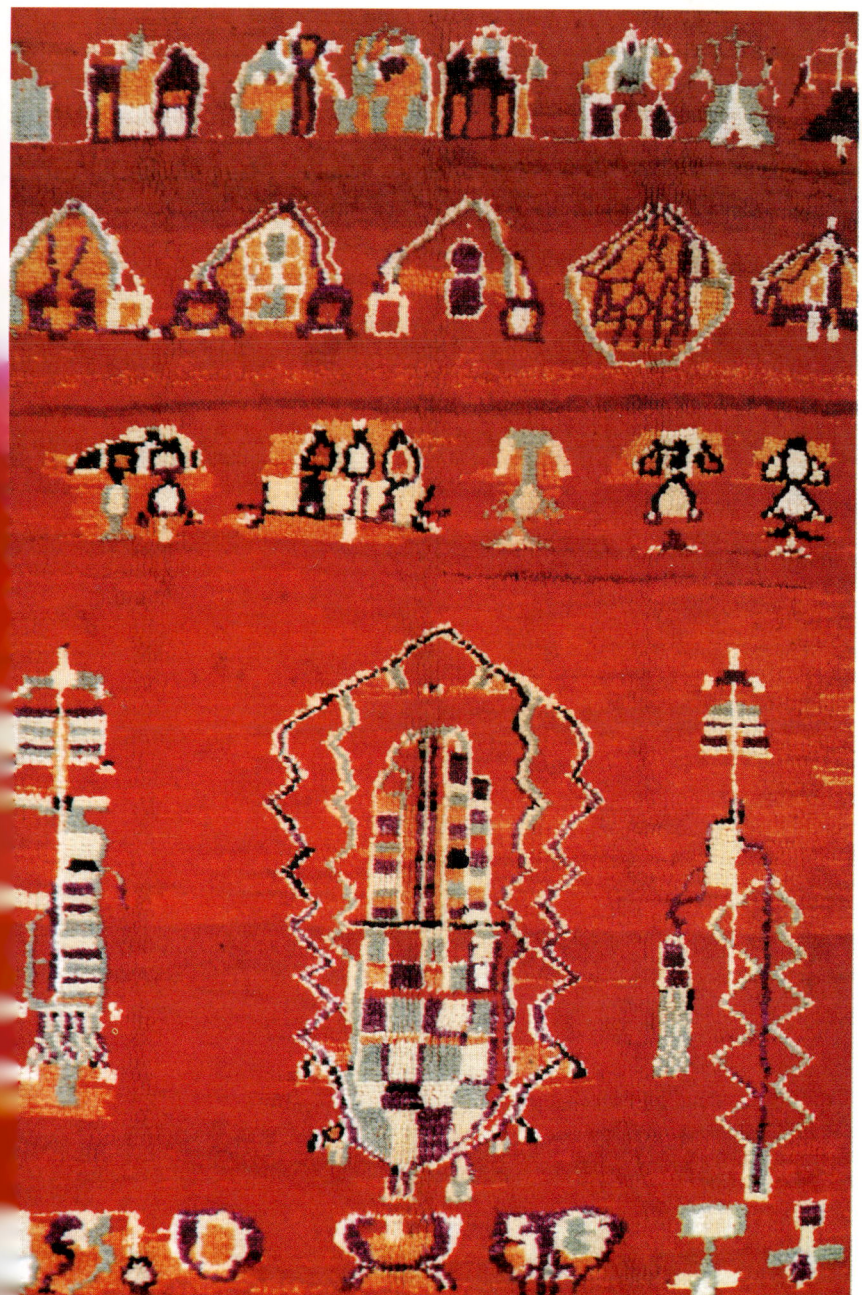

121

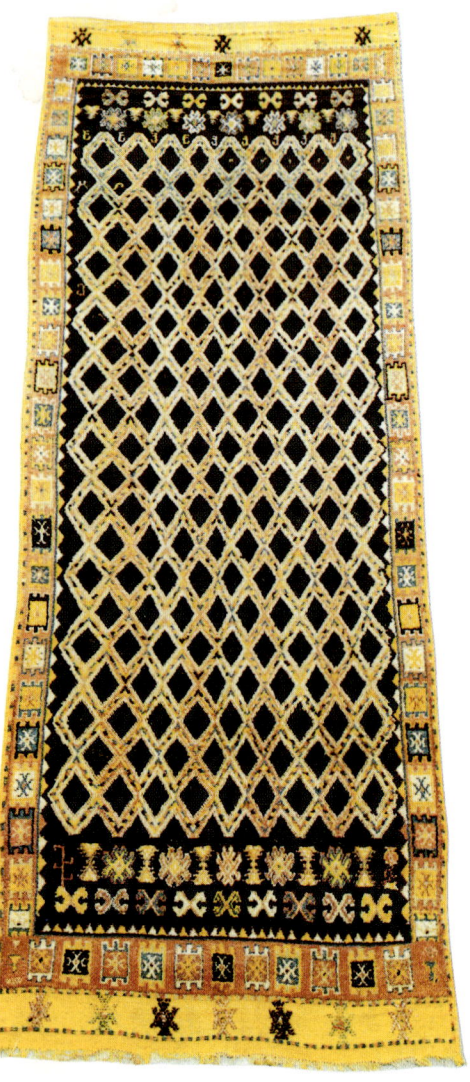

Ouarzazate noué (420 × 155). Le noir peut aussi garantir contre le mauvais œil.

conservateurs discrets. Nous avons évoqué plus haut la dispersion de la *dfina*, ce voile matrimonial, dans les tapis des Chiadma. Nous pourrions, plus fondamentalement encore, rappeler le caractère magique qui s'attache toujours à l'opération du nouage. Qu'on se promène dans la campagne marocaine, non loin d'un lieu habité, et l'on verra presque immanquablement sur les branches basses d'un arbre à belle frondaison, aux griffes de quelque buisson épineux, fleurir de petits morceaux d'étoffe dont chacun sait qu'ils ont été noués par les femmes du pays. Ces nouets qui, parfois, enguirlandent tout un arbre, vénéré comme peuvent l'être aussi une source où le tombeau d'un marabout, servent à « lier » les soucis de la passante. Ils sont, ainsi que les cairns dont les bergers balisent et protègent leurs pâturages, l'un des multiples signes où l'on voit survivre l'antique paganisme. Or, pour faire un tapis, la femme noue, brin à brin, des milliers de fils de laine, et ce geste usuel mais non anodin est toujours un geste de magicienne. L'avant-dernière sourate du *Coran*,

Fragment d'*Aït Ouaouzguite*. Le centre de ce tapis est parsemé de symboles protecteurs. Les sceaux de Salomon côtoient de minuscules *khamsa* très stylisées, à trois doigts. Cette discrétion superstitieuse est destinée à interdire toute inversion du pouvoir bénéfique des signes en force maléfique.

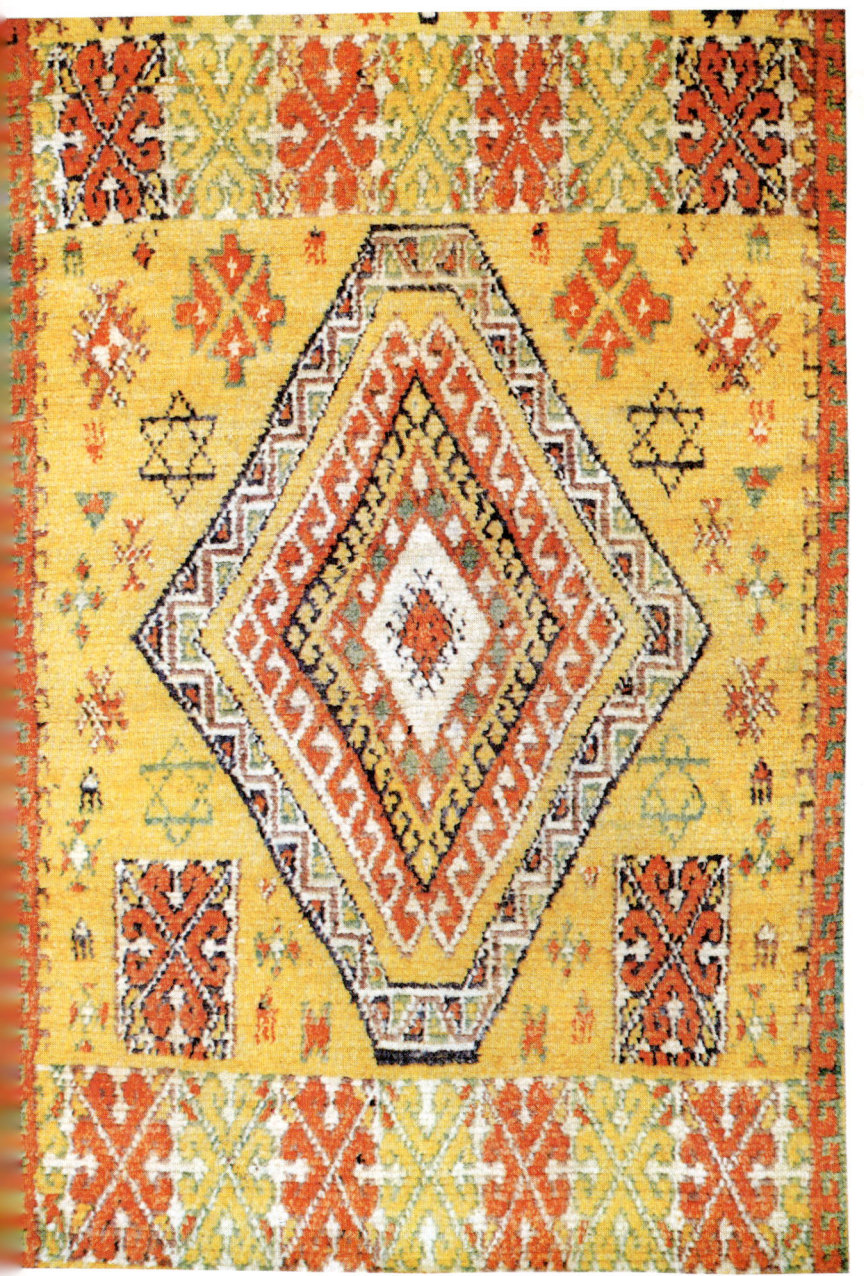

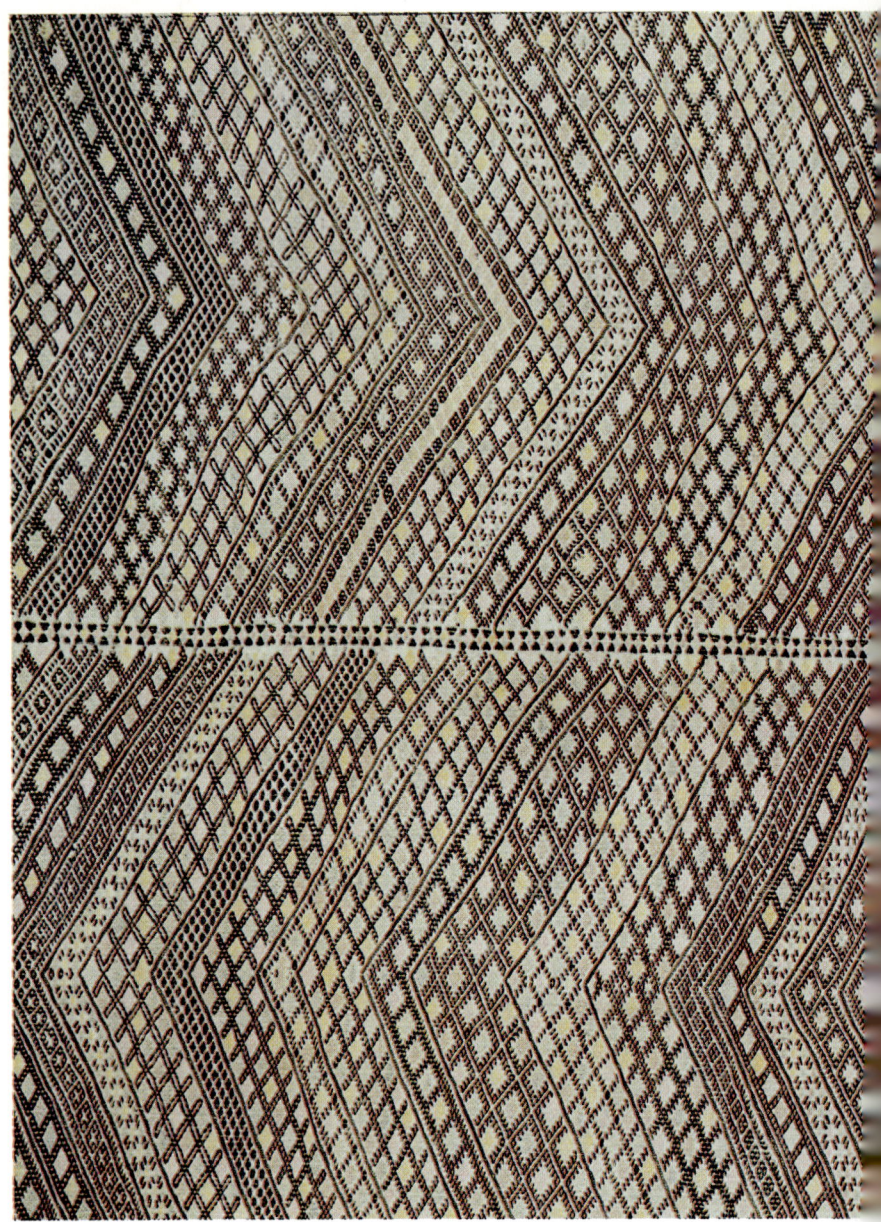

124

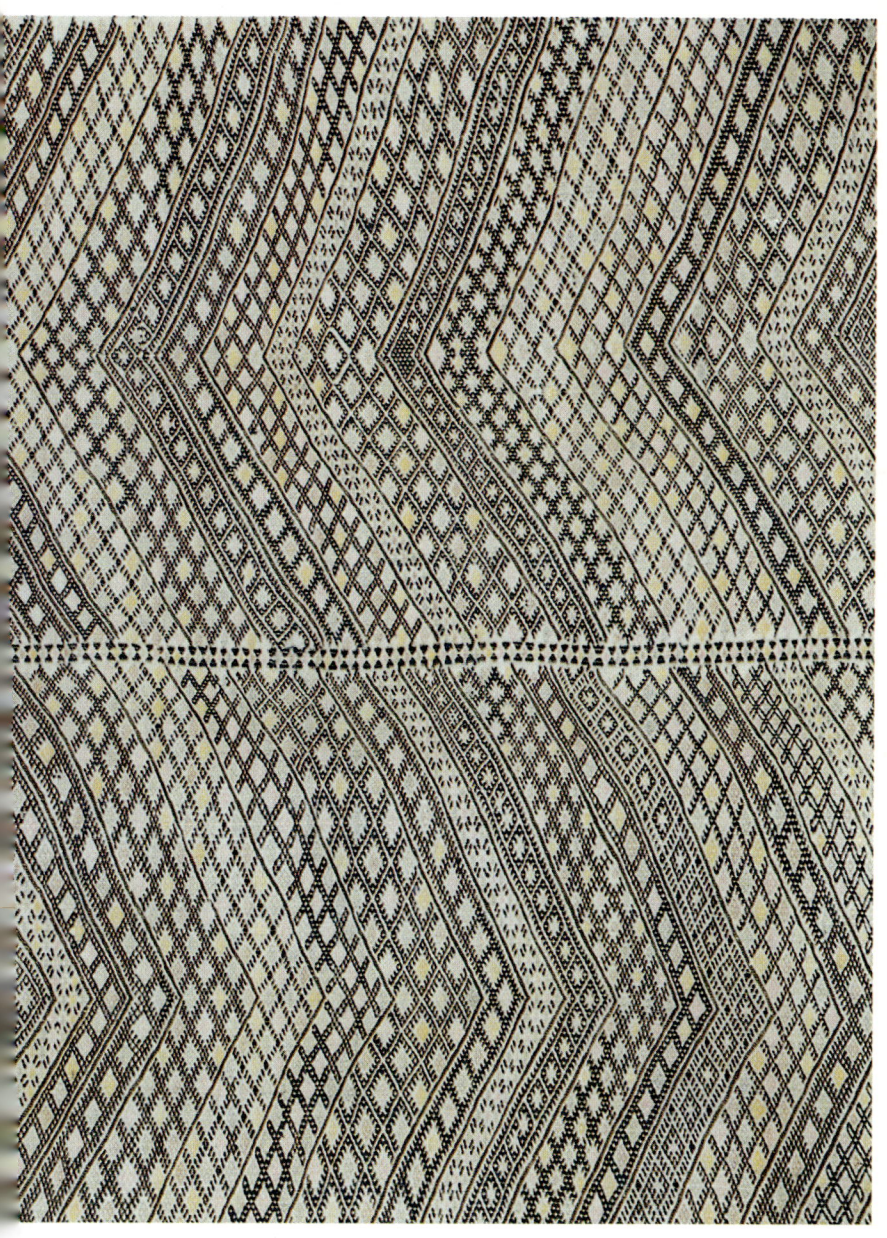

Dans ce tissage *Beni Mguild*, l'œil protecteur apparaît comme un agrandissement de la microstructure losangique (330 × 165), fragment.

intitulée « L'aurore », est là pour le rappeler : « Je cherche la protection du Seigneur de l'aube, récite le croyant, contre le mal de celles qui soufflent sur les nœuds[5]. »

Le climat magique baignant tout le travail de la laine étant posé, nous pouvons maintenant nous rapprocher des tapis proprement dits pour les considérer sous l'angle particulier des croyances qui s'inscrivent en eux. De ce point de vue, de nombreux tapis peuvent en effet apparaître comme des sortes de tablettes ayant une valeur prophylactique accusée. Cette fonction de défense découle d'abord de la présence d'un certain nombre de motifs protecteurs. Parmi ceux-ci, le chiffre cinq, sous différents aspects, occupe une place de choix. On sait que ce chiffre – khamsa en arabe – éloigne le malheur. Présent de façon géométrique, il affecte souvent dans maints tapis du Moyen Atlas la forme du cinq de notre jeu de dominos : cinq petits carrés formant eux-mêmes un carré plus grand et se touchant par l'un de leurs angles. Cette disposition initiale fait l'objet de variations infinies dans lesquelles le symbole s'affirme ou se dilue. Le mot khamsa est en réalité un mode de désignation métonymique de la main, symbole protecteur éminent. Cette main d'apaisement reste l'un des signes archaïques les plus vivaces du Maghreb contemporain. On en retrouve l'empreinte fruste sur les portes des maisons pauvres, le dessin

malhabile à l'arrière de camions exténués et suicidaires, le logo design au fronton d'une banque moderne. Les anciennes ceintures de brocart tissées jadis à Fès et à Tétouan se terminaient toujours par une petite main droite au pouce accolé aux autres doigts, assez semblable au bijou d'or presque universellement connu aujourd'hui sous le nom de « main de Fatima ». Les tapis ne sont pas exempts de ces khamsa dont la tradition semble liée à la plus haute antiquité humaine, ainsi que l'atteste leur présence dans de nombreuses grottes préhistoriques. Sans doute serait-il exagéré de penser que l'habitant des sites pyrénéens franco-cantabriques apposant l'empreinte de sa main, parfois mutilée, sur les parois de son abri, et la tisseuse du Haouz inscrivant sa khamsa dans la toison du tapis obéissent exactement au même désir de protection. Il y a cependant, par delà les millénaires, une même propension de l'homme à se représenter soi-même sous la forme de sa main qui travaille et qui crée. Une remarque encore, pour en finir avec cet important symbole : la main figurée sur les tapis est souvent discrète, voire camouflée. Au bas d'un splendide Chichaoua que l'on peut admirer dans une salle du Musée Dar Si Saïd de Marrakech, on reconnaît ainsi, inscrites dans des carrés, trois petites mains très différenciées évoluant de droite à

(5) Le Coran, traduction de Denise Masson, Bibliothèque de la Pléiade, éd. Gallimard, Paris, 1967 (p. 772).

gauche. La première est analogique ; la seconde moins ; la troisième ne serait plus identifiable sans le secours des deux autres : image intéressante d'un motif qui s'altère et se brouille dans une composition en séquence.

Dans le même ordre d'idées, c'est sous la forme du bijou appelé lui aussi *khamsa* que la main sera souvent figurée, cela notamment chez les Aït Ouaouzguite. Cette tendance à la représentation médiate semble pouvoir être interprétée comme le signe d'une prudence dans la superstition. Tout se passe en effet comme si l'on craignait que l'affirmation explicite d'une demande de protection n'affaiblît le pouvoir du signe invoqué. La transposition, la stylisation, le camouflage, la variation retrempent le magique dans l'ombre du secret où il pourrra reprendre sa force. Cela expliquerait que les tapis où ce symbole figuratif est central fussent fort rares. Aussi bien, y a-t-il quelque chose d'audacieux et presque d'imprudent dans tel tapis de Chichaoua étalant une large main au beau milieu d'un champ plein de richesses, où l'on peut reconnaître, dans l'alignement des motifs supérieurs, des caravanes de chameaux, des maisons, des bijoux à pendentifs. Alors, la main qui trône au milieu de tout cela est un chant de triomphe, le chant de quelqu'un qui ne se méfie pas ou qui n'a pas peur de la précarité de la vie. Là, vraiment, on croit deviner un caractère...

D'autres symboles protecteurs se rencontrent ouvertement sur les tapis. Le sceau de Salomon, *khatem Souleiman,* sous la forme classique de l'étoile à six branches ou sous la formule dérivée présentant deux triangles renversés et délimitant un losange, est extrêmement fréquent. Également très présent dans la bijouterie, naguère encore presque entièrement travaillée par des artisans israélites, ce motif ne semble cependant pas perçu comme un symbole spécifiquement hébraïque. Il entre, en fait, dans le lexique décoratif des arts traditionnels maghrébins, que se partagent les communautés juives et musulmanes. Il est vrai qu'en ces marges où la superstition le dispute à la religion, on observe en maints endroits une véritable interpénétration des croyances. L'exemple bien connu du tombeau de Rabbi Amrane, situé à proximité de Ouezzane et visité par des pèlerins des deux cultes, est là pour le rappeler.

Plus explicitement liées à la magie, les amulettes – *lhroûz* ou *talhrouzt* lorsqu'elles sont plus petites – figurent sur les tapis les sachets de cuir renfermant les morceaux de papier finement enroulés sur lesquels un *fqih* a écrit une formule susceptible d'étendre sa baraka à celui qui la porte sur la poitrine. Le tapis, par magie coextensive, profite de cette aura.

On ne saurait passer sous silence le rôle des couleurs en la matière. Un préjugé très favorable s'applique ainsi à la laine blanche, qui, dans sa pureté, est regardée comme un talisman efficace. Un flocon de laine disposé dans les cheveux de la fileuse la garantit contre les maléfices des envieux ; de même, un tapis de blancheur immaculée inspire une sorte de respect mêlé d'admiration. Plus savant, ou pour ainsi dire plus rhétorique, est l'usage voulant que les tapis de Rabat soient composés de sept couleurs. C'est le chiffre sept, porte-chance positif et non seulement bouclier contre l'adversité comme la *khamsa*, qui étend ici ses bienfaits à toute la composition. Il arrive d'ailleurs que, dans un raccourci plus rustique et qui ne siérait point aux tapis de palais, la tisseuse fasse ouvertement figurer le sept propitiatoire dans un coin de son œuvre. Le Musée Dar Si Saïd présente un exemple de cette pratique assez fréquemment usitée avec plus ou moins de discrétion.

L'usage du noir, intéressant esthétiquement en ce qu'il apporte, par soulignement ou par

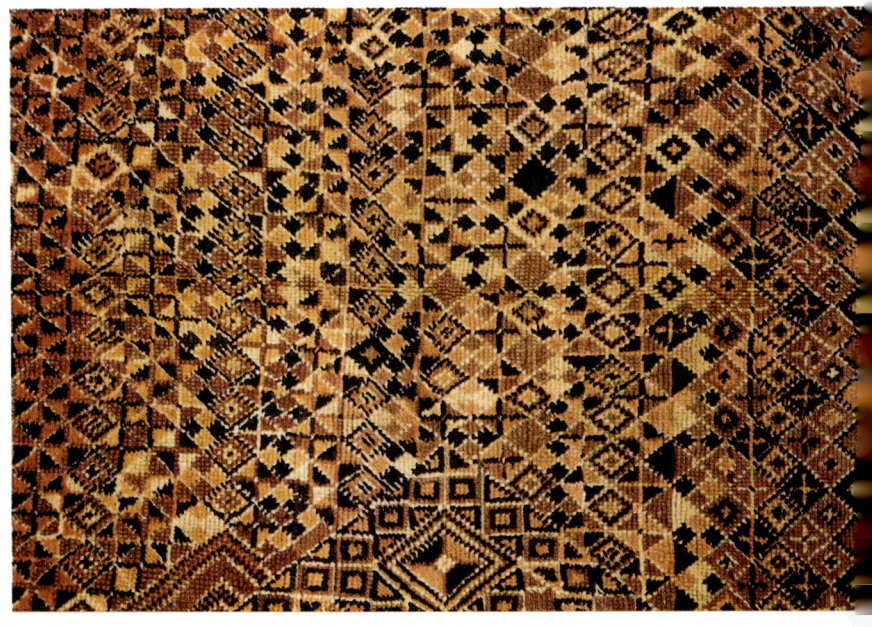

Zaïane noué (245 × 130). L'œil protecteur est toujours là, mais camouflé et posté en bordure de tapis.

Zemmour de Khemisset à champ parsemé d'étoiles (305 × 190).

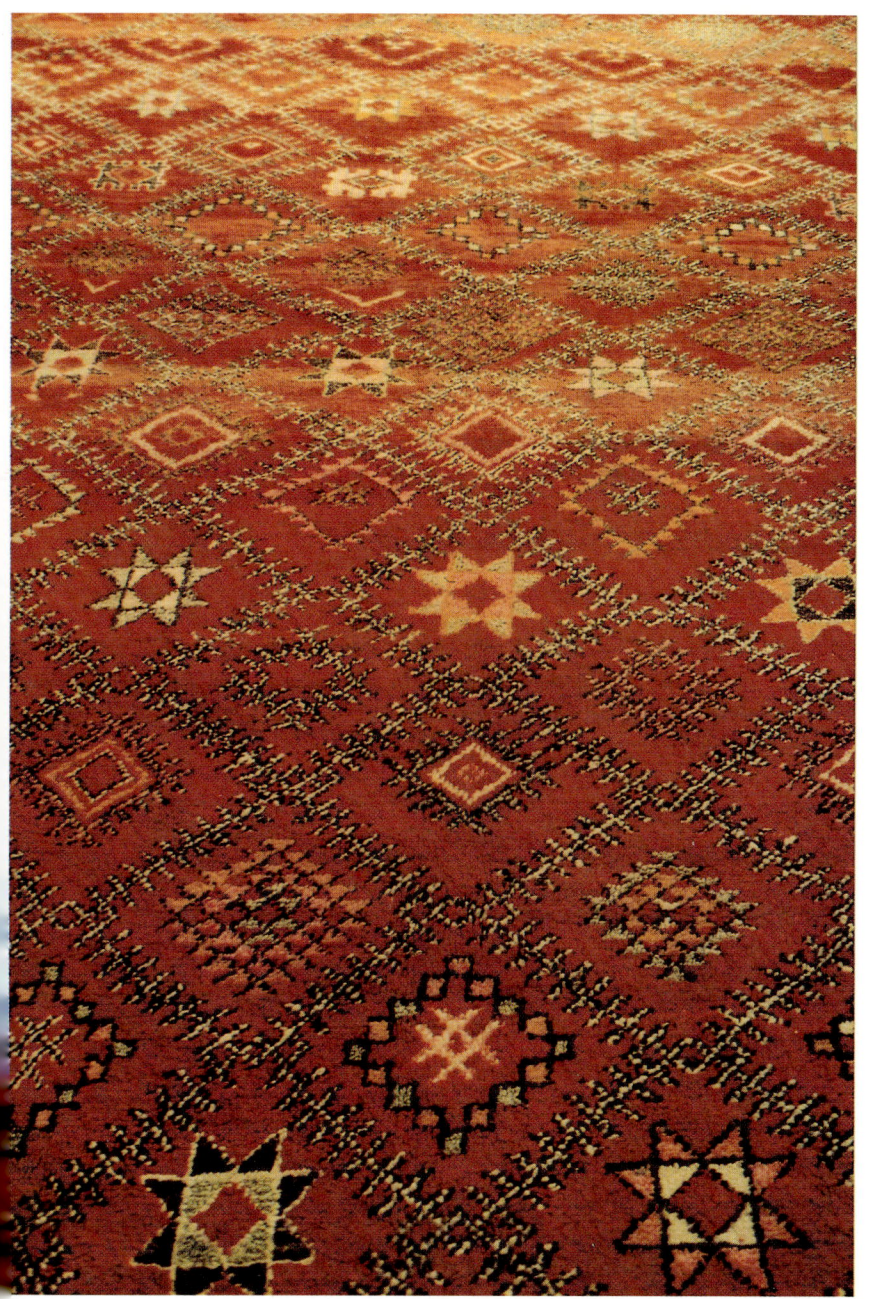

remplissage, une grande netteté aux motifs, est également pertinent dans le contexte d'une pensée magique. C'est encore une fois la vertu prophylactique qui est recherchée. Émile Mauchamp, dont les informations ont été recueillies dans des conditions fort périlleuses auprès des *fqih* de Marrakech, notait ainsi : « Tout ce qui est noir est bon contre le mauvais œil (de même contre le hibou et contre les diables) ; on doit donc avoir sur soi des choses noires. »

Ce point, en fait, nous intéresse plus par ce qu'il révèle du cheminement de la pensée magique que pour lui-même. L'usage du noir à des fins protectrices, corroboré par maintes traditions, permet en effet de comprendre qu'on utilise, homéopathiquement en quelque sorte, un peu de mal contre beaucoup de mal. Un rien de ténèbre sur le tapis, sur la cape ou sur le vêtement garantit contre une invasion générale des ténèbres... Ce principe, qui n'est pas sans rappeler certaines pratiques de l'ancienne médecine prophylactique (nous pensons notamment à la technique de la variolisation consistant à protéger un individu en bonne santé en le mettant au contact de petits morceaux de croûtes prélevés sur des éruptions varioliques) nous paraît être à la base du recours aux symboles, si vivants encore, de l'œil, du serpent et du scorpion. Car, de quoi se protège-t-on en figurant un œil losangique largement fendu, un scorpion étrange avec ses appendices cornus, un serpent

sinueux sur un tapis, un vêtement, des bracelets, des chevillères, une serrure ou des pentures de porte ? On se protège évidemment du mauvais œil et des diableries multiples qui se confondent dans l'image du scorpion et dans celle du serpent. Dans les tapis et les tissages, l'œil prend souvent la forme d'un losange ou d'un triangle, motif parfois hors d'échelle, transcendant le jeu subtil des lignes enchevêtrées. On ne le voit pas d'abord, mais soudain on aperçoit sa structure qui domine le dessin et donne son sens au tapis. Cet œil géométrique, également fréquent au seuil des demeures, se retrouve aussi dans les grandes capes noires que portaient naguère les montagnards du Haut Atlas. Quand un voyageur isolé traversait une forêt obscure, un défilé – déserts toujours dangereux dans ces contrées où rôde souvent quelque vengeance –, il n'eût pas marché en paix si, au dos de sa cape déployée comme un palladium, sa femme n'avait tissé un grand œil orange, largement fendu, qui voit pour lui et qui le protège. L'étoile aussi, sous une forme non figurative, est œil qui veille : on rejoint ici toute la poétique stellaire commune à ces pays où, pour paraphraser Racine, les nuits sont plus belles que nos jours.

Le scorpion et le serpent, particulièrement dans les tapis des Plaines Atlantiques et du Haut Atlas, appellent d'autres références, qui nous feront d'ailleurs indirectement revenir au thème de l'œil. On sait que le serpent de la Bible porte chez les musulmans le nom d'Iblis. Il est, selon la définition d'Abdelwahab Bouhdiba, « principe général du mal, archétype de l'âme inférieure en nous, que symbolisent Satan, le serpent et le scorpion ». La présence de ces deux motifs sur les tapis marocains semble donc entrer dans le cadre de la protection par « contamination » telle que nous l'analysions plus haut. L'image tissée du serpent ou du scorpion tient en respect les forces du mal, de même que les chevillères en argent, *khelkhal* savamment ciselées, ont le pouvoir d'empêcher les diables telluriques de monter par reptation insidieuse le long des jambes des filles.

Or, le serpent est resté au Maroc un éminent symbole de fécondité féminine, valeur positive s'il en fût. Les deux aspects se mêlent donc dans une espèce de confusion conceptuelle où le bien et le mal se retrouvent associés au principe féminin. Certains tapis des Aït Ouaouzguite, imitant par leurs couleurs et leurs motifs la peau d'un serpent, seraient, en somme, plus que des tapis conjuratoires, des hymnes à la fécondité.

L'association de la femme et du diable est un fait transculturel qui prend des formes variées tout autour du bassin méditerranéen. Nous en retrouvons la trace vivante dans ces tapis qui, par l'un de ces phénomènes d'altération progressive des motifs déjà relevés, en arrivent à associer scorpion, œil, sexe féminin et... diable. Cela mérite évidemment explication. Commençons par le plus déterminant, qui est le passage de l'œil au diable. Dans son ouvrage sur la sexualité en Islam, A. Bouhdiba atteste la permanence de cette association dans l'aire musulmane. Le diable, tel que décrit dans les traditions, est pourvu d'un œil unique fendu dans le sens de la hauteur. « C'est, commente l'auteur, comme pour souligner la signification sexuelle de cet œil. Le mot *chaqq* (fente ou vulve) désigne bien le sexe féminin en arabe, tandis que le mot *àla attûli* accentue encore l'allongement démesuré de la chose. Le symbole vaginal est évident. » Un tapis des Chiadma dont les couleurs rose tendre et jaune pastel ne laissent en rien deviner la crudité, nous permet de recomposer le glissement associatif décrit par l'islamologue. Nous trouvons ainsi dans le champ de ce tapis, esthétiquement admirable, la figure plusieurs fois répétée du scorpion, ressemblant d'ailleurs davantage à une espèce de gros insecte à thorax losangé, à appendices et à pattes grouillantes qu'à l'arachnide popularisé par le signe du zodiaque. (Nous avons évoqué plus haut l'association du scorpion et du mal, celle du scorpion et de la fécondité féminine.) Puis, ce motif semble muer : les appendices se retranchent et ne subsiste qu'une sorte de losange encore prolongé de quelques pattes. Voici bientôt que le losange forme chaîne, l'une de ces chaînes rencontrées sur ce que nous avons appelé les « tapis de grossesse ». Puis prennent forme au cœur de ces étranglements des figurations sexuelles, fentes allongées arrivant par décantations successives à une sorte de nudité physiologique. Ajoutons, pour être tout à fait exact, que l'ordre dans lequel nous avons présenté les mutations du motif ne se retrouve pas dans le tapis qui, pour ainsi dire, ne « pense » pas la métamorphose comme une séquence temporelle. Au contraire, ce que nous interprétons comme la figuration des différents états d'une même image féminine complexe coexiste, se mêle dans le désordre d'un rythme purement graphique. D'autres tapis corroborent, sans aller jusqu'à une telle lisibilité dans la représentation organique, cette alliance de la femme féconde et du scorpion. Quelques-uns associent ainsi très visiblement « chaînes de grossesse » et scorpion, les motifs gestatoires étant prolongés par des antennes et des pattes résiduelles qui les douent d'ambivalence. Nous avons, à d'assez nombreuses reprises, évoqué de telles chaînes, parfois si extraordinairement expressives. En analysant certains tapis anciens de la région de Chichaoua, nous pensons avoir établi avec une probabilité importante que ces chaînes, associées ou non à des parturiantes, figurent une image de la gestation. Plusieurs données de l'embryogenèse coranique –

Pages 134 :
Aït Ouaouzguite à décor de peau de serpent (340 × 145).

Page 135 :
Rehamna noué (330 × 173). Exemple intéressant d'association entre motifs gestatoires et scorpions : les vésicules utérines reçoivent des pattes et des antennes.

Chiadma noué (150 × 105). Variations autour du double thème de la femme féconde et du scorpion.

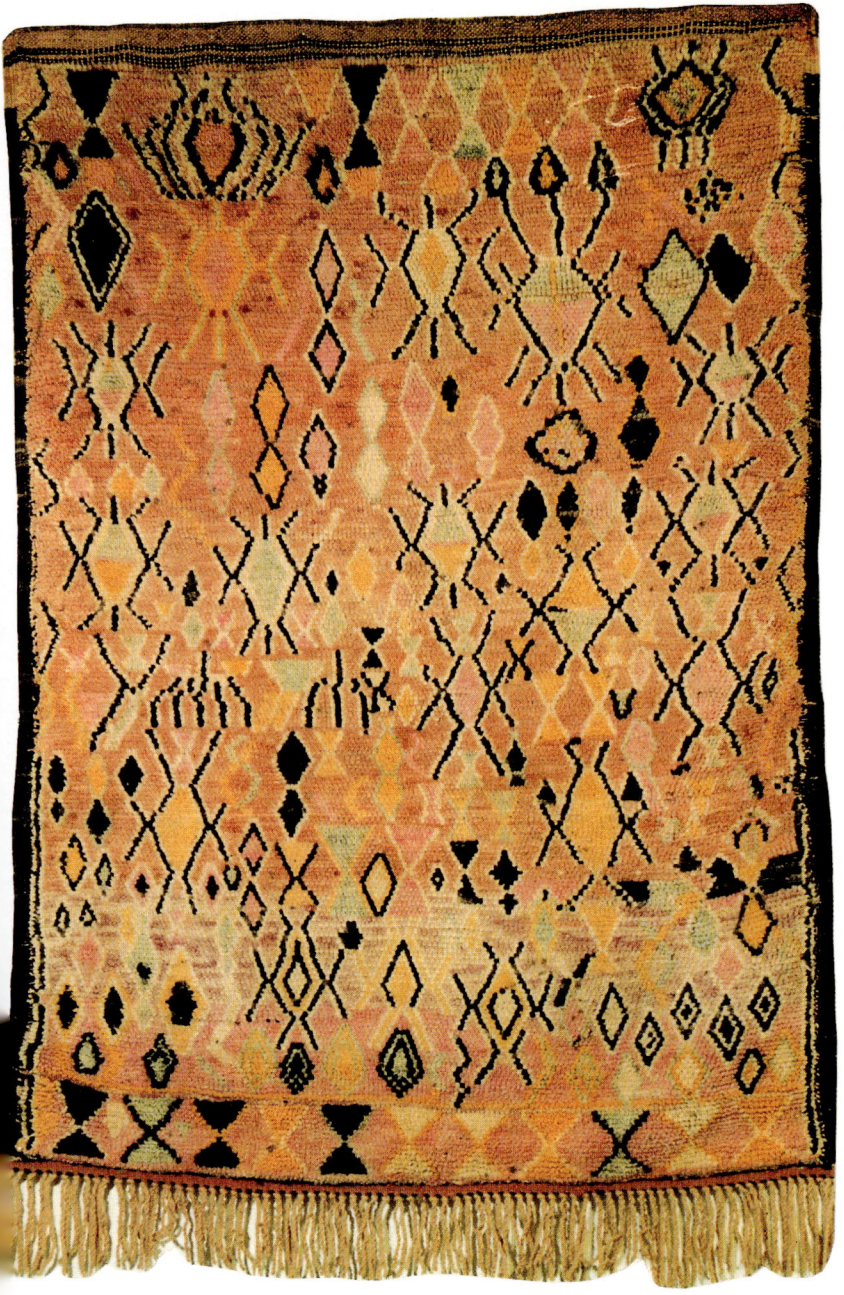

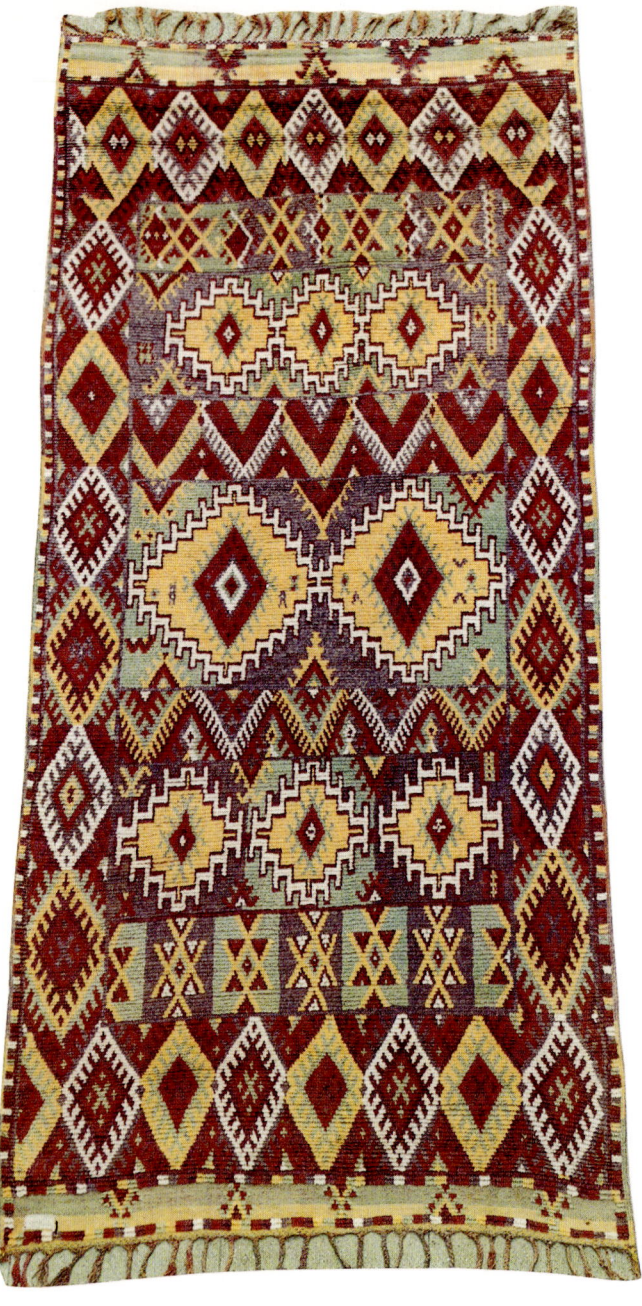

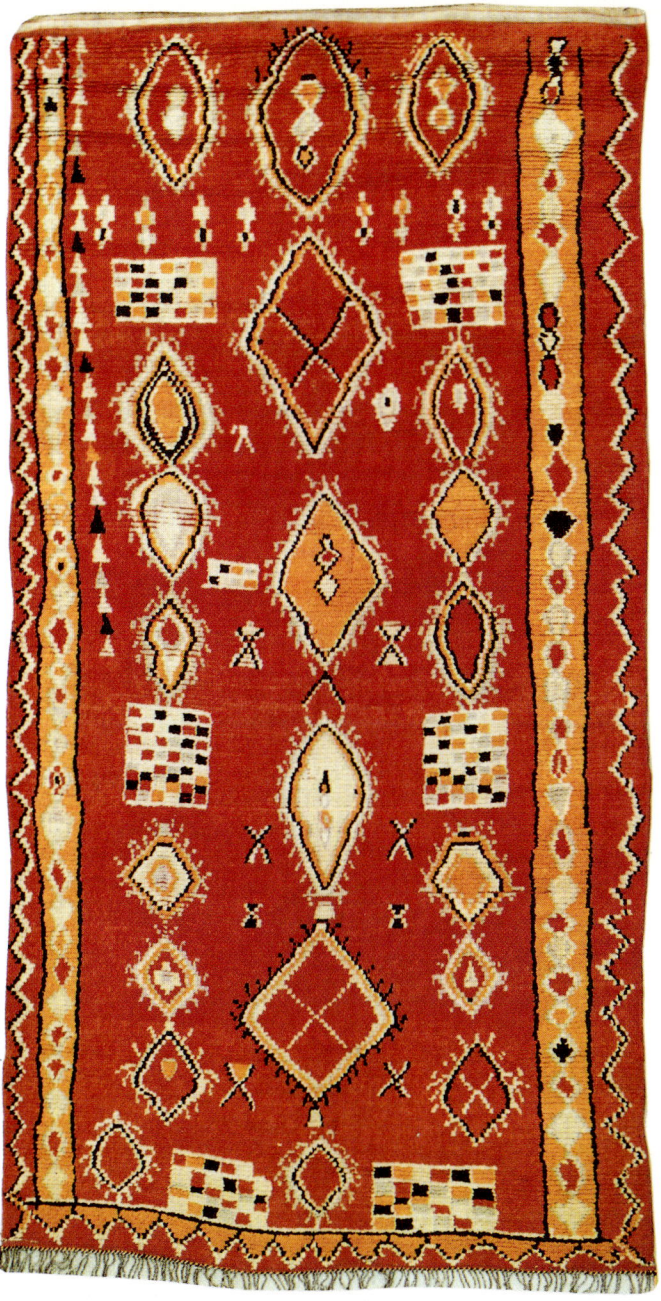

c'est-à-dire la façon dont le livre saint et, au-delà, la tradition représentent la formation de la vie *in utero* – semblent venir renforcer notre interprétation. Rappelons d'abord deux faits convergents : d'une part les textes islamiques portent un grand intérêt à la sexualité en général ; d'autre part, la procréation apparaît comme un thème majeur dans de nombreux tapis. Peut-on penser qu'il existe,

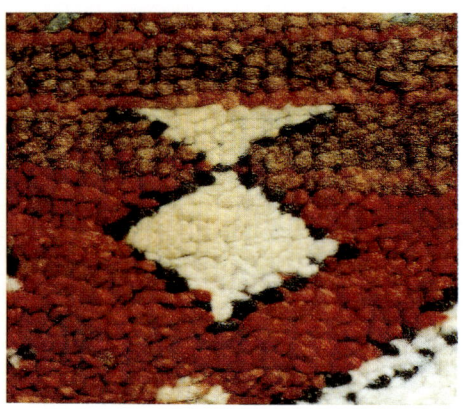

Détail de tapis *Zemmour*.

Détail de tapis *Chichaoua*. La paroi du chapelet de gestation est formée de plusieurs membranes figurées par des couleurs différentes.

par la force d'imprégnation et de diffusion passive des savoirs traditionnels, des passerelles entre ces deux représentations ? Quelques informations rencontrées dans l'étude d'Abdelwahab Bouhdiba permettent de répondre positivement. Ainsi, on peut penser que la présence, dans les chaînes embryonnaires, de points et de concrétions correspond au savoir archaïque tel que notre auteur le rapporte. « Les hommes expérimentés, écrit-il, affirment que le sperme, déposé dans l'utérus, se transforme tout d'abord en une petite boule arrondie ayant sa couleur blanche originelle. Et cela six jours durant. Au centre de cette boule apparaît ensuite un point sanguin. » De même, la croyance selon laquelle le créateur forme les hommes dans le sein de leur mère « dans trois ténèbres », rapportées à la paroi abdominale, à la matrice et au placenta, trouverait un écho précis dans le fait que, dans nombre de tapis anciens, le chapelet de gestation est formé de plusieurs épaisseurs de couleurs différentes. Sans doute faut-il se garder d'avancer vers le mirage d'une traduction littérale d'un savoir dont on se demande bien comment ces femmes, illettrées dans leur quasi-totalité, auraient eu connaissance. On ne peut pour autant négliger l'évidence des recoupements et la force des traditions orales.

L'image, récemment réactivée par les fondamentalistes contemporains, d'un Islam imprégné de puritanisme, ne doit

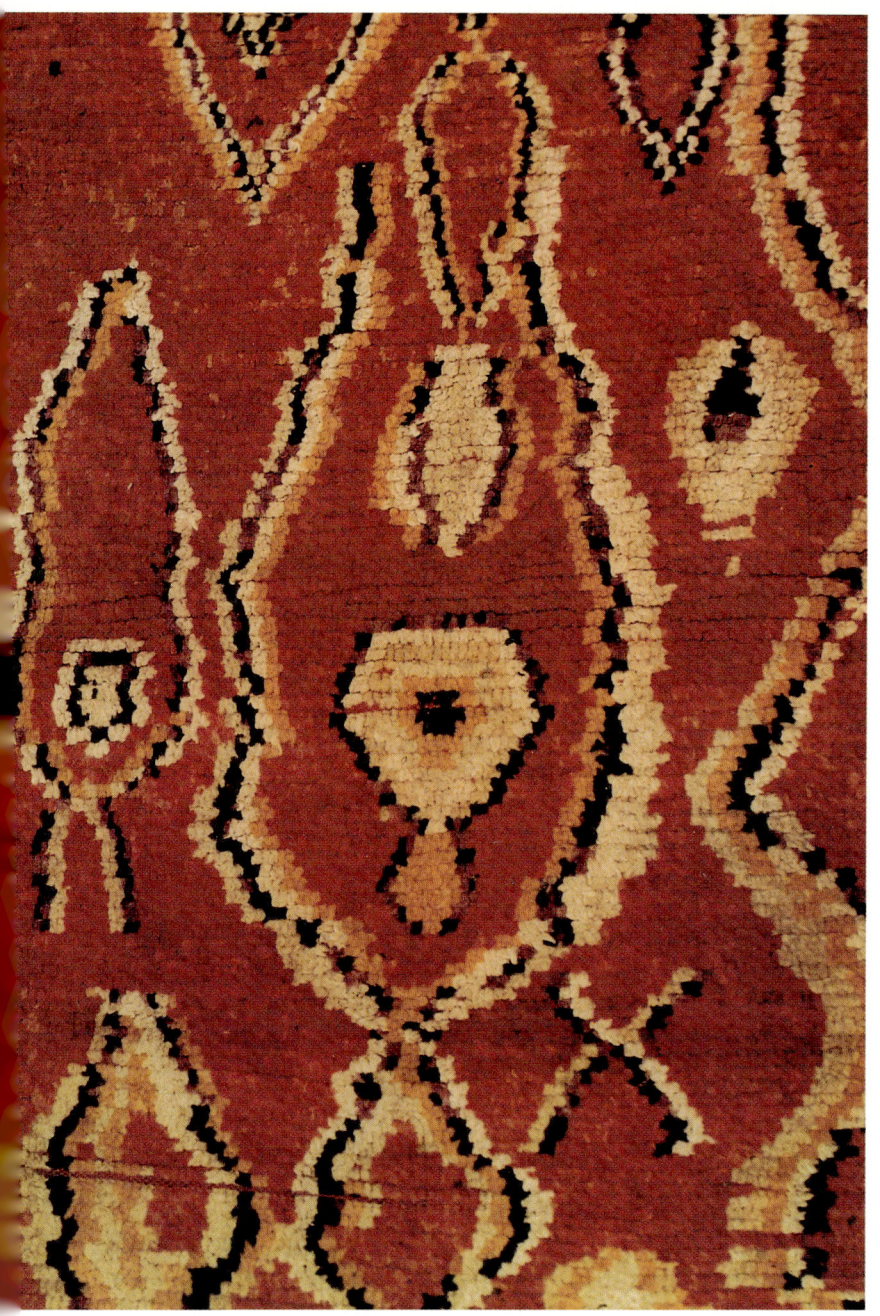

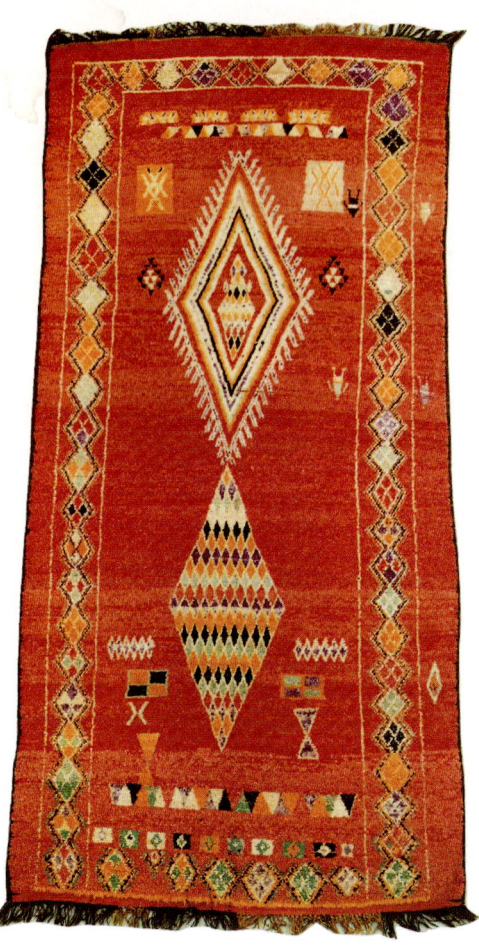

Chichaoua noué (370 × 162). Sans délaisser la thématique prophylactique habituelle (œil protecteur, chapelet de losanges en bordure, petits personnages dissimulés), ce grand tapis évolue vers des préoccupations esthétiques évidentes : des effets de symétrie guident la disposition des éléments.

pas en outre nous faire oublier l'interaction continuelle du sacré et du sexuel dans la pensée musulmane classique. Loin d'être honteux, le *sexuel licite* est, dans les textes, présenté comme une dimension humaine capitale encouragée par le Prophète. Ce rappel tend peut-être à relativiser l'audace de certains symboles ou l'organicité de quelques figurations. C'est sans doute ici le lieu de mentionner, ne serait-ce que pour en garder la trace, une interprétation que nous avons entendu plusieurs fois donner, à voix basse, par des marchands, selon laquelle le motif duel formé d'un petit losange et d'un triangle accolés figurerait une copulation. La présence, discrète, de ce signe symboliquement assez pertinent – la figure mâle est complète et géométriquement double de la figure féminine incomplète – dans de nombreux tapis des montagnes berbérophones est un fait avéré. Si la lecture suggérée pouvait se prouver – par une enquête ethnographique procédant à des recoupements sur le terrain –, nous retrouverions la tendance des groupes berbères à médiatiser leurs messages à travers le voile protecteur de la géométrie.

La plupart des remarques précédentes nous rabattent donc vers une certaine corporalité des tapis : figuration physiologique, structures rapportables à un modèle de fonctionnement organique, réel ou imaginaire, bien des éléments font des tapis une sorte d'être. La façon dont, à travers plusieurs pratiques, on assimile moquette et pelage, tapis et peau pubescente, renforce évidemment cette idée. Comme un épiderme, le tapis est en effet rasé avant d'être mis en service. Cette opération, qui techniquement assure l'égalisation des brins noués, n'est pas sans relation avec quelques aspects de la toilette traditionnelle. On sait en effet que la toilette du poil fait l'objet d'une attention toute particulière :

le crâne des hommes et des petits garçons était souvent rasé ; la barbe marocaine était portée très courte ; et surtout le pubis des femmes, et parfois celui des hommes, était épilé ou rasé. Il y a donc, et ce trait a été relevé par les ethnologues, un puissant rejet de l'hirsutisme dans la société traditionnelle. Certaines confréries déviantes, telle celle des Aïssaoui de Meknès et de Moulay Idriss, qui enfreignent ces règles de propreté et de décence, prouvent, pour reprendre une pensée de Pascal, le canonique par l'hérétique. Or, bien souvent, dans les villes et dans toutes les régions du Haut Atlas sédentaire, le tapis fin, réputé « civilisé », était le tapis « rasé de près » se conformant en quelque sorte aux règles de propreté rituelle déjà évoquées. En revanche, le tapis de haute laine du Moyen Atlas, avec sa toison broussailleuse servant de lit à plusieurs personnes, était ressenti par les gens des villes comme un tapis fruste, *beldi*[6], un peu sauvage. Il a fallu que les Européens, non conditionnés par ce système de valeurs, le mettent à la mode pour que,

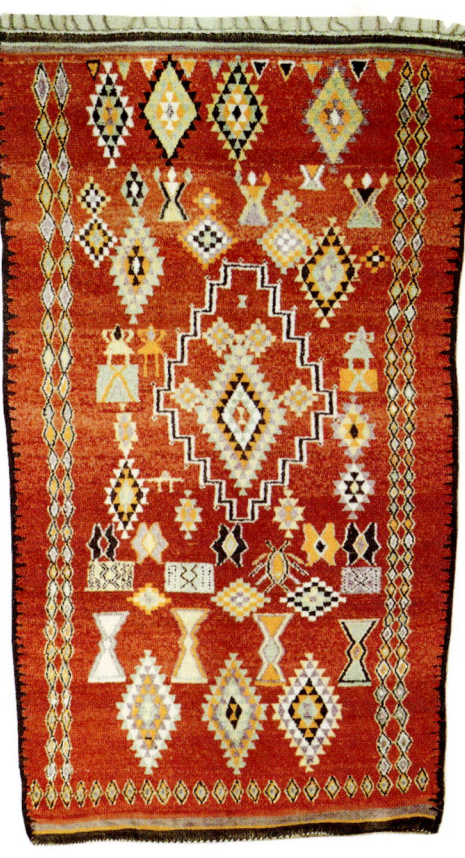

Rehamna noué (335 × 175). Plus encore que le précédent, ce tapis recherche une harmonie décorative. De là, une mise en page joyeuse et démonstrative de motifs relevant habituellement du sens caché.

(6) Signifie campagnard, qui est du *bled*.

139

progressivement, on le voie entrer dans les intérieurs marocains les plus occidentalisés. Encore n'est-il dans ce cas qu'un tapis de goût moderne, moins prestigieux que celui de Rabat toiletté comme un bon croyant[7] et significativement qualifié de « tapis *maghzen* », c'est-à-dire tapis du gouvernement, tapis royal.

Rasé, lavé au rassoul – cette terre savonneuse employée pour les cheveux – le tapis pelliculaire est également tatoué comme une peau. La chose est particulièrement évidente lorsque les motifs sont cernés par ce violet délavé qui évoque le pigment des peaux tatouées.

Tout cela semble nous amener bien près des questions religieuses. Or, ici comme ailleurs, la religion est l'ennemie intime de la magie. Si le tapis participe du magique, il sera donc virtuellement irréligieux. L'interdit sur la représentation mimétique, par ailleurs si souvent transgressé, compte moins en l'occurrence que l'enracinement des tapis dans une culture tribale fortement teintée de paganisme antique. D'autre part, le tapis lui-même, en sa qualité d'objet utilitaire étendu par terre, sur lequel on marche, on s'assied, qu'on peut souiller, n'est pas reconnu comme un support convenable pour l'expression religieuse. Il est à noter à ce sujet que les tisseuses n'ont pas coutume d'introduire des textes en langue arabe, *a fortiori* des versets coraniques, dans leurs œuvres. Les Marocains d'aujourd'hui achètent par dizaines de milliers de courts textes religieux encadrés et mis sous verre ; mais nous n'avons encore jamais vu le moindre tapis portant une inscription de cette nature.

Il semble en outre que cette attitude respectueuse s'étende aux caractères arabes eux-mêmes, jamais figurés, même isolément, à l'exception toutefois des chiffres cinq et sept.

Si l'on voulait à toutes fins établir un contact précis entre certains aspects religieux et les tapis du Maroc, il faudrait sans doute chercher du côté des Rabat et des Médiouna. Nous avons déjà évoqué plus haut l'image du jardin d'Éden donnée par ces grands tapis d'inspiration orientale. On pourrait ajouter à cela l'utilisation du *mihrab*[8] dans le décor classique de ces tapis, la présence récurrente d'une thématique octogonale (étoiles à huit branches) pouvant référer aux huit portes menant aux huit paradis promis aux croyants ; et, enfin, la représentation sous des formes variées de ces chevaux ailés que, selon la tradition, les élus de Dieu montent pour voler à travers le Ciel.

Ces éléments, d'autres probablement, ne sont évidemment pas négligeables. Ils relèvent cependant de ce que nous pourrions appeler une illustration pieuse et non de la

(7) « La propreté est la moitié du culte », dit le proverbe.
(8) Niche délimitée par un arc dans sa partie supérieure, vers laquelle se tournent les fidèles pour prier.

symbolique vivante telle que nous l'avons vue s'exprimer dans les tapis ruraux. Le religieux, encore une fois, s'arrête sous sa forme précise à la lisière du tapis. Le tapis de prière lui-même n'existait pas au Maroc autrefois.

L'ensemble de toutes ces remarques conduit donc à regarder comme essentielle dans

cependant être considérée avec précaution. Nous avons utilisé, pour tenter d'interpréter les signes et, au-delà, les structures, des études généralement contemporaines des tapis mis à la question, qui nous enseignent en effet que dans la société marocaine traditionnelle tout est magique ou susceptible de le devenir. Mais en même temps,

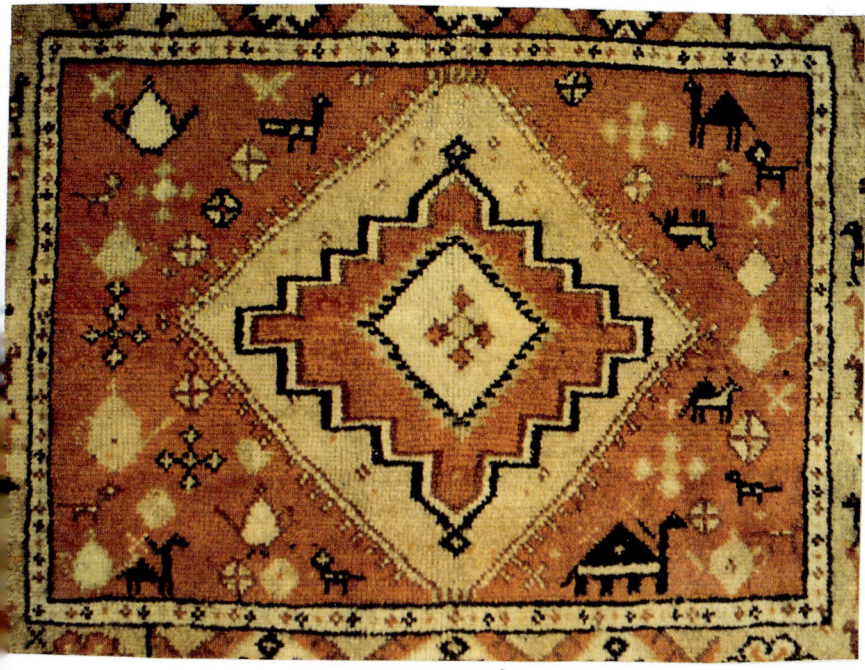

les tapis anciens la part du sens magique. Cet aspect est d'autant plus marqué que l'on aura affaire à des tapis ruraux. Dans les tapis urbains, en effet, les finalités ornementales ou décoratives, sans inactiver totalement les signes participant de l'imaginaire traditionnel, tendent à l'emporter. La présence du magique doit

Centre d'un tapis noué de *Tazenakht*. L'influence des Rabat se marque ici par la présence d'un double *mihrab* stylisé dans le médaillon central, ainsi que par la disposition de toutes sortes de richesses dans les écoinçons : chevaux, bijoux, oiseaux, mais aussi dromadaires et théières. Le paradis est, pour ainsi dire, berbérisé.

ces textes (et nous pensons tout particulièrement au traité de sorcellerie du docteur Mauchamp) font état d'un corpus magique beaucoup plus précis, constitué d'actes retirés, particuliers et souvent néfastes, cherchant leur force dans l'ombre et le secret. Il y a donc deux aspects du même terme et il importe de bien savoir ce que l'on dit lorsque l'on pose que les tapis sont concernés par la magie. Appliquée aux tapis et aux tissages, la magie nous paraît bien pertinente comme système global de références : elle aide manifestement à définir un mode de pensée concevant la protection et l'action comme des opérations portant sur le signe et l'image des choses plus que sur les choses elles-mêmes.

Mais en même temps, il apparaît clairement que tout en participant de la médiation magique, les tapis ne sont pas de vrais objets rituels. Leur caractère pour ainsi dire publicitaire – ils sont presque constamment à la vue dans le cercle de famille – les prive de la discrétion généralement requise en la matière. La magie inscrite en eux (et la même remarque pourrait être étendue aux bijoux) serait ainsi réduite à une sorte de climat. Les signes constitués par les motifs sont propitiatoires, préparatoires, sécurisants, peut-être, mais non dotés des vertus actives et ponctuelles des talismans secrets. En somme, cela conduit à envisager la notion de degré dans une société de superstition. La tisseuse, par le recours à certains motifs, s'affilie

à une croyance générale ; mais elle ne noue pas nécessairement une « prière » précise.

Cet amoindrissement de la valeur magique *stricto sensu* des tapis leur confère une valeur intellectuelle plus grande. C'est, au-delà du magique particulier escomptant ses bénéfices, la dimension symbolique qui trace ici sa voie. L'exotisme et l'effet de mystère y perdent sans doute ; le sens humain, lui, gagne quelque chose dans cette intermittence de la croyance.

Celles qui portent des bijoux protecteurs, celles qui nouent dans leur tapis des signes bénéfiques expriment donc une foi latente en la force des symboles. Mais elles ne peuvent attacher foi en leur vertu permanente et particulière. En somme, elles affichent quasi abstraitement une sorte de credo culturel et tribal acceptable par tous. Elles expriment leur foi dans le caractère magique du monde ; elles ne font pas acte magique.

Ce retrait, cette notation du retrait, sont peut-être l'un des commencements de l'écriture.

LES TAPIS EN MOUVEMENT

HISTOIRE D'UN DEVENIR

Haouz noué (320 × 170). L'oued (appelé aussi parfois frontière ou *heudoud*) traverse le tapis en diagonale et lui imprime son mouvement.

*L*es tapis sont soumis à une continuelle évolution affectant leur apparence esthétique et leur statut symbolique. Ils sont en mouvement ; ils sont vivants. Qu'est-ce qui fait qu'une forme tribale change progressivement ou brutalement ; que des motifs nouveaux sont accueillis ; qu'un style devient dominant ; qu'un esprit s'étiole ? À ces questions toujours complexes, il n'y a pas de réponses nécessaires. Nous voudrions cependant, au début de cette réflexion, marquer une conviction. Les conditions d'un changement peuvent être objectivement réunies ; encore faut-il pour qu'il se produise qu'elles surviennent à point nommé dans un imaginaire prêt à le recevoir. On abandonne la poterie d'argile pour la bassine en tôle émaillée, on achète des nattes en matière plastique ou des tapis mécaniques fabriqués en Europe non parce que ces

objets sont plus pratiques – c'est même parfois tout le contraire –, mais parce qu'ils permettent d'accéder symboliquement à une culture matérielle parée de tous les attraits de la modernité aux yeux de ceux qui s'en trouvent exclus.

Rappelons-nous donc, avant d'entrer dans le détail des faits, que bien des appauvrissements que le puriste regardera avec consternation ne sont en réalité que le fruit d'un désir ardent d'évolution sociale.

L'acculturation est, à bien des égards, une mutilation volontaire.

Nous avons retenu quatre séries causales pour tenter d'éclairer le « mouvement » des tapis marocains.

La première cause réside naturellement dans la mobilité des tisseuses elles-mêmes. Celles-ci reçoivent des informations de l'extérieur, elles peuvent voyager,

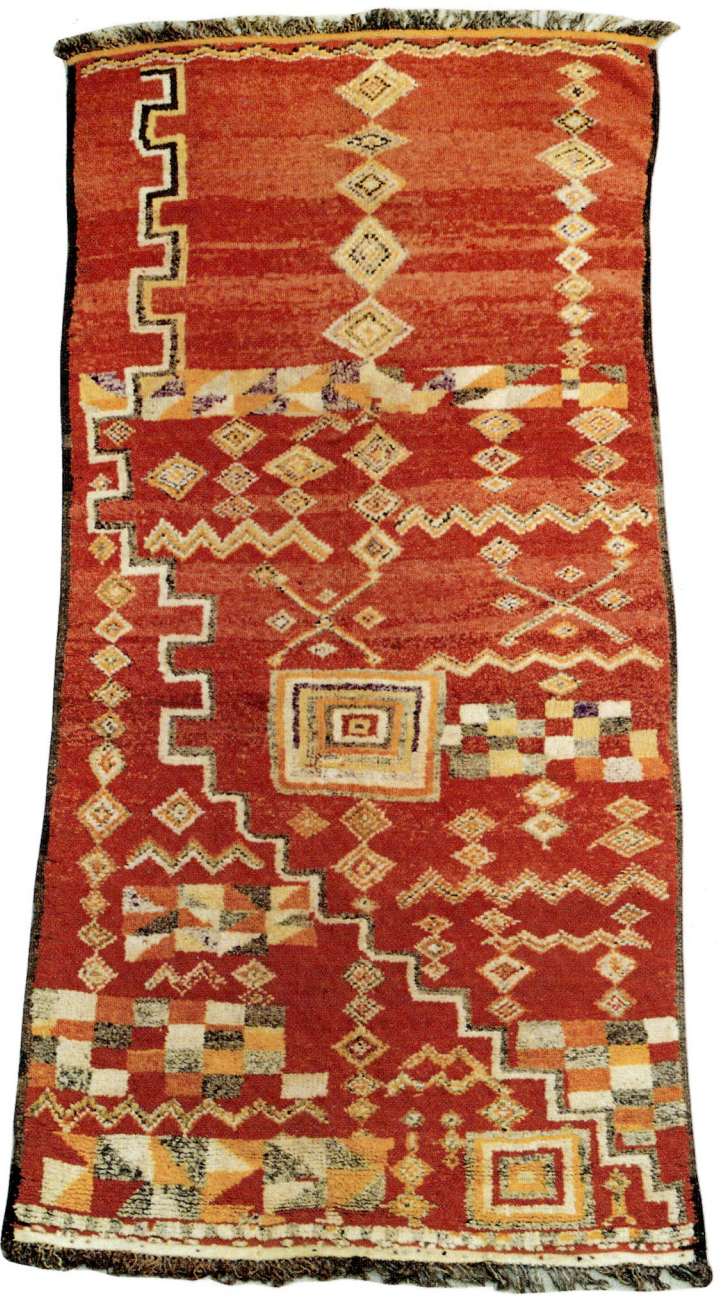

parfois même elles se marient en dehors de leur région ou de leur tribu d'origine. De là résulte non seulement une expérience enrichie, mais aussi une forme d'expressivité particulière, contrariée par la résistance d'un milieu allogène imposant ses techniques et ses matières. Le Maroc du XXe siècle, avec ses voies de communication sûres et son enrichissement économique, a donc été très favorable aux phénomènes d'hybridation. Certes, le cadre tribal traditionnel perdure sous la forme d'une référence mythique ; mais les « métissages culturels » intertribaux apparaissent plus nombreux et plus féconds que jamais.

Le second facteur d'évolution considéré se rapporte à l'histoire politique. Placé sous protectorat français de 1912 à 1956, le pays a profondément changé sous l'influence conjuguée de la mise sous tutelle étrangère et de l'ouverture à l'extérieur. Le fait colonial, la présence permanente et nombreuse d'Européens auxquels l'administration si particulière de Lyautey s'efforçait de faire prendre en considération les « arts indigènes » eurent sur la fabrication et la conservation des tapis des conséquences importantes dont on observe encore aujourd'hui l'écho

persistant. Le regard européen, longtemps méjugé du fait de la réprobation morale pesant, avec un certain conformisme, sur la période coloniale, a notamment été à l'origine du statut muséographique des tapis.

La communauté des marchands compte également, bien entendu, parmi les agents capitaux du mouvement des tapis. Peu à peu, l'organisation ancestrale du négoce s'est modifiée, donnant au marchand un rôle actif dans l'évolution des formes. De simple intermédiaire, il est progressivement devenu le « commentateur » par excellence du tapis, cherchant de plus en plus à orienter la production, s'efforçant empiriquement de maîtriser un marché caractérisé par la pléthore des produits et une double tendance à l'uniformisation et au renouvellement artificiellement programmé.

Ces marchands sont bien entendu à l'écoute des « nouveaux acheteurs », touristes internationaux, certes, mais aussi coopérants français, collectionneurs de tous pays, conservateurs de musées... Cet ensemble formé d'éléments disparates, aux goûts et aux intérêts souvent divergents, constituera un dernier « groupe de pression » impliqué, à des degrés divers, dans l'évolution et la nouvelle sectorisation des tapis du Maroc. Au classement tribal habituel pourrait ainsi se superposer un classement qualitatif jugeant non seulement de la provenance, mais aussi de l'authenticité et de la valeur esthétique des pièces collectées. Cette distinction entre « tapis authentiques » – lesquels ne sont d'ailleurs pas nécessairement très anciens – et « tapis acculturés » paraît être l'une des plus pertinentes qui soient dans la nouvelle conjoncture.

Ces quatre séries causales ne prétendent évidemment pas épuiser la question. Elles incitent cependant à prendre conscience du caractère de plus en plus interculturel de la production. N'est-il pas révélateur, en effet, que parmi les quatre agents de mutation retenus comme déterminants, seul le premier – la mobilité des tisseuses – soit parfaitement endogène ? Les trois autres groupes d'influence – Européens participant du projet colonial, marchands tournés vers une clientèle de plus en plus mêlée, pour ne rien dire de cette clientèle elle-même – agissent ou ont agi de l'extérieur. Le mouvement évolutif qui entraîne le tapis marocain semble donc l'éloigner, par cercles de plus en plus larges, du terroir tribal où, comme un être vivant, il avait sa « niche biologique ». L'arrachement total des racines lui ferait sans nul doute un tort considérable : séparé de son substrat culturel, le tapis du Maroc se retrouverait sans âme, avec, par surcroît d'infortune, la lourde pénalité d'une technique incapable de rivaliser avec la machine de l'Occident ou la virtuosité de l'Orient. La perte ou le maintien du sens, et au-delà de la beauté qui s'y rattache, sont donc les enjeux économiquement et culturellement importants de ce complexe mouvement d'éloignement.

Les tisseuses
à la croisée des influences

Le décor de ce *Chiadma* récent est très atypique : le champ habituellement grouillant et non délimité est ici simplement structuré par des mouvements de teintes et se trouve inscrit dans une bordure d'étoiles étrangères à la région (260 × 190).

*U*n peu théoriquement, on pourrait considérer que chaque tisseuse traditionnelle reprend et transmet les techniques du groupe auquel elle appartient sans en changer grand-chose. De là une certaine fixité de couleurs, de motifs, de formats et de textures.

Ce cadre rigide, marqué par une stabilité idéale, permet de comprendre un mode de création qui s'effectue sans carton, sinon sans projet. L'imprégnation culturelle est telle que, pour ainsi dire, tout est dans la tête des tisseuses. Elles vivent au milieu des tapis de leur tribu et ceux-ci constituent mille et un modèles dont elles s'inspirent et qu'elles refont à leur mode. Quand on baigne dans une telle atmosphère, il n'est point besoin de plan. Les choses s'improvisent et se construisent au fur et à mesure, en fonction d'une idée générale latente qui, souvent, ne se révèle qu'à la fin.

Naguère beaucoup moins exposées que les hommes aux influences extérieures, les femmes ont donc puissamment contribué à la conservation des techniques et au maintien des formes ancestrales. Relevant par excellence de l'art domestique, le tapis a ainsi longtemps résisté aux transformations.

Cette situation, qui correspond à une forme de société rigidement cloisonnée à l'intérieur de laquelle chaque fraction affiche ses signes identitaires, a progressivement évolué depuis le début du XXe siècle. La colonisation puis la modernisation, toutes deux secondées par la mise en place d'un système de communication sans précédent, ont débloqué le modèle social archaïque. Des populations voisines qui, jadis, ne se rencontraient guère qu'au marché, se sont côtoyées, puis brassées, échangeant des produits, des pratiques, des savoir-faire. Les traces de ces fusions sont fort nettes dans les tapis, même si le dosage précis des alliages qu'on y décèle demeure toujours délicat à établir.

Nous prendrons deux exemples pour essayer de comprendre comment, en pratique, s'effectue ce brassage des traditions.

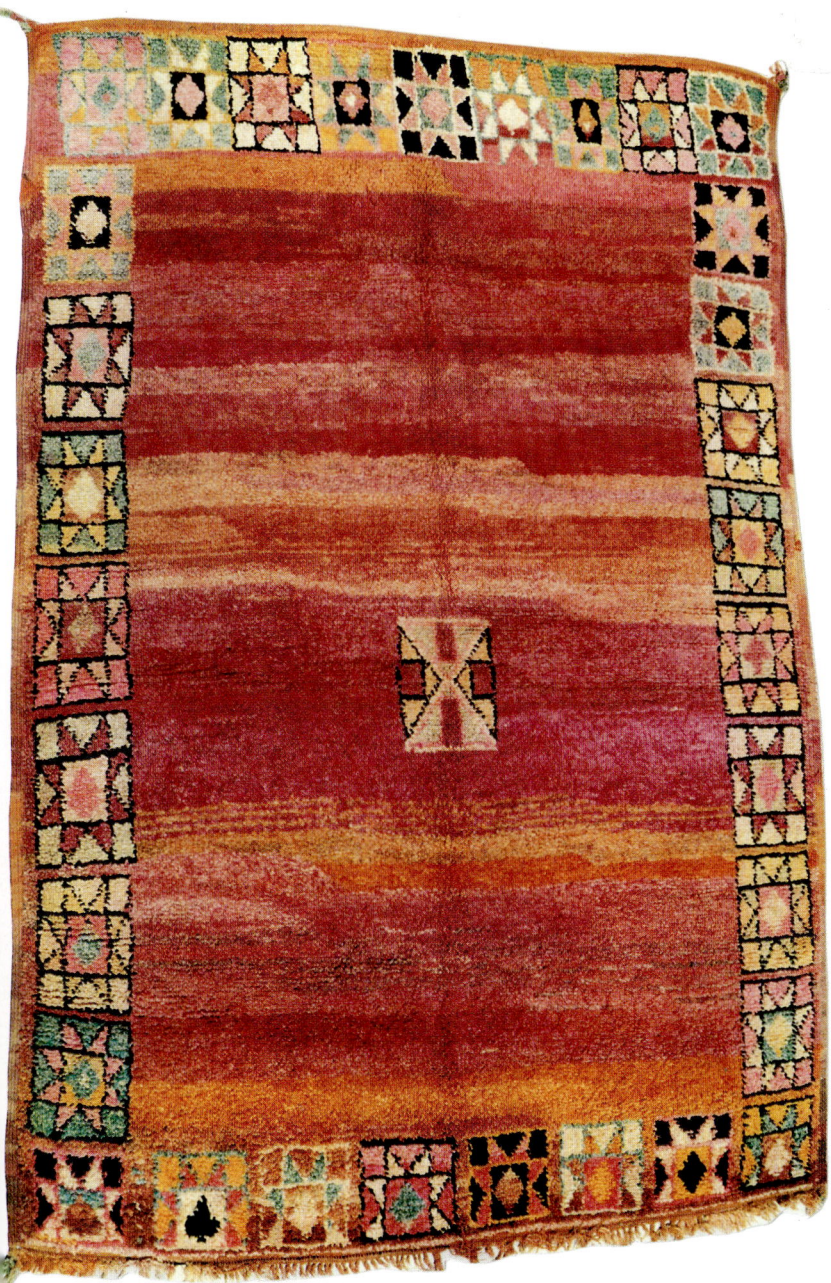

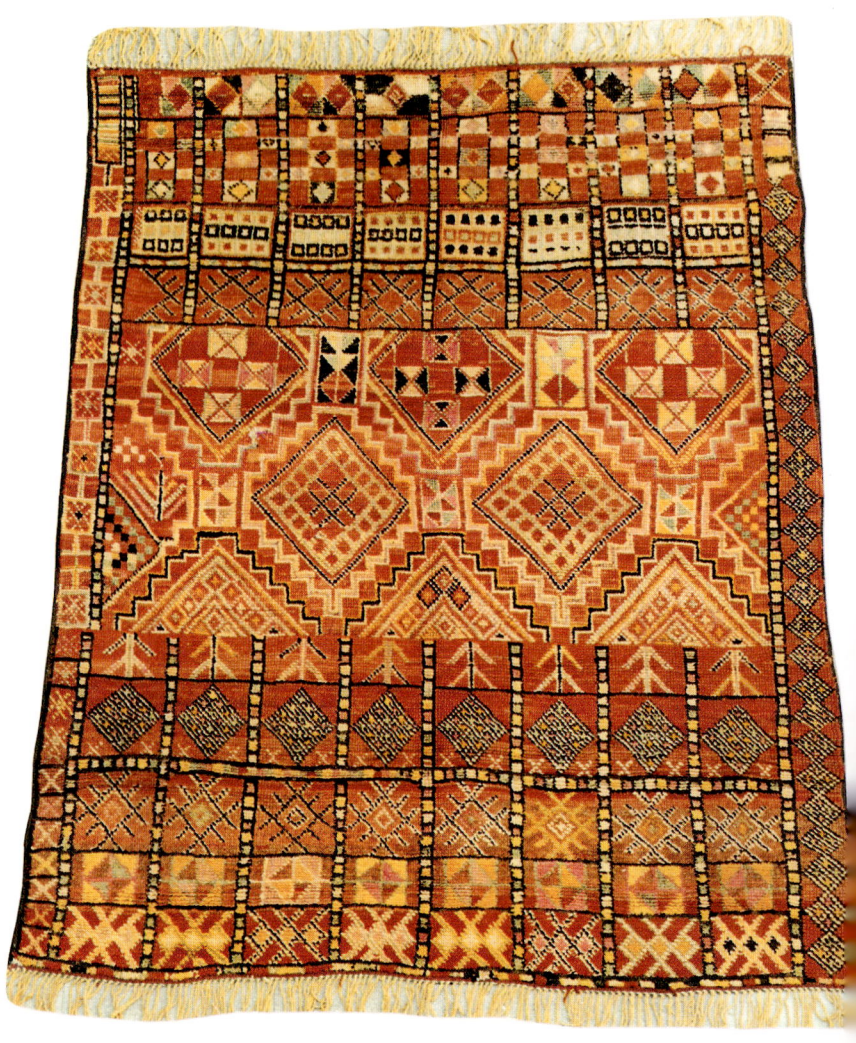

Dans ce tapis noué des *Zemmour* (225 × 190), l'influence *Beni Mguild* se fait sentir comme un collage. Toute la partie centrale interrompt brutalement la structure en damier pour jouer sur des losanges ou des fractions de losanges crénelés et enchevêtrés qui évoquent avec force le style des Beni Mguild. Dans un tel cas, l'hybridation ne crée pas un ensemble composite homogène, mais une œuvre bipartite qui, à la manière d'un arbre greffé, donnerait des fruits des deux espèces.

Le premier cas de figure est celui du mariage intertribal. Dans une telle situation, l'épousée s'installe dans sa région d'accueil avec tout son passé de tisseuse : elle possède non seulement sa technique propre, mais témoigne également d'une prédilection pour un type de motifs et un style de composition. Or, il lui sera virtuellement impossible de continuer dans sa nouvelle vie comme si de rien n'était. Partout, elle rencontrera des résistances : parfois simplement matérielles (elle n'aura plus à sa disposition les mêmes colorants, les mêmes qualités de laine), plus souvent humaines (elle devra apprendre d'autres techniques de nouage, exprimer une autre thématique, tracer d'autres figures). Il lui faudra, en quelque sorte, « naturaliser » son art.

De telles distorsions sont à l'origine de ce que l'on pourrait appeler des tapis mixtes, hybrides esthétiques mêlant techniques, formes, couleurs et motifs de plusieurs régions. Le plus souvent, ces phénomènes se rencontrent dans des tribus géographiquement voisines – Guerouane et Zemmour ; Aït Youssi et Beni Mguild. Ils contribuent alors à la cohésion du groupe régional élargi, les éléments de parenté intertribaux l'emportant sur les signes spécifiques. Plus rarement, ces hybridations résultent de la mise en contact de deux groupes éloignés dans l'espace et dans le style, comme les Zemmour et les Chiadma par exemple. C'est là, sans doute, que les résultats les plus étonnants sont obtenus.

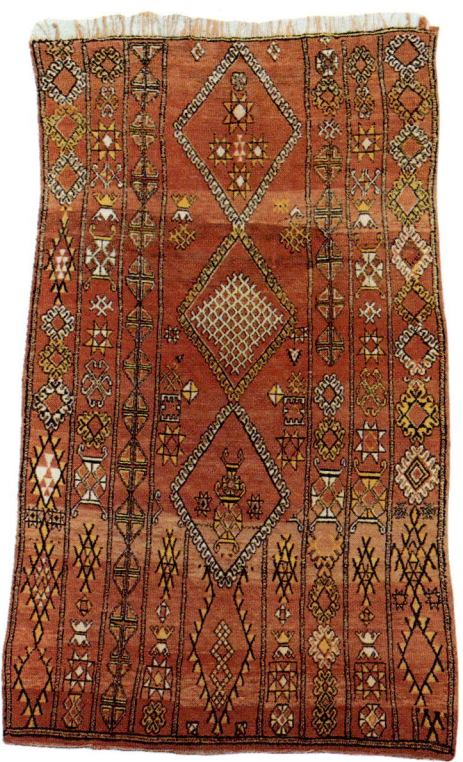

Typique des *Aït Yacoub* par sa triade de losanges centraux au milieu de laquelle trône une mariée stylisée, ce tapis offre également une forte parenté avec un *Zemmour* : absence de cadre renforcé ; motifs allant jusqu'aux bordures ; présence de bandes longitudinales créant une structure en lanières. Certains de ses motifs – théières à poignée et anse symétriques, étoiles octogonales – sont en outre exactement semblables à ceux qu'on rencontre sur les Zemmour (320 × 180).

Nous commenterons plus loin, à partir d'illustrations, quelques effets de tels mélanges.

Le brassage des traditions résulte également de l'arrivée, au sein de la famille, de tapis venus d'ailleurs. Ce cas, évidemment plus bénin que le mariage intertribal, est néanmoins d'une importance considérable dans un pays où l'on voyage en général beaucoup et où l'on aime acheter et vendre des marchandises. Même dans les montagnes les plus reculées, la route asphaltée s'approche, permettant l'arrivée de l'autocar et du camion, prolongée quand besoin est par la piste en terre ou l'oued asséché que peuvent suivre les mulets. L'exemple des Zemmour est, en la matière, d'un intérêt particulier. Autrefois, les hommes de ce vaste ensemble tribal embrassaient en effet volontiers l'état militaire. Or, le soldat voyage beaucoup et, quand il revient au pays, raconte ce qu'il a vu et rapporte des cadeaux parmi lesquels se trouvent parfois des tapis. Naturellement, sa femme peut être influencée par ces objets parés du prestige de l'ailleurs et, si le décor du tapis lui plaît, se mettre à intégrer des éléments nouveaux dans ses propres créations. Il est possible que la mobilité traditionnelle de la population mâle des Zemmour soit responsable du fait que les tapis de cette région aient su absorber un si grand nombre de motifs venus de l'extérieur proche, au point que tapis Zemmour soit virtuellement devenu aujourd'hui synonyme de tapis du Moyen Atlas.

Ces phénomènes d'interpénétration, qui se sont développés de façon croissante tout au long de notre siècle, augmentent encore la difficulté de l'identification. Dans bien des cas, en effet, il est fort délicat de trancher en faveur de tel ou tel groupe tribal, si l'on n'a pas d'information sûre attestant la provenance. Tel tapis dit de Chichaoua peut souvent être attribué avec une égale probabilité aux Oulad Bousbaa, aux Rehamna ou même aux Beni Ahmar. En l'absence d'une connaissance précise du lieu de tissage, un certain flou peut donc toujours subsister.

Si, déjà du temps de Prosper Ricard, c'est-à-dire dans les années vingt, il était parfois malaisé de définir avec précision l'origine d'un tapis, c'était au manque de documents et d'œuvres de référence ainsi qu'à la connaissance encore très lacunaire des typologies tribales qu'on devait cette difficulté. Le *Corpus*, malgré sa prudence exemplaire, évoque parfois les caractéristiques d'un groupe à

Ce tapis noué des *Beni Ouarain* (290 × 190) offre un bon exemple d'hybridation avec le style *Beni Mguild*. Du type Beni Ouarain, il a le fond blanc de haute laine, les motifs formés de moquette noire ou brune, ainsi que l'amorce d'un quadrillage. L'influence Beni Mguild se lit dans la division du tapis en trois zones de part et d'autre desquelles le dessin ne raccorde pas et dans la présence en bordure de motifs en « arêtes de poisson ».

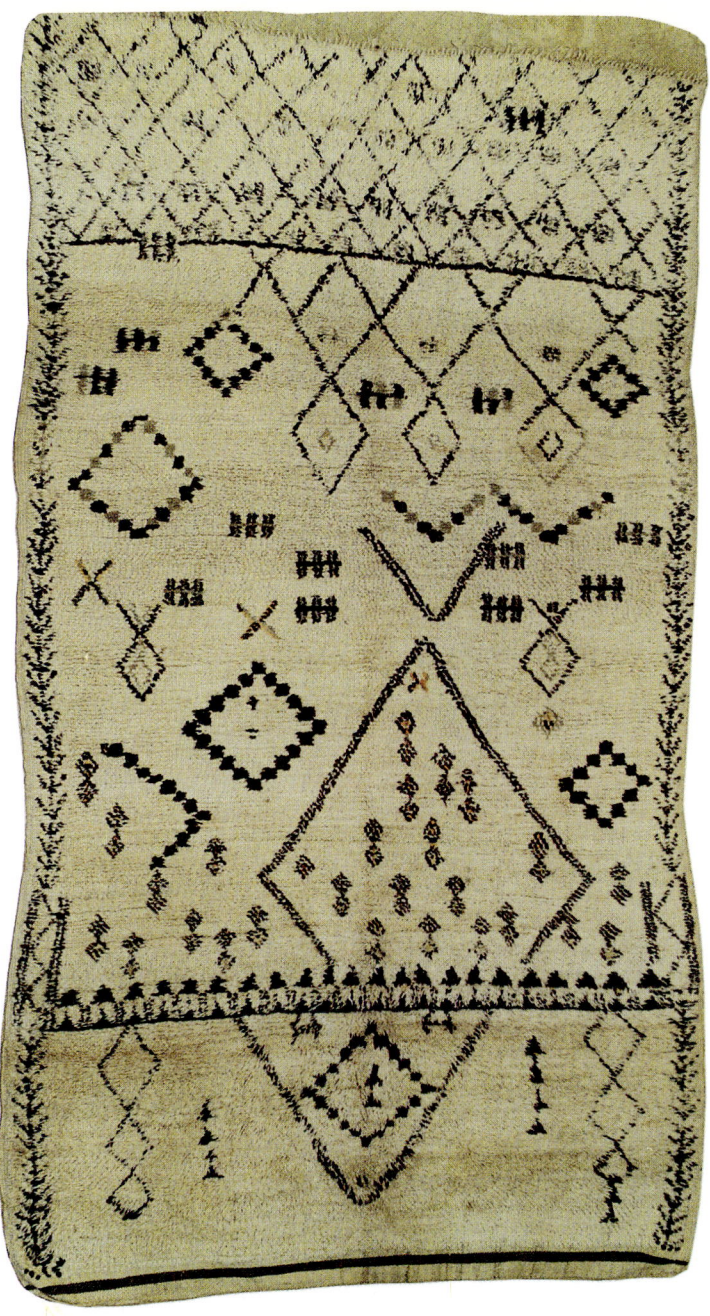

partir de quelques unités de tapis seulement. Aujourd'hui, les données du problème ont complètement changé : l'augmentation extraordinaire de la masse des tapis en circulation et la généralisation des phénomènes d'hybridation font que le concept même de tapis ethniquement pur n'a guère de sens. Zemmour, Beni Mguild, Zaer, Aït Youssi, etc. ne sont pas toujours facilement discernables les uns des autres, même lorsqu'ils ont été produits il y a soixante ou soixante-dix ans dans des conditions d'authenticité irréprochables. L'évolution des Aït Youssi est particulièrement édifiante. Il s'agissait à l'origine de tapis de haute laine à fond blanc comprenant de petits losanges formés de traits noirs ou orangés, relativement proches des productions des Beni Ouarain, Aït Ighezrane et Beni Alaham. Or, les tapis des Aït Youssi ont été progressivement englobés dans une autre aire d'influence : ils sont aujourd'hui beaucoup plus colorés (rouge, vert, jaune, bleu) et se sont rapprochés des Zaïane et des Beni Mguild, leurs voisins. En outre, leurs motifs sont souvent répartis dans un système de grille semblable à celui que l'on trouve chez les Zemmour. Des évolutions analogues pourraient s'observer, nous l'avons dit plus haut, à l'intérieur du groupe formé par les tapis du Haouz et des Plaines Atlantiques. En revanche, ce qui sort renforcé de cette tendance au métissage intertribal de proximité, c'est la cohésion et la spécificité de l'ensemble régional élargi. Les grands groupes du Moyen Atlas, du Haut Atlas, des Plaines Atlantiques et du Haouz résistent remarquablement au mouvement d'entropie qui dilue les sous-groupes, et affirment leurs différences identitaires jusqu'à aujourd'hui.

Il ne fait donc guère de doute que, dans un passé dont il nous reste malheureusement trop peu de témoignages, les tapis étaient beaucoup plus différenciés d'une tribu à l'autre, parfois même d'un village de montagne à l'autre, qu'ils ne le sont devenus au vingtième siècle. Peut-être serait-il encore possible de mener dans des zones particulièrement isolées (centre du Haut Atlas par exemple) des enquêtes permettant de retrouver des productions archaïquement pures. Le directeur du Musée Dar Si Saïd de Marrakech, qui s'est livré avec des étudiants à un travail de ce type sur la poterie, l'affirme. Une telle collecte prouverait *a contrario* l'affaiblissement du fait tribal au profit du fait régional dans la production du Maroc moderne.

Ce tapis noué (240 × 145), identifié par sa provenance comme un *Chiadma,* représente un cas rare d'hybridation esthétique et technique. La dominante Chiadma s'exprime dans les teintes (vert et rouge violacé) et dans le dessin « tremblé » des losanges centraux ; tandis que l'influence *Zemmour* se traduit par la structure en quadrillage. En outre, et c'est le plus étonnant, ce tapis est réversible comme le sont toujours les tapis du Moyen Atlas et jamais ceux des Plaines Atlantiques.

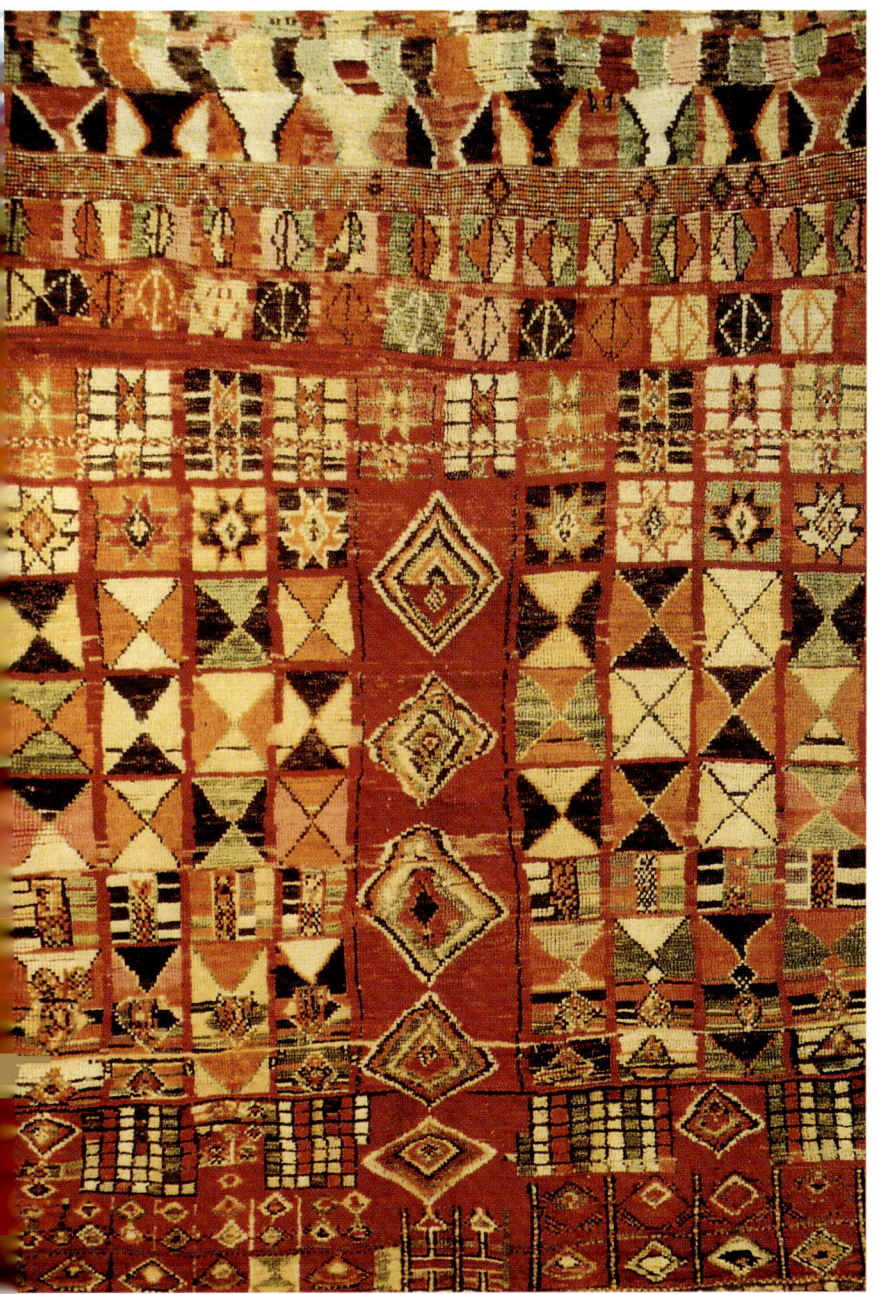

Regards européens

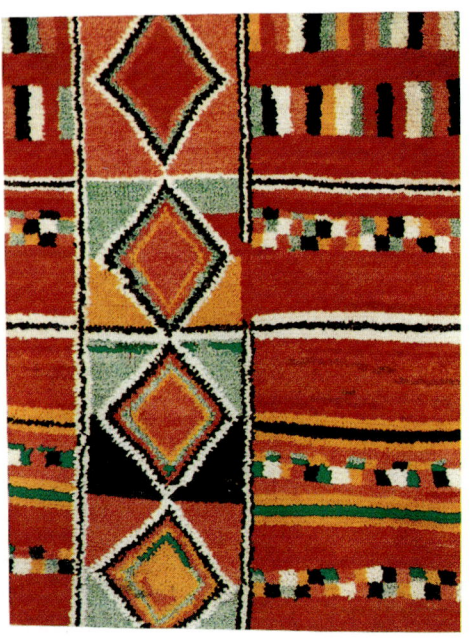

Les Européens de l'époque coloniale trouvaient vulgaires les *Mrirt* aux couleurs criardes. L'assimilation de la peinture moderne autorise aujourd'hui toutes les hardiesses (fragment).

« *A*h ! le Maroc, très intéressant », confie Robert de Saint-Loup au narrateur de *La Recherche*. « Hommes très fins là-bas. On sent la parité d'intelligence. »

Ces quelques lignes de Marcel Proust situent clairement la place privilégiée du Maroc dans un certain imaginaire français. Voisin d'une Algérie abandonnée aux excès de la colonisation de peuplement, l'Empire chérifien bénéficia très tôt d'une image favorable. Aux villes algériennes souvent décrites sous les traits de Tarascons arabes empestant l'ail et l'anisette, toute une littérature esthétisante opposa les mystérieuses et élégantes médinas marocaines. De ce respect, au moins théorique, tapis et tissages allaient profiter. Une figure incarne jusqu'au mythe cette paradoxale politique de domination respectueuse : celle du maréchal Lyautey, artisan du Protectorat français et premier instigateur d'une durable politique de sauvegarde du patrimoine culturel marocain. La hantise de Lyautey, épris du Maroc au point de s'y être fait inhumer, semble avoir été d'éviter à son pays d'adoption le saccage esthétique qu'il déplorait amèrement en Algérie. Dès avril 1913, c'est-à-dire l'année même qui suivit l'établissement du Protectorat, il soumit à l'approbation du Service des Beaux-Arts de la Résidence « tout percement de murailles, transformation de portes de villes, agrandissement des rues, travaux d'alignement, même

Marrakech et Meknès de subir le sort peu enviable de la Casbah d'Alger.

Les tapis traditionnels, au même titre que les bijoux, prendront ainsi leur place dans une politique globale de conservation et de réhabilitation du patrimoine. Mais si l'Administration cherche à conserver le passé – et elle crée

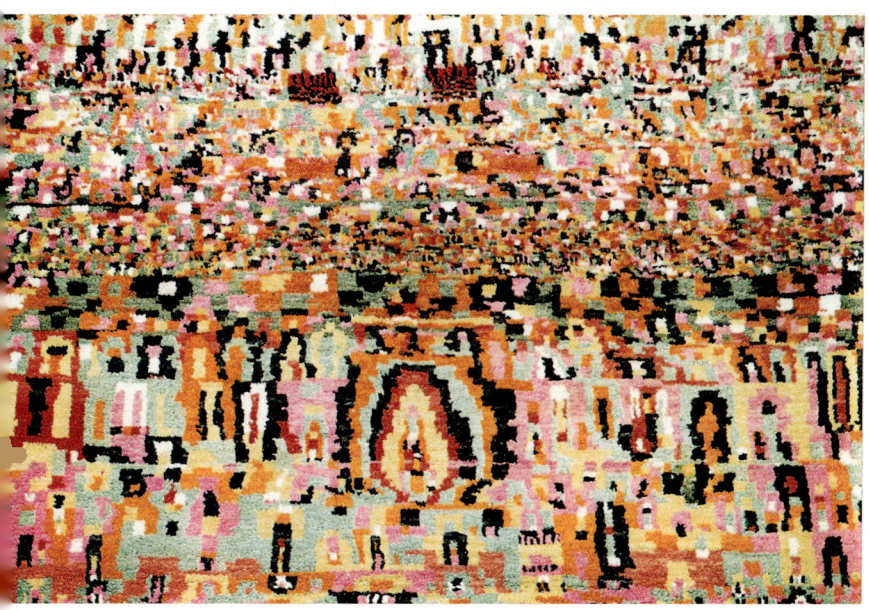

présentant un caractère de nécessité immédiat, travaux d'embellissement tels que squares, jardins, dispositifs d'éclairage (...) »[9]. Cette réglementation contraignante, destinée à freiner les ardeurs des urbanistes coloniaux, allait globalement sauver les vieilles cités marocaines et éviter aux centres historiques de Fès,

Constitué de taches de couleurs produisant un sentiment de diffraction, ce *Chiadma* évoque la peinture pointilliste d'un Signac ou d'un Van de Velde (fragment).

(9) Décision du 23 avril 1913, citée par André Le Révérend dans *Lyautey*, p. 366, éd. Fayard, Paris, 1983.

pour cela les premiers musées des arts indigènes –, elle entend aussi promouvoir une amélioration qualitative qui, dans son esprit même, justifie la tutelle coloniale. Le tapis marocain devient ainsi, à l'image de ceux qui le produisent, « sujet protégé » au double sens du terme. On fera en sorte que sa production puisse continuer sur des bases véritablement authentiques ; mais l'on tentera, par un effort d'éducation continu, d'en corriger les « défauts ». Potentiellement intéressant, promis à un bel avenir à la condition qu'il se plie docilement aux leçons d'un civilisateur avisé et doux, le tapis marocain s'intègre donc dans un système de valeurs d'inspiration paternaliste.

L'homme de ce projet ambigu, mais mené avec rigueur et honnêteté, est Prosper Ricard. On lui doit la première et la seule grande enquête systématique relative aux tapis du Maroc. Les Musées Dar Jamaï de Meknès, Batha de Fès, Dar Si Saïd de Marrakech, ou encore celui des Oudayas de Rabat se sont constitués à partir des pièces, accompagnées de fiches précises, collectées et déposées par ses services.

C'est sans doute à Prosper Ricard, constamment soutenu par Lyautey dont il appliquait la politique, qu'on est redevable de la bonne résistance du tapis traditionnel au choc colonial. Les difficultés furent d'abord psychologiques. Car il faut bien dire qu'il était plus aisé de persuader les Européens de la beauté de la Koutoubia ou des murailles de Marrakech que de les amener à regarder les tapis tribaux tissés par les sœurs ou les cousines de leurs bonnes comme des œuvres dignes d'intérêt. Ce travail de persuasion n'est pas son moindre mérite. La difficulté persistante à estimer le tapis d'Afrique du Nord à l'égal du tapis d'Orient semble en partie venir du présupposé, assez fortement enraciné dans la conscience esthétique européenne, selon lequel la ligne, le dessin prévalent toujours contre la couleur. Or, dans de nombreux tapis du Maghreb, c'est la virtuosité ou l'audace des coloristes qui frappent d'emblée, et non le dessin, irrégulier, fruste et parfois même tremblé. Delacroix, dont le séjour au Maroc exalta le goût de la couleur, exprime parfaitement la dépréciation induite par ce préjugé dont il eut lui-même à souffrir :

« Je sais bien que cette qualité de coloriste est plus fâcheuse que recommandable auprès des écoles modernes qui prennent la recherche seule du dessin pour une qualité et qui lui sacrifient tout le reste. Il semble que le coloriste n'est préoccupé que des parties basses et en quelque sorte terrestres de la peinture...[10] »

Eugène Fromentin, dans ce livre si bien documenté qu'est *Un été*

---

(10) *In Eugène Fromentin, Œuvres complètes*, Bibliothèque de la Pléiade (notes et variantes d'*Une Année dans le Sahel*), pp. 1384 et 1385, éd. Gallimard, Paris, 1984.

dans le Sahara, confirme cette alliance du moghrabin et de la couleur. Croisant avec émerveillement une tribu en déménagement dans le désert, il ne se montre sensible qu'à la couleur des objets transportés :

« Imagine un assortiment de toute espèce d'étoffes précieuses, un assemblage de toutes les couleurs (...) ; puis des coussins mi-partis cerise et émeraude, des tapis de haute laine de couleur plus grave, cramoisis, pourpres et grenats, tout cela marié avec cette fantaisie naturelle aux Orientaux, les seuls coloristes du monde. »

Bien des témoignages de l'époque attestent par ailleurs le statut éminemment secondaire du tapis d'Afrique du Nord par rapport à son rival d'Orient. Cet extrait de *Mektoub*, roman de Pierre Hamp publié en 1932, est fort significatif à ce sujet :

« Ils trouvèrent le commandant Causse dans son bureau meublé de laine. Le tapis devenait dans ce pays d'assis par terre la plus abondante commodité des Français. Ils en mettaient partout, écartant le meuble dur pour laisser place à l'étoffe souple. Un tapis persan, bijou de laine accroché au mur, humiliait le travail marocain. »

La mission confiée par Lyautey à Prosper Ricard est donc double. Il s'agit d'une part de poser les bases de l'immense tâche de la conservation du patrimoine dans un pays où cette préoccupation était absolument étrangère. Puis, d'autre part, de stimuler la production en lui apportant les correctifs jugés nécessaires.

Aidé par des officiers des Affaires indigènes motivés et bons connaisseurs du terrain, il va d'abord entreprendre, sur la base d'enquêtes et de collectes méthodiques, un premier travail de description visant à établir « l'état des lieux ». Cela débouchera sur l'œuvre capitale du *Corpus des tapis marocains* et sur la formation des Musées des Arts indigènes.

Il ne faudrait d'ailleurs pas croire que ce travail alla sans mal ni ne rencontra de sourdes résistances auprès d'une Administration, et plus généralement d'un colonat, estimant que la France avait au Maroc d'autres priorités que d'assurer la conservation de tapis souvent jugés sales et disgracieux. Le portrait de Prosper Ricard laissé par Henri Amic montre la figure d'un homme d'étude raffiné, mais « aussi peu fait pour l'ostentation que pour l'intrigue ». Souvent découragé par les embûches mises devant son travail par les « bureaux », il paraît n'avoir pu mener sa tâche à bien que grâce au soutien sans faiblesse d'un maréchal Lyautey dont les esprits forts moquaient d'ailleurs, dans les dîners en ville, le goût pour les choses indigènes et « la politique du poulet au citron ».

Le volet économique de l'action de Prosper Ricard ne semble pas moins important, même si, comme nous l'avons déjà dit, il participe d'une conception d'inspiration paternaliste. Cette idéologie périmée ne doit cependant pas masquer l'essentiel : le dahir du 22 mai 1919 établissant les conditions de l'estampillage garantit le caractère traditionnel du tapis, évitant ainsi le développement, qui eût été catastrophique pour le Maroc, d'une industrie sans racines utilisant à partir de modèles étrangers une matière première et une main-d'œuvre bon marché. Voici en effet le texte de cette réglementation que les investisseurs libéraux du temps auront sans doute jugé d'un protectionnisme tâtillon et faisant décidément la part trop belle à l'indigène :

« Le tapis présenté doit être un tapis à points noués, exécuté à la main. Il doit être reconnu tout laine, tant en ce qui concerne la trame et la chaîne qu'en ce qui concerne les points noués. Il ne doit porter aucune trace de colorants autres que les colorants végétaux ou animaux (indigo, gaude, daphné, henné, garance, cochenille, etc.), les mordants et réactifs tels que l'alun et le sulfate de fer n'étant pas considérés comme des colorants. Il devra, en outre, ne comprendre aucun motif décoratif autre que ceux réunis au " corpus " officiel déposé dans les bureaux de l'office des Industries d'Art indigène. »

L'essentiel est donc assuré par ce texte qui, tout à la fois, exige le maintien d'une tradition esthétique et proscrit le nouage mécanique. Le dahir du 17 décembre 1921 aura beau introduire des assouplissements concernant la texture (possibilité d'introduire du coton dans la trame et dans la chaîne) et l'usage de colorants chimiques, l'esprit du dispositif est sauvegardé : l'ouvrage estampillé, exclusivement composé à partir de motifs authentifiés, « doit être un tapis à points noués ou tissés exécuté à la main ».

Il est en outre à noter que cette politique prudente d'aménagement de la tradition obtiendra des résultats économiques intéressants. De 1920 à 1930, le Service des Arts indigènes estampillera plus de cent mille tapis à la fois neufs et anciens, leur donnant ainsi leur certificat d'authenticité permettant l'exportation.

Oulad Bousbaa de *Chennana* (630 × 160), fragment. Les Chennana sont presque toujours des tapis raffinés, à l'instar des plus riches tapis de ville. Uniques en leur genre, ils constituent une sorte d'oasis dans la production « fruste » et « sauvage » de la région du Haouz et des Plaines Atlantiques.

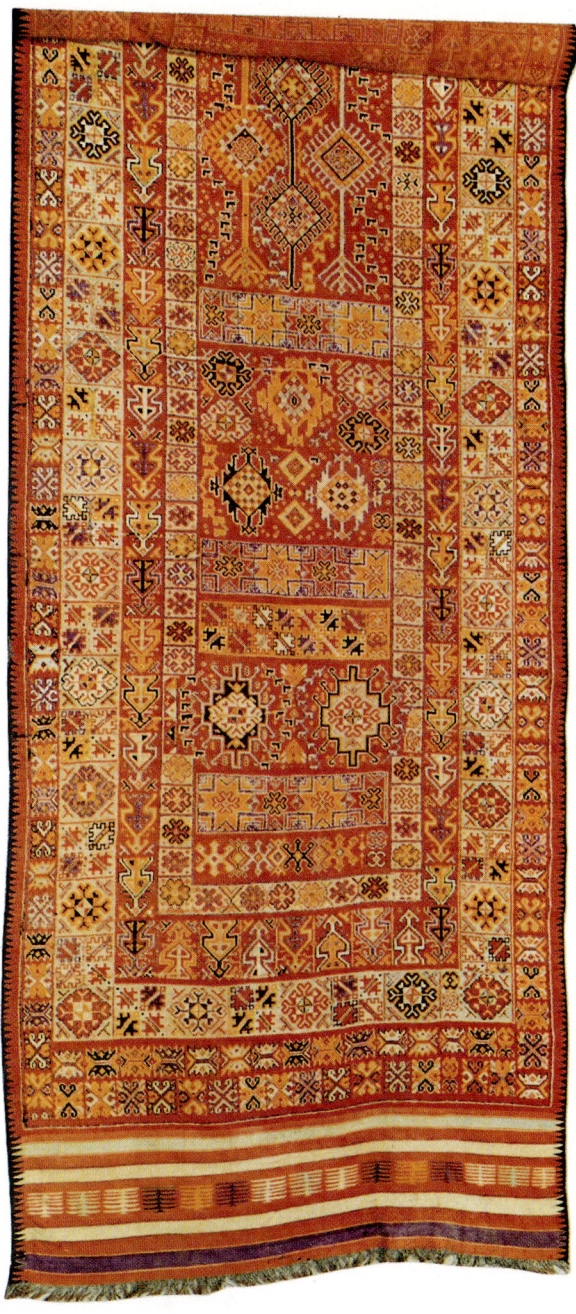

Parallèlement à la mise en place de ces mesures de protection, Prosper Ricard entreprit, toujours sur les bases de sa réglementation, de promouvoir des ateliers modernes dans lesquels, espérait-il, le tapis traditionnel se survivrait tout en répondant aux exigences nouvelles de la commercialisation. La création de centres artisanaux fut ainsi encouragée, dont la coopérative des tapis de Chichaoua ou l'atelier d'Azrou sont les héritiers. Il s'agit certainement là de l'aspect le plus utopique et le plus contestable de l'entreprise. Travaillant sur cartons systématisés, bien qu'établis à partir de tapis authentiques, dans des conditions de vie n'ayant plus guère de rapport avec leur cadre traditionnel, les tisseuses artistes se sont transformées rapidement en ouvrières professionnelles. L'interdiction de la mécanisation manuelle n'a pu enrayer la mécanisation mentale. En outre, ici comme ailleurs, le marché a modelé le produit. Idéalement destinés à l'exportation (ou à une clientèle étrangère intérieure), les tapis de fabrique vont affecter des formes plus régulières, rechercher des couleurs immédiatement plus fondues, affectionner la haute laine qui, pour le client européen, donne toujours l'image du luxe et du confort.

Dans cette perspective, certaines productions régionales seront encouragées – c'est le cas des tapis du Moyen Atlas qui reçoivent d'emblée un accueil favorable et qu'on verra fréquemment dans les expositions coloniales, ou encore dans les décors de films des années trente ; tandis que d'autres auront du mal à se faire simplement reconnaître. Prosper Ricard le note avec regret à propos des tapis du Haouz de Marrakech, si longtemps regardés comme barbares par les Français du Maroc.

« Les amateurs eux-mêmes, écrit-il en 1927, ne s'y arrêtaient guère, les considérant (à cause de leurs coloris, de leurs motifs et de leur composition) comme des produits négligeables parce qu'ils n'y retrouvaient point les formules habituelles. Leur décor apparaissait, dans la généralité des cas, étrange et fruste, parfois même sauvage. »

L'homme, d'ailleurs, ne semblait guère se faire d'illusion sur le caractère inéluctable des changements esthétiques entraînés par l'ouverture du Maroc. Son œuvre est celle d'un accompagnateur éclairé, participant aux mutations qu'il redoutait pour tenter de les aménager. Cet ennemi du tout ou rien peut sembler tiède aux esprits radicaux ; il a cependant, dans un contexte plus difficile qu'il n'y paraît, réussi à préserver le tapis traditionnel du Maroc de la révolution industrielle qui l'a presque entièrement détruit en Algérie.

Il reste, pour tenter d'être complet sur cette question du « regard extérieur », à revenir sur l'usage du tapis marocain fait par l'Européen qui l'accepte dans son intérieur.

Il convient d'abord de corriger une erreur fréquente. L'homme d'aujourd'hui, qui aime à fortifier sa bonne conscience en considérant les errements de ses pères, croit volontiers que le colon « tournait avec mépris le dos à la société indigène ». La réalité est moins simple. Bien des coopérants des années soixante-dix/quatre-vingt eussent en effet été fort surpris d'apprendre que leurs devanciers des années trente, pourtant grands pécheurs idéologiques, faisaient entrer, comme eux, force tapis, tissages et tentures dans leurs demeures. La chose est attestée par de nombreux récits de voyage et nous avons nous-mêmes retrouvé, dans des documents provenant de l'ancienne maison de retraite de Meknès, plusieurs clichés corroborant le fait. L'un d'eux, pris sans doute dans une famille française d'origine alsacienne (une femme porte la célèbre coiffe noire), montre même, par l'abondance et le faste des tapis disposés au sol et aux murs, qu'un exotisme à la Pierre Loti n'était pas incompatible avec une mentalité d'expatrié.

Ce sont évidemment l'abondance et la fonction décorative qui dénotent l'esprit colonial. Dressé sur le mur au lieu d'être étendu sur le sol, le tapis devient, certes, tableau – c'est la version esthétique du bouleversement –, mais aussi trophée, pièce de butin. Les collectionneurs, l'a-t-on remarqué ? partagent avec les chasseurs ce point de vocabulaire : on dit pour un tapis ou pour une bête abattue « une belle pièce »...

Pierre Hamp, à qui André Gide reprochait dans son *Journal* d'aimer les Marocains de loin et de craindre la saleté des cafés maures, note ainsi dans *Mektoub* que c'est chez le commandant français qu'on voit le plus de tapis et non chez son homologue marocain. « Le caïd Beliout des Aït Erfoud, écrit-il, possédait moins de tapis que le commandant Causse, mais beaucoup plus de nattes qui faisaient au bas des murs une blondeur fine. » L'abondance est toujours du côté du vainqueur. D'autres signes d'appropriation se manifestent. Plus subtilement, ils interviennent dans la nature du regard porté sur le tapis. Fréquemment, l'Européen cherchera dans le réseau des motifs le signe qui, symboliquement, lui parlera de lui-même et lui dira que ce tapis conquis et mis au mur est finalement bien le sien. Cet ethnocentrisme naïf, dont, soit dit en passant, on se demande quelle nation serait exempte, apparaît avec éclat dans le livre des frères Tharaud, *Marrakech ou les seigneurs de l'Atlas*. Nous sommes chez l'officier français chef du poste isolé de Timhadit, et le narrateur s'attarde à la contemplation du décor :

« Sur les murs blanchis à la chaux, pendent quelques tapis berbères, avec des raies blanches et noires et les croix de couleur vive qui en sont le décor le plus fréquent. (...) Ces croix sur ces tapis (...) sont peut-être un souvenir du temps où le christianisme avait pénétré ces montagnes et (...) à travers les âges ont conservé la valeur d'un talisman (...). »

Le travail d'appropriation opère ici doublement. D'une part, le tapis change d'espace : il devient mural et perd son aspect tactile. D'autre part, le regard cherche en lui une marque d'appartenance (la croix chrétienne) qui permette de le réinterpréter et de l'intégrer à la civilisation du dominateur. Ce mécanisme d'appropriation ne prend d'ailleurs pas le tapis pour unique objet. C'est le Maroc tout entier qui, en fait, a pu apparaître à l'époque du Protectorat comme un conservatoire vivant de notre Antiquité. « À chaque pas, écrivent encore les frères Tharaud, nous découvrons, au Maroc, des formes d'existence anciennes qui ont été les nôtres, il y a des siècles de cela, à nous autres gens d'Europe, et que nous avons oubliées. »

Les choses sont donc à la fois moins manichéennes et plus insidieuses qu'elles n'y paraissent au premier regard. Le tapis – l'art indigène en général – est loin d'être repoussé ; mais il n'est adopté qu'au prix de modifications matérielles et de transpositions du sens qui l'apparentent à son nouveau maître. Entre le mépris pur et simple et l'appropriation éhontée, il y a cependant place pour une infinité de nuances. C'est sur cet entre-deux, toujours plus difficile à justifier que les extrêmes tapageurs et rameuteurs, que Prosper Ricard, fidèle interprète de la doctrine de Lyautey, avait fondé son projet.

Tapis noué du *Haouz* (360 × 220) comportant des croix dans sa partie centrale.

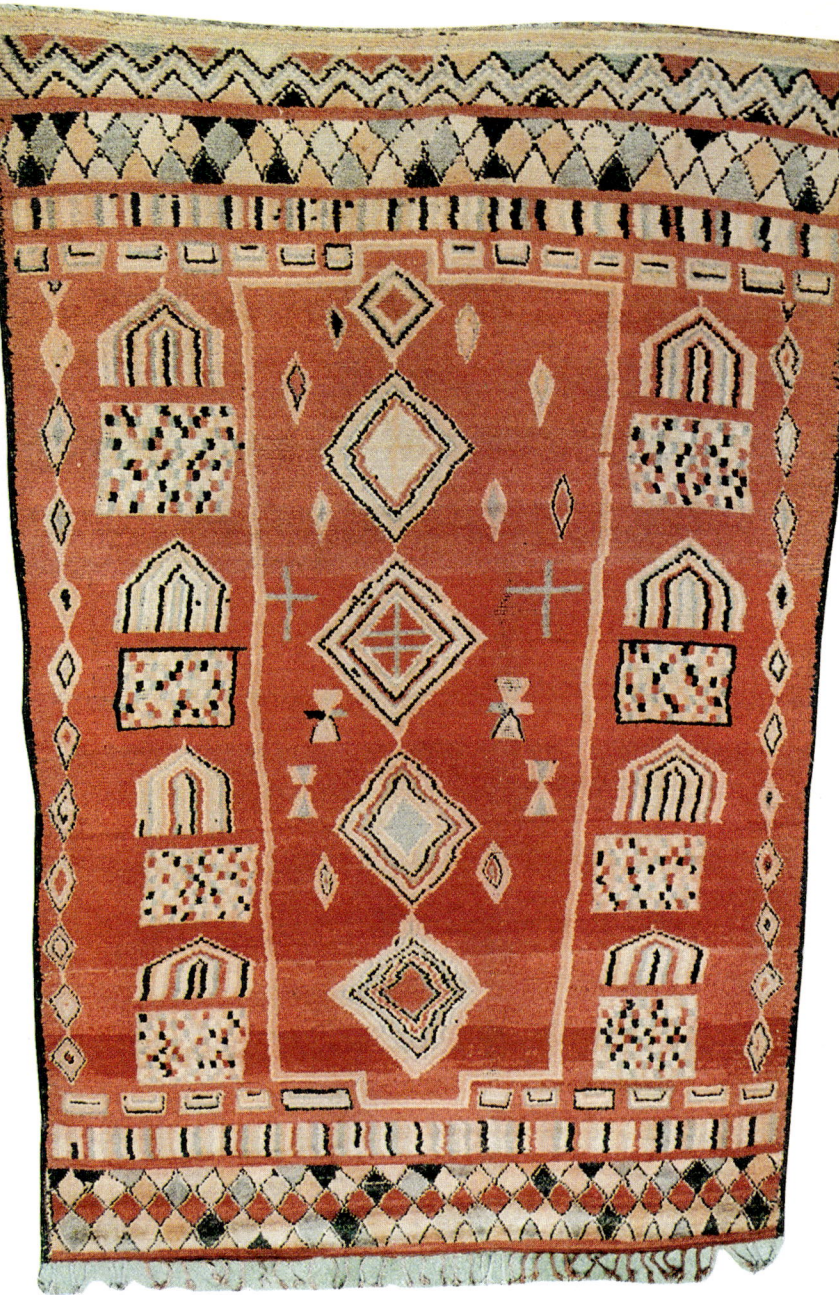

Marchands et acheteurs

*L*es marchands, nous l'avons dit, constituent une pièce maîtresse du dispositif d'évolution des tapis. Ils forment avec la masse différenciée et mouvante des acheteurs un couple inégal à l'intérieur duquel l'élément le plus puissant, celui qui exerce le pouvoir à travers une impondérable et fantasque volonté d'achat, est aussi le plus ignorant. L'acheteur, comme figure symbolique, est une sorte d'entité acéphale que le marchand, au cours d'une transaction rarement anodine, doit doter de désir et de raison. Cette science du marchand est subtilement empirique et n'opère jamais sans l'assentiment de l'acheteur. Car bon ou mauvais, le marché est avant tout accord. C'est autour de cet accord, plus ou moins facilement obtenu à partir de tel ou tel genre de tapis régional, en mettant en avant tel ou tel type d'argument, que se recentre en permanence la vie fluctuante de cet immense marché.

Un tel préambule pourra paraître idéaliser quelque peu une transaction qui, dans un contexte européen, n'est pas la plus flatteuse qui soit. Il vise simplement à rappeler qu'honnête ou indélicat, connaisseur artiste ou commerçant banal, le marchand exerçant dans les souks est actuellement l'opérateur le plus évident de l'avenir des tapis. Un peu comme la *Nira* des anciennes tisseuses de Rabat, son officine serait le lieu, tout à la fois innombrable et collectif, où l'objet inerte circule et reprend vie, appelant par ce mouvement même d'autres tapis à l'existence.

Pour évoquer le travail et la fonction de ces marchands, nous avons choisi de nous référer à une famille installée dans la criée des tapis de Marrakech, la famille Jouti. Cette entreprise familiale placée sous l'autorité du père, Hajj Ahmed, touche à la fois au passé et à l'avenir. Par ses modes d'approvisionnement, par une certaine indivision des marchandises, par l'organisation communautaire du travail, elle est restée profondément traditionnelle. Sa clientèle, au contraire, est l'une des plus modernes qui soient : collectionneurs marocains et internationaux, conservateurs de musées et simples amateurs se succèdent sur la modeste banquette du bazar Jouti, assis sous les ampoules nues diffusant en toutes saisons une forte lumière jaune orangé. La captation, et qui mieux est l'instruction, de ce public particulier, composite et fidèle, est l'œuvre personnelle du second fils d'Hajj Ahmed,

s'appelle la *joutiya*. Le patronyme Jouti, en fait, est un mot chleuh qui signifie marchand de tout ce qui est vieux et ancien. Cela peut concerner non seulement les tapis, mais aussi les vêtements, les meubles et même les ustensiles ordinaires de la maison. Et le lieu où ces objets se vendent est la *joutiya*. Jouti signifie donc « marchand de passé », intermédiaire entre les

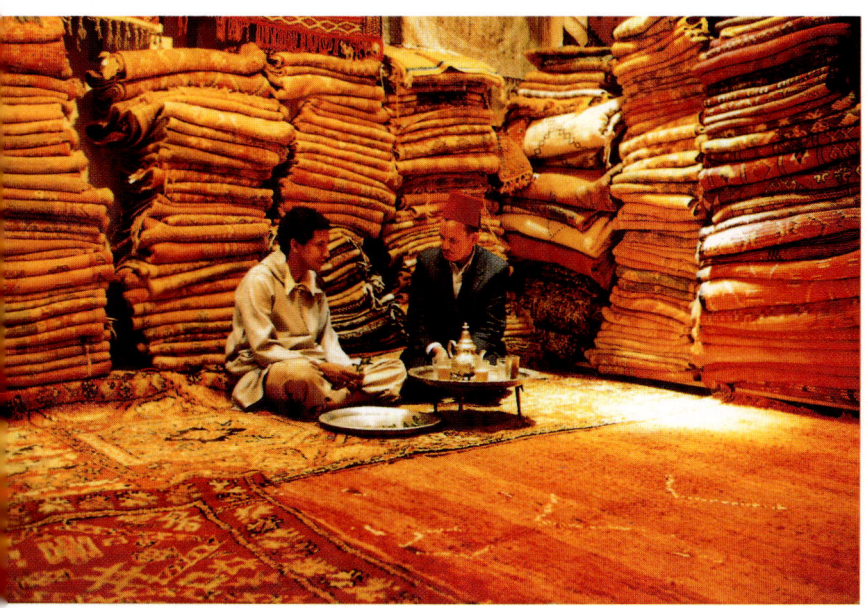

M. Mohamed Jouti, qui, à notre connaissance, est l'un des rares véritables antiquaires de tapis exerçant au Maroc. Nous aurons l'occasion de revenir sur son grand et subtil savoir, auquel ce livre doit tant.
Par un effet de coïncidence, la criée aux tapis de Marrakech, que les guides nomment communément « criée berbère »,

Marrakech : Mohamed Jouti et son père, Hajj Ahmed, en 1982.

gens – souvent des montagnards – que la pauvreté oblige à vendre ce qu'ils possèdent et ceux de la ville qui ont l'argent.

Le statut d'un tel commerçant est évidemment fort ambigu. On ne va pas à la *joutiya* de gaieté de cœur, car la vente d'un tapis peut être vécue comme un véritable déchirement. Mais en même temps, la réputation du marchand apporte un correctif : les gens ne viennent que s'ils pensent pouvoir obtenir un juste prix. Cette confiance, qui ne s'établit qu'avec le temps, est virtuellement profitable aux deux parties : le marchand doit s'assurer, par des propositions de prix acceptables, une continuité d'offres qui garantira son avenir. Le Berbère, en revanche, saura gré au *jouti* de lui « sauver la vie », selon l'expression usitée, en acceptant son bien contre cet argent mobile dont il a un besoin immédiat.

L'organisation de la criée est conforme au modèle traditionnel arabe, lequel diffère très sensiblement des enchères publiques telles que nous les connaissons en Europe. L'écart essentiel réside dans le fait que la communauté des acheteurs n'est pas réunie dans un espace collectif, mais reste éparpillée dans les petites boutiques entourant le lieu de la vente. C'est le crieur, le *dallal* portant le tapis sur son épaule, qui passe de magasin en magasin et fait le lien. Les offres qu'il reçoit de chaque commerçant intéressé (*moulhanout*) restent en principe secrètes et ne sont transmises qu'à la vendeuse (*moulat el haja*),

décideur en titre de l'issue du marché. Vue de l'extérieur, la criée (*dallala*) apparaît donc comme un lieu double : au centre, une sorte de salle des pas perdus où, sous un toit constitué de claies, de tôles plus ou moins ondulées et de mille et un objets hétéroclites, circulent en tous sens les crieurs dans une cohue d'acheteurs occasionnels, de badauds et de vendeurs. À la périphérie, une série d'alvéoles retirées où, généralement assis sur un petit tabouret à l'orée de leur domaine, les marchands, modestes tenanciers d'échoppe ou bazaristes de quelque volume, attendent les propositions pour sceller gravement l'affaire ou la laisser filer avec indifférence. L'emploi de crieur est généralement tenu par un homme âgé, respecté pour sa probité. On doit en effet lui faire confiance, puisque lui seul connaît la réalité des enchères : une cote est bien annoncée, que de nombreuses oreilles aux aguets peuvent entendre, mais rien ne garantit, en l'absence de cette communauté d'argus tendus et aiguisés qui s'entre-contrôlent dans les enchères occidentales, qu'elle a été réellement suivie. Le crieur marrakchi est en outre réputé non originaire de la ville, comme pour préserver son indépendance des solidarités citadines : intermédiaire entre vendeur et acheteur, il est, idéalement, originaire d'un lieu neutre. Les enchères sont jusqu'à présent annoncées en *rials*, cette ancienne unité de compte encore partout en usage pour les sommes petites et moyennes et valant cinq centimes, c'est-à-dire, pour se référer à notre ancien système, un sou. La commission du *dallal* est en outre peu élevée : il perçoit 2,5 % du prix de la vente, ce qui implique qu'en règle générale il doive exercer dans la journée un autre métier, proche d'ailleurs, puisqu'il est le plus souvent cet intermédiaire polyvalent qu'avec une pointe d'emphase on nomme au Maroc « agent d'affaires ».

On peut s'interroger sur les avantages d'un tel système. Sa fonction essentielle semble être d'assurer une discrétion idéale à la transaction. Ces hommes vivant constamment ensemble, continuellement placés sous le regard les uns des autres, doivent en effet, pour éviter les tensions de tous ordres naissant d'une concurrence peut-être plus essentielle que la fraternité corporative qu'affecte une politesse délicate, couvrir les opérations les plus communes de leur activité quotidienne d'un mystère de surface qui, sans tromper personne sur leur état de prospérité ou de semi-indigence, assure néanmoins à tous l'indispensable liant d'un simulacre d'égalité.

L'autre avantage, plus commercialement fonctionnel, semble être de protéger les marchands les plus avisés de l'imitation de « suiveurs d'enchères » qui, voyant un négociant réputé pour son habileté désireux d'acquérir une pièce dont ils ne perçoivent pas l'avenir, chercheraient en lui emboîtant le pas à profiter de son savoir.

Bien entendu, le protocole de la criée est, comme tous les protocoles, contournable et manipulable. Comment garantir une discrétion absolue dans un lieu où les arrière-boutiques communiquent toutes entre elles par un lacis de venelles et une marelle de cours, et où, de porte en porte, s'offrent, par l'entremise de jeunes commis de boutiques zélés et silencieux, les rafraîchissements qu'appelle toute fièvre commerciale ? Aussi bien la criée a-t-elle son juge, ce *lamine* qui a la charge de régler les conflits pouvant intervenir entre crieurs, vendeurs et marchands. Les vrais litiges sont, en général, rares ; non peut-être à cause de la forme objective du dispositif lui-même, mais, nous semble-t-il, à cause de la solidarité de fait qui réunit toutes ces parties amenées à retravailler ensemble. Des conflits interviennent cependant qui, significativement, montrent que le plaignant est souvent l'élément non permanent du système. Ainsi une vendeuse peut-elle se plaindre de ce que le crieur, contrairement à un accord passé, ait tardé à présenter son tapis aux enchères, lui faisant alors perdre la possibilité d'en obtenir un meilleur prix, dans la mesure où c'est au début de la criée que l'argent est abondant.

Cette activité complexe, et en vérité très pittoresque, a lieu généralement en fin d'après-midi. La criée est l'un des temps forts du marché, moment grave et animé, jamais troublé en tout cas par la présence fugitive de touristes passant rapidement

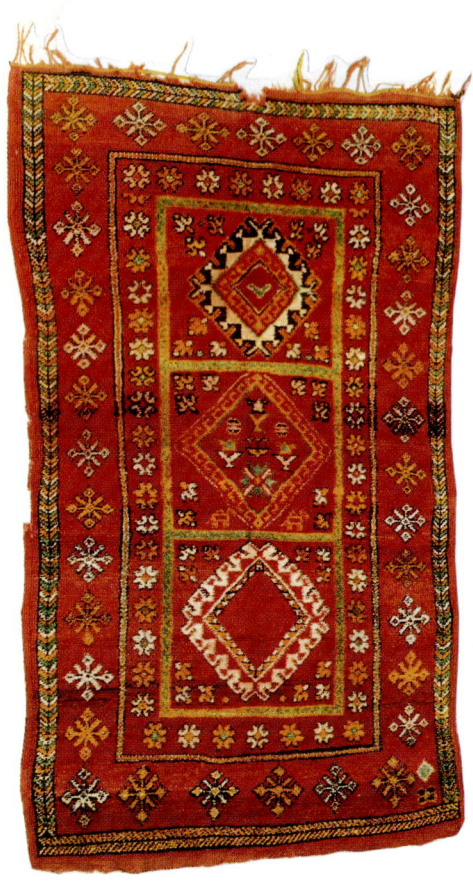

Petit *Aït Yacoub* vendu à la criée en juin 1994. Déchiré, ayant perdu une partie de ses franges, il porte encore la trace de la maison qu'il quitte (210 × 135).

dans la poussière d'un piétinement obscur dont ils ne comprennent pas le sens. Très florissante jusqu'à la fin des années quatre-vingt, elle semble cependant menacée aujourd'hui par un déclin inéluctable. Au lieu des cohues d'hier, la criée aux tapis de Marrakech, comme toutes celles du Maroc, d'ailleurs, ne réunit plus à présent que des groupes clairsemés ayant un vif sentiment de décadence. Les vendeurs, en fait, ont pris l'habitude d'aller trouver directement les marchands : les objets proposés aux enchères publiques sont donc moins nombreux et les beaux tapis, empruntant d'autres circuits, ont pratiquement disparu.

Il existe en effet une seconde voie d'acheminement des tapis ruraux anciens vers les souks. Ce mouvement de collecte, on pourrait même parler d'aspiration, est quantitativement et qualitativement très important : il opère par le biais d'une prospection organisée. C'est par ce moyen que la famille Jouti, agissant en cela à l'instar des marchands traditionnels, assure l'essentiel de ses approvisionnements.
Le système, à la fois efficace et distendu, est bien à l'image de ces organisations commerciales archaïques si lentes qu'elles semblent couchées sur le temps lui-même. Voici, schématiquement, en quoi il consiste. La famille est reliée à un réseau de correspondants qui résident dans les villages, visitant les marchés et entrant, si besoin

est, dans les maisons. Ces prospecteurs – le mot convient bien mal à une activité prudente et parfois très occasionnelle – sont liés à la famille par un contrat tacite : ils s'engagent à faire parvenir au magasin un certain volume de tapis « intéressants » qui, quels que soient leur valeur et leur état, seront payés à prix coûtant, c'est-à-dire à prix déclaré. Pour ce service, où la confiance réciproque joue un rôle essentiel, le commerçant offre à son intermédiaire une commission qui le rémunère. La famille Jouti a eu, dans un passé proche, jusqu'à cinq cents correspondants répartis dans tout le pays. Ceux qui font au moins un envoi annuel sont considérés comme réguliers ; d'autres peuvent rester en sommeil pendant plusieurs années sans que le pacte ne soit rompu.

De tels rabatteurs ne sont évidemment pas des professionnels : ils font partie intégrante des communautés villageoises qu'ils prospectent, de là leur aptitude à approcher les « pièces rares » dont le marchand escompte tirer un bon prix auprès de l'amateur. Le travail d'approche est parfois long : le rabatteur travaille d'abord à insinuer l'idée même de la vente, celle-ci n'ayant souvent lieu que beaucoup plus tard. C'est une activité de longue haleine quand la famille propriétaire du tapis convoité n'a pas besoin d'argent. Mais que survienne la sécheresse ou la mauvaise récolte, et gonflent les arrivages ! Le tapis berbère qui entre au souk, chacun

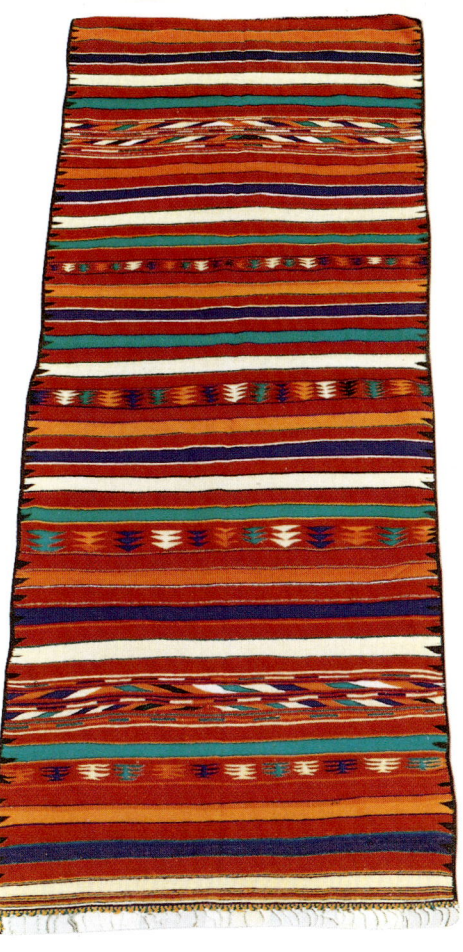

Hanbel de *Safi* de fabrication récente, séduisant par le jeu de ses couleurs (350 × 160).

le sait, est plein de misère...
Mais ce système lent, aux marges bénéficiaires modérées, aux transactions conviviales et soucieuses du lendemain, est à son tour menacé par l'arrivée dans le circuit de prospecteurs indépendants. Ceux-ci, qui peuvent être considérés comme des marchands itinérants, rompent avec les habitudes en proposant d'emblée de fortes sommes pour des pièces qu'avec raison ils estiment rares et dont ils ont toujours le placement assuré. Au lieu des conversations égrenées au fil des semaines ou des mois, de la suggestion chuchotée à l'oreille par un voisin qui a tout son temps, des liasses de billets de banque sortent brusquement des djellabas et emportent des tapis qu'on ne voulait pas vendre. Ces nouvelles pratiques, qui ont fait chuter le nombre des rabatteurs traditionnels (dans la famille Jouti, ils ne sont plus qu'une centaine environ), troublent le jeu classique de la concurrence et contribuent à accélérer l'épuisement des gisements de tapis ruraux anciens, ainsi que la montée des prix. On observe en fait, là comme à la criée, un délitage de l'ancienne structure communautaire au profit d'initiatives davantage marquées par l'individualisme.

La question du prix des tapis est au centre de ces mouvements d'évolution. On est en réalité passé en quelques dizaines d'années d'un type de marché à un autre. Autrefois, dans la société marocaine traditionnelle, un vieux tapis dont la laine était

usée n'avait pour ainsi dire plus de valeur. S'il était vendu, cela ne pouvait être qu'à de plus pauvres que soi. Progressivement, et sans aucun doute sous l'influence du regard extérieur de l'étranger intéressé et prêt à payer, certaines de ces vieilles choses sont devenues des antiquités. Le mobilier européen a connu, principalement à partir du XIXe siècle, une mutation en tous points comparable. Du coup, le prix des tapis anciens est sorti d'un marché traditionnel, caractérisé par des variations de faible amplitude et une indexation sur la valeur d'usage, pour entrer dans quelque chose de très incertain et qui s'apparenterait au marché de l'art. Le vieux, jadis rebuté, s'est paré, parfois au prix de modifications artificiellement provoquées, du lustre de l'ancien. La datation des pièces revêt donc une grande importance. Or les critères sont ici fort incertains. L'âge d'un tapis s'apprécie principalement, en effet, à partir de ses motifs et de leur disposition. Ni l'usure, ni même l'état des couleurs ne permettent de savoir avec certitude si l'on a affaire à un tapis ancien. Certains ouvrages, conservés avec précaution, sont restés en excellent état, et l'on peut dire qu'un tapis ancien n'est pas nécessairement une vieille chose. En outre, la question de l'âge réel n'est pas toute l'affaire. Certains tapis des Oulad Bousbaa, par exemple, tissés il y a seulement vingt ou trente ans, appartiennent encore entièrement, par leur facture et leur mode de production, au monde ancien ; tandis que des tapis de Chichaoua sortis du centre artisanal il y a plus de soixante ans ne peuvent déjà plus être considérés comme des œuvres traditionnelles. Le temps n'avance pas partout à la même vitesse...

Qui sont les acheteurs de tapis anciens et que recherchent-ils ? Nous avons évoqué plus haut cette frange méconnue de la population coloniale, qui, sans trop savoir peut-être ce qu'elle acquérait, était pourtant à même, historiquement, d'acheter des œuvres authentiques. Nul doute qu'il ne subsiste çà et là, échappées aux ravages des exils, des destructions et de l'oubli, des pièces rares, à la beauté toujours insoupçonnée.
Les amateurs contemporains sont aujourd'hui encore, et dans leur très grande majorité, des étrangers. Il faudrait faire ici une place particulière aux coopérants français, lesquels ont, principalement dans les années soixante-dix / quatre-vingt, donné une impulsion sans précédent au marché de l'ancien. Atteignant à son apogée le chiffre considérable de trente mille personnes, cette population d'expatriés temporaires a massivement acquis des tapis de toutes provenances. Parmi ces professeurs, ces ingénieurs et ces militaires se constitua un noyau d'amateurs suffisamment éclairés pour qu'une véritable culture du tapis, certes avec ses degrés et ses errements inévitables, pût se diffuser dans tout le milieu. En

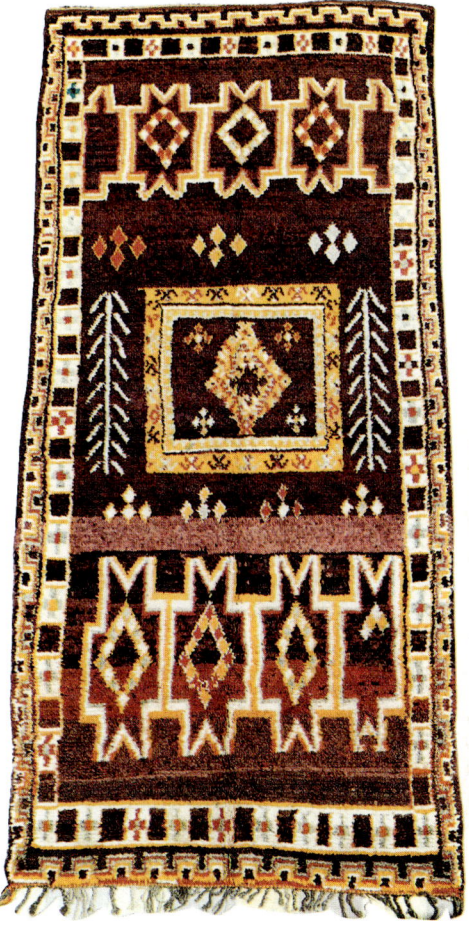

Attrayant au premier coup d'œil, le décor de ce tapis de la région de *Safi* s'épuise vite : motifs grossis, simplifiés et organisation géométrique sans véritable invention (380 × 170).

outre, la mode intellectuelle étant alors à la réhabilitation des traditions rurales et populaires, le tapis marocain profita d'un engouement d'autant plus jubilatoire qu'il pensait s'opposer au passé colonial. Ces coopérants, que leur famille ou des amis d'Europe visitaient volontiers, amenaient à leur tour d'autres acheteurs, créant ainsi une dynamique favorable aux affaires. Face à ce groupe aujourd'hui résiduel, les autres amateurs se recrutent au sein du personnel, peu nombreux mais fortuné, des ambassades, et surtout dans le vivier doré des collectionneurs et des marchands internationaux. Cette dénomination flatteuse ne doit d'ailleurs pas faire illusion : les collectionneurs allemands, suisses, américains, britanniques et parfois aussi français qu'on rencontre dans les souks n'appartiennent pas vraiment au Gotha du marché de l'art. Le beau tapis marocain, malgré son prix sans cesse ascendant, reste avant tout la proie de l'amateur véritablement épris, payant pour posséder ce qu'il aime et, finalement, jamais certain de la solidité économique d'une cote qu'aucune grande vente publique internationale n'est encore venue avaliser.
À ces différentes catégories d'acheteurs, il faut évidemment ajouter un certain volume, difficilement appréciable, de touristes que leur goût, la chance ou l'occasion mettent en relation avec des pièces anciennes habituellement réservées à d'autres convoitises.
Comme à l'époque coloniale, le tapis possédé par l'amateur étranger est le plus souvent complètement réinterprété.
Désiré par l'Européen comme preuve de la qualité de son périple, le tapis est fréquemment acheté pour ce qu'il n'est pas : un objet purement décoratif.
L'exemple des tapis des Plaines Atlantiques et de la région du Haouz est à cet égard particulièrement révélateur. Ces tapis, « barbares », se trouvent en effet réinventés comme œuvres d'art moderne s'insérant facilement dans une grille sémiologique apparemment sans rapport avec leur phylum d'origine. Cette captation ambiguë, laquelle d'ailleurs n'outrepasse en rien le droit d'invention de tout spectateur, a généré un discours extrêmement fréquent sur le modernisme pictural du tapis marocain.

Aït Yacoub noué (225 × 140). Sous une apparence décorative un peu plate, ce tapis joue sur le thème fondamental de la dislocation. Les fleurs placées hors du losange se disjoignent et éclatent en particules élémentaires.

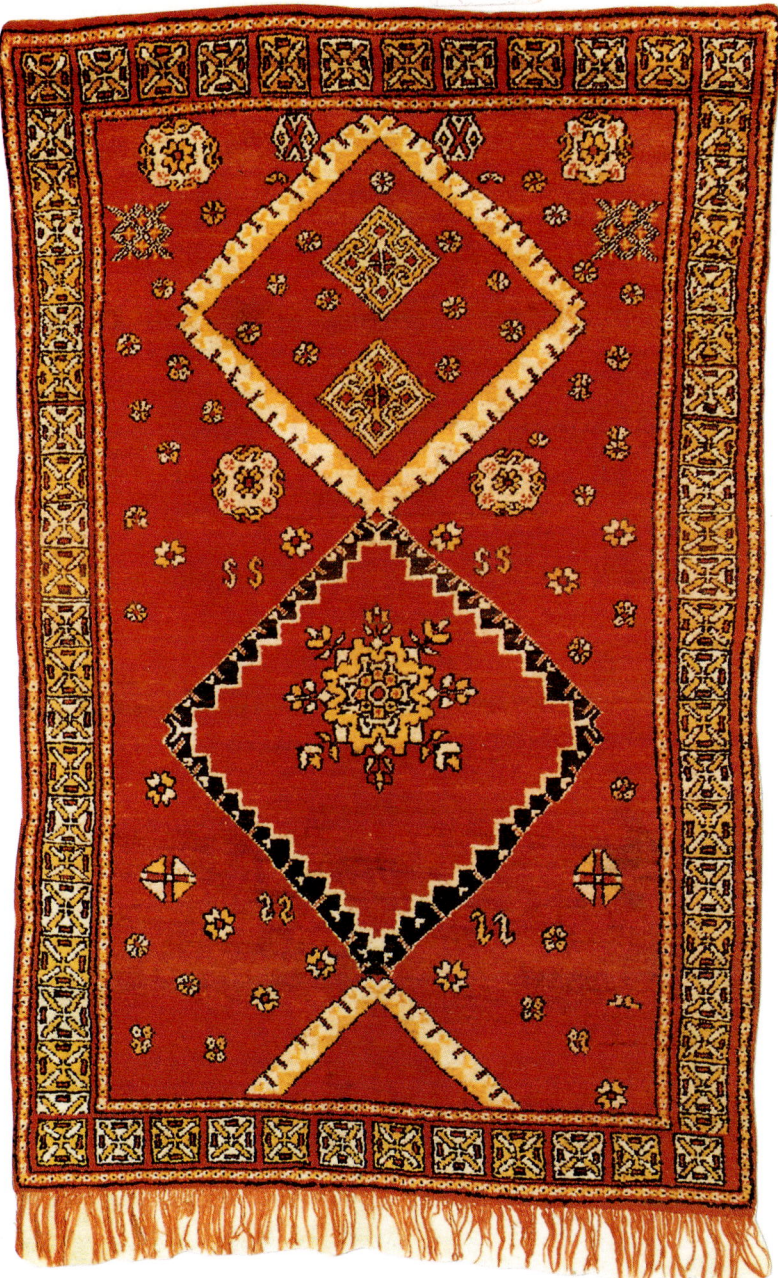

Devant tel Chiadma ou tel tapis du Haouz, on parlera, tant les coïncidences objectives sont en effet troublantes, de Mondrian, de Klee, de Kandinsky.

Un autre centre d'intérêt très vif de cette clientèle privilégiée réside dans le désir de posséder une œuvre authentique habitée par un sens ethnographique caché. On retrouve en fait ici l'universelle pulsion d'anthropophagie culturelle qui anime les voyageurs les mieux intentionnés. Le secret de l'autre a comme plus d'attrait : il semble plus vrai, plus pur, épargné qu'il serait par la grimace d'un faire-semblant que tout observateur précis sait reconnaître dans sa propre culture. Avec beaucoup de finesse et d'intuition, les marchands ont vite compris que le dévoilement du sens caché constituait un excellent argument de vente. Il leur arrive donc assez fréquemment de risquer, avec un talent divers, des interprétations ingénieuses, reposant souvent sur des observations exactes, mais que leur cohérence interne ne peut évidemment suffire à authentifier. L'une d'elles, mentionnée ici parce qu'elle est au cœur du voyeurisme exotique dont nous avons parlé, consiste à interpréter le motif composé d'un losange flanqué de quatre triangles comme une représentation de l'homme musulman traditionnel accompagné de ses quatre femmes canoniques. Toujours, en fait, c'est l'insolite narrable qui agira comme appât. Tel *hanbel* Zemmour un peu tourmenté sera

attribué à une tisseuse déviante, l'une de ces *mjnouna* que l'on rencontre effectivement assez couramment en ce pays où la croyance aux génies est encore vive. D'un tissage authentique, mais finalement conforme à la production normale, un vendeur lyrique fait l'œuvre magique d'une femme possédée. Habilement, il a renvoyé à l'acheteur l'image de son désir d'acquérir une pièce non seulement authentique, mais qui serait aussi un morceau d'âme. Bien des interprétations contemporaines nous paraissent ainsi englobées dans cette conception particulière de l'exotisme qui veut voir dans l'indigène psychopathe la figure sans tache de l'artiste inspiré. Le petit livre de Bert Flint qui, au début des années soixante-dix, apparut comme un nouveau plaidoyer en faveur de la culture rurale, n'est pas exempt de notations de cette nature.

Les copies de modèles anciens schématisent les lignes et trahissent souvent l'original. Ce *Chichaoua neuf* acquiert ainsi, sans doute fortuitement, une certaine touche Arts Déco plaisant aux acheteurs européens (300 × 185).

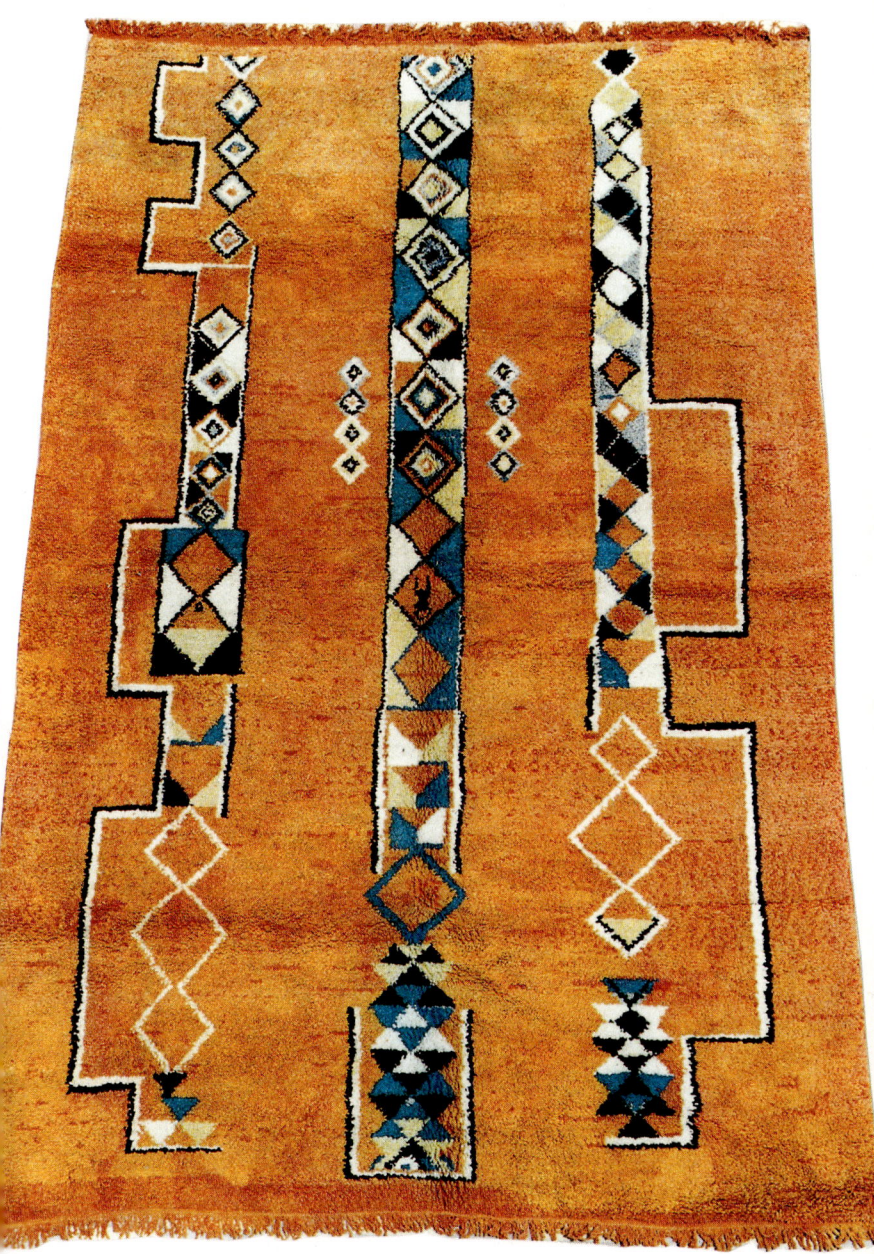

Commentant un tapis d'Essaouira dont la structure très « moderne » n'a pourtant rien d'exceptionnel dans la région, l'auteur écrit : « L'ensemble de la composition (a) un équilibre difficile. Faudrait-il y voir l'œuvre d'une schizophrène ? » *Mjnouna*, « schizophrène » sont en somme deux mots pour dire la même fascination devant l'insolite. L'art, dans la vision durable qu'en a laissé notre XIXᵉ siècle, est déviance, excès, martyre.

Dans le même ordre d'idées, le collectionneur a une tendance avérée à dissimuler l'origine de ses acquisitions. On pourrait d'abord penser qu'il cherche à protéger ses sources. La réalité, pourtant, semble un peu différente : il répugne, apparemment pour une question de prestige, à reconnaître qu'il a acheté ses tapis chez un marchand du souk, comme n'importe quel touriste s'approvisionnant en souvenirs de pacotille. L'opuscule de Bert Flint, le catalogue du Musée de Washington, le livre du collectionneur autrichien Hersberger paraissent ainsi s'être donné le mot pour ignorer le bazar Jouti où un nombre très important de tapis présentés et commentés par ces trois ouvrages ont cependant été acquis. En revanche, une certaine ambiguïté plane, çà et là, laissant entendre que l'auteur, et c'est d'ailleurs parfois le cas, a une bonne connaissance du terrain ethnique. Un tel évitement, trop systématique pour être dénué de sens, semble participer du phénomène de « sauvagerie désirée » que nous commentions plus haut : le tapis « idéal » a été noué par une déviante et il a été acquis au plus près de sa source, de préférence dans un douar perdu où l'on n'accède qu'à l'aide d'une mauvaise piste...

Porter un regard d'ensemble sur la situation actuelle, c'est définir un état de crise. Rappelons d'abord un fait évident : les tapis authentiques sont en voie d'extinction inéluctable, d'une part parce que la société qui les a générés n'existe plus que par lambeaux ; et d'autre part parce que leur commercialisation intensive a continûment appauvri les gisements. Il y a vingt à vingt-cinq ans encore, sur une centaine de tapis reçus lors d'un arrivage, les pièces intéressantes se comptaient par dizaines. Selon Mohamed Jouti, il est rare aujourd'hui de trouver dans tout un lot un ou deux tapis qui sortent véritablement de la production courante.

La fin du tapis traditionnel est également précipitée par la désaffection, quasi généralisée, touchant le mode de vie rural d'autrefois, devenu précaire et misérable. Quand un travailleur émigré rentre de Belgique, de France ou d'Allemagne et qu'il retrouve son village, le temps des vacances ou plus rarement pour un retour définitif, il cherche inconsciemment à éliminer les traces de son passé d'homme pauvre en commençant généralement par les vieux tapis. Il voudra un Rabat neuf, aux couleurs synthétiques tel qu'il en voit chaque jour à la télévision ; il répugnera à manger dans un plat en terre, parfois même à utiliser ses doigts ou à s'asseoir sur une natte. La peur des maladies, la nécessité de l'hygiène lui fourniront un argumentaire de bon sens, et, petit à petit, il introduira la matière plastique en remplacement du bois et de la poterie, et ce que Mohamed Jouti appelle des « bouts de laine » à la place du tapis tissé par sa mère. La crise est cependant aussi économique. Les tapis neufs, de fabrication médiocre et systématique, envahissent massivement les souks et se heurtent à la mévente. Les Européens, moins nombreux à habiter le Maroc, ne les achètent guère, peut-être rebutés par la dégradation sensible de la qualité graphique et technique. Quant à la clientèle marocaine, elle boude désormais presque complètement ces articles ruraux – et à présent pseudo-ruraux –, leur préférant les tapis de Rabat ou de Fès, source de prestige social. Mais même là, la situation évolue : de nombreux travailleurs rapportent de Belgique ces grands tapis mécaniques orientalisants et bon marché qui, sur les terrasses des quartiers des classes moyennes, étalent insolemment leur finesse artificielle.

Plusieurs tentatives intéressantes ont pourtant été menées pour essayer d'enrayer la dégradation. L'une d'elles, économiquement raisonnable, consistait à orienter la production en vue de mieux répondre au goût d'une clientèle étrangère bien déterminée. L'essai a été fait dans la région de

Tazenakht : des sociétés allemandes et suisses, passant commande ferme, venaient choisir sur place gammes de coloris, jeux de motifs et formats. Au bout du compte, cette forme particulière de délocalisation industrielle s'est soldée par un relatif échec. Le client étranger se retrouvait avec un produit, certes conforme à sa demande expresse, mais qui, à cause de cela même, avait tout perdu de son charme d'origine. Pour les mêmes raisons, les essais de mélange de styles tentés par les coopératives de Rabat ou de Fès n'ont pas jusqu'à présent donné de résultats commerciaux bien probants. Les Rabat atypiques, pour ne pas dire méconnaissables, qui sortent de ces ateliers relèvent certes d'un syncrétisme graphique fort intéressant comme phénomène évolutif, mais ne peuvent séduire ni l'amateur d'ancien, ni le bourgeois conformiste, ni même le touriste effarouché par le prix, pourtant justifié, de ces grands tapis au point persan.

Paradoxes

L'un des paradoxes de cette crise est qu'elle intervient en une période où les efforts de longue haleine entrepris depuis les années vingt pour donner son statut culturel et patrimonial au tapis marocain tribal commencent à porter leurs fruits.

Même si la bourgeoisie continue essentiellement à priser le tapis de ville, une part notable de l'intelligentsia est désormais consciente de la valeur des tapis et des tissages ethniques. Des écrivains, tel Abdelkebir Khatibi, en font un aspect important de la culture nationale ; des amateurs d'art aisés, tel le docteur Sijelmassi, apportent à l'opinion la caution sécurisante d'un regard à la fois intérieur et non marginal. Enfin, les conservateurs de musées – et nous pensons tout particulièrement à M. Hassan Belarabi du Musée Dar Si Saïd de Marrakech – enrichissent à nouveau leurs collections avec goût et méthode. Il est vrai qu'ils entrent alors en concurrence avec les collectionneurs privés, parfois marocains, qui ont évidemment plus de souplesse de trésorerie qu'un musée national.

Cette sensibilisation nouvelle est le résultat de nombreuses initiatives individuelles, certaines bien connues du public concerné, d'autres infiniment plus discrètes, dont nous nous bornerons ici à citer deux exemples.

Le premier, auréolé d'une certaine célébrité, est celui du collectionneur hollandais Bert Flint, installé au Maroc depuis la fin des années cinquante. Par son activité avisée et sincère en faveur des arts ruraux maghrébins, Bert Flint est peu à peu apparu comme le héraut solitaire, mais médiatique, d'une cause délaissée. Son propos, parfois marqué par une certaine hyperinterprétation valorisante qui est le signe habituel des conversions culturelles, a obtenu un succès réel dans l'opinion marocaine cultivée : des expositions, des conférences, des articles en font foi.

Notre seconde figure d'« instituteur » de l'opinion en la matière est marocaine. Il s'agit, on l'aura peut-être deviné, de Mohamed Jouti lui-même. Bien connu des amateurs étrangers comme des professionnels

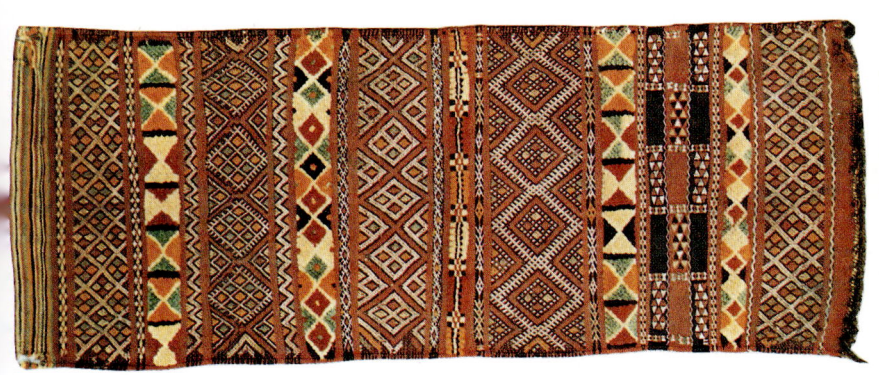

Coussin *Zaer* tissé et noué
(98 × 40), face et dos.

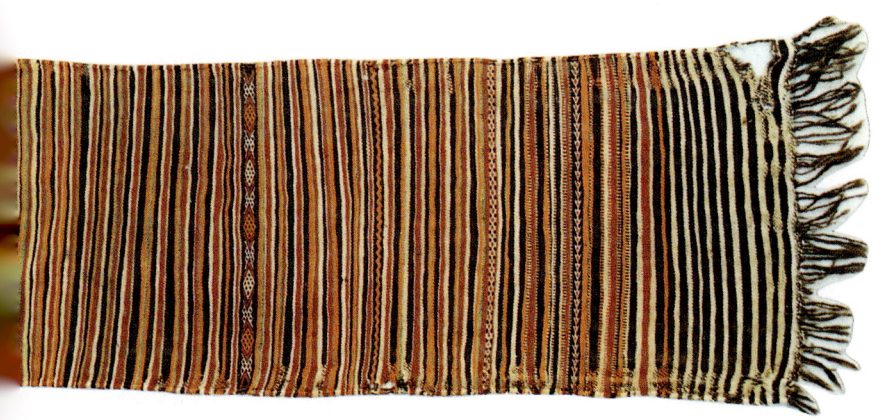

nationaux que sont les conservateurs de musées, Mohamed Jouti est cependant parfaitement ignoré du grand public. Comment s'en étonner, d'ailleurs, puisque son nom n'est jamais venu sous la plume de ceux qu'il a instruits ? M. Jouti nous apparaît pourtant, au terme d'une étude animée par un souci d'exactitude, comme l'un de ces experts naturels qui naissent, ici ou là, mais toujours avec une grande rareté, de la fréquentation exclusive et continuelle des choses qu'ils aiment.

À tous ces éléments positifs, il faut évidemment ajouter l'intérêt, hautement symbolique, manifesté depuis quelques années par le Palais Royal. L'acquisition, dans les années 80, de la collection Flint par des émissaires du roi n'apparaît-elle pas en effet comme le signe superlatif de la reconnaissance, dans un pays où les gestes du souverain sont toujours dotés d'une portée politique ? Cet achat, auquel d'autres concernant des collections de bijoux ruraux se sont ajoutés, a parfois été mis en rapport avec le projet de constitution d'un grand Musée royal où seraient exposées au public les richesses du patrimoine national.

De tels signes, si importants qu'ils soient, ne doivent toutefois pas nous faire oublier qu'au Maroc, comme ailleurs, un décalage important subsiste entre un imaginaire social idéalisé et la réalité des pratiques. De même qu'il est chez nous de bon ton d'aimer poésie et cinéma d'auteur, alors que les statistiques de lecture ou de fréquentation des salles montrent l'inanité de ces poses avantageuses ; de même au Maroc, les pétitions de principe en faveur d'une défense des arts traditionnels sont rarement suivies d'effet. Un seul exemple nous servira d'illustration. Les banques ne consentent des prêts qu'aux propriétaires désireux de construire ou de rénover des maisons en briques et en béton. Cette disposition, sans doute dictée à l'origine par un souci d'amélioration du logement, encourage à tout va les cubes en

Coussin tissé de *Boujad* (60 × 40), face et dos.

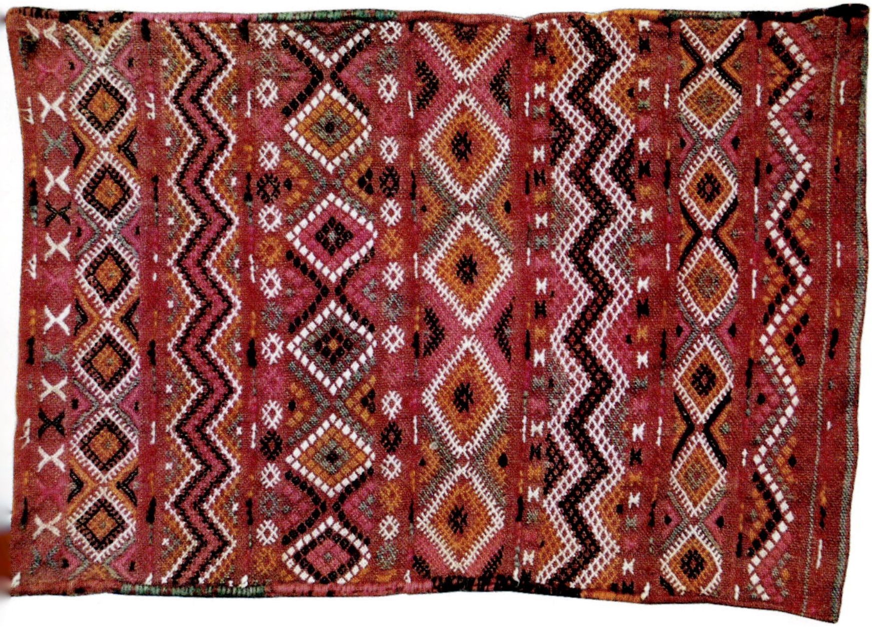

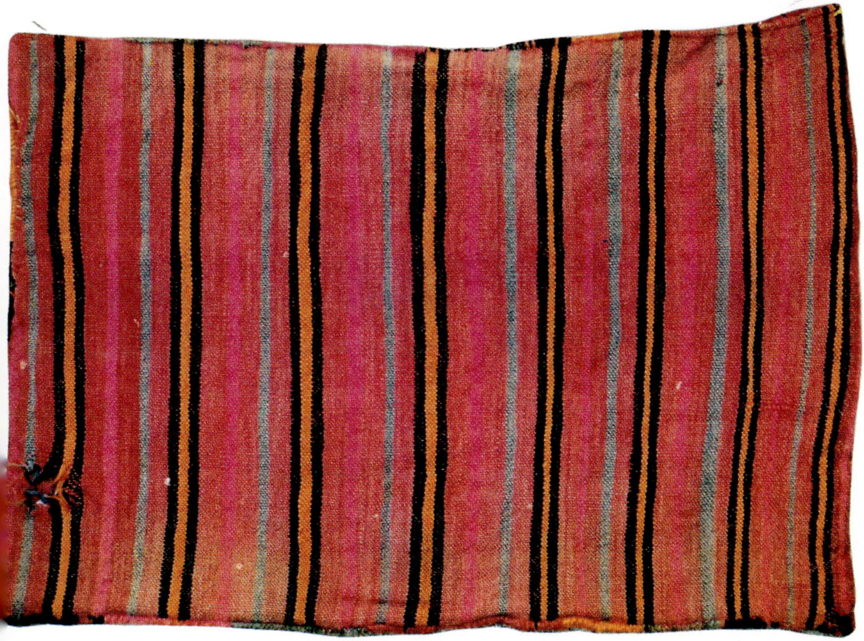

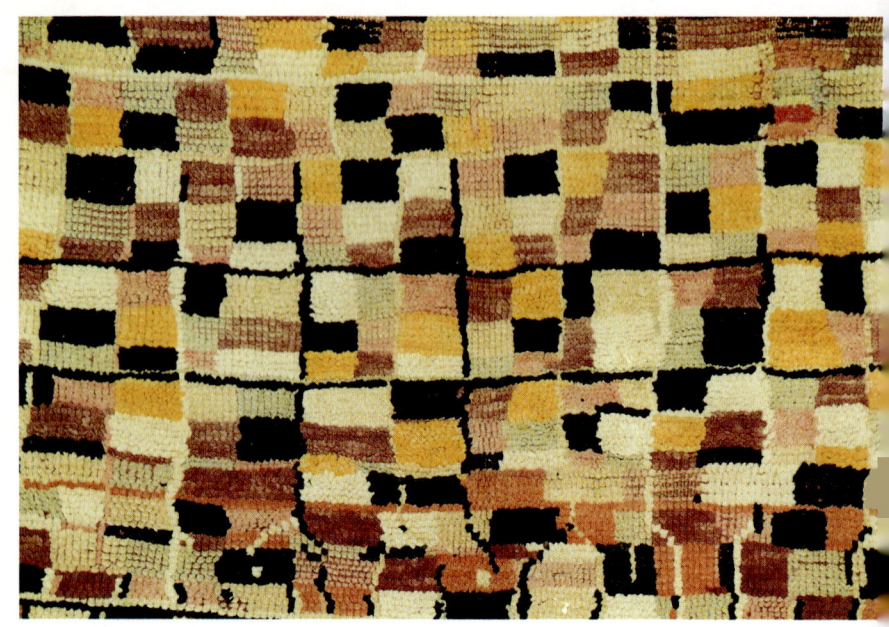

Chiadma noué (165 × 140),
fragment. Tapis ancien, au décor
étonnamment moderne. On pense
à Mondrian, à Sonia Delaunay, à
Paul Klee...

parpaings sans architecture et
exclut des prêts la totalité des
maisons traditionnelles des
médinas. Ces demeures,
modestes ou somptueuses, sont
ainsi promises à la dégradation
et à la destruction lente en dépit
de tous les discours sur la beauté
du patrimoine. Abandonnées par
les familles riches et même par
les classes moyennes, les
médinas, surpeuplées, insalubres
et dangereuses – notamment la
nuit où elles sont privées de tout
dispositif policier – glissent ainsi
inéluctablement vers la laideur et

la paupérisation. Pourtant, nul ne
doute de l'attachement mythique
des populations pour ces cités
identitaires. Tel riche
commerçant, qui quitte Riad
Zitoun pour habiter le quartier
neuf, sûr et aéré, que désirent ses
enfants, pense toujours qu'il
pourra revenir. Il gardera en
poche, et en tête, comme le
Maure chassé de Grenade, la clef
de son ancienne maison.
Est-il utile de dire que médinas,
bijoux, tissages et tapis ne
doivent pas devenir les
Andalousies perdues de demain ?

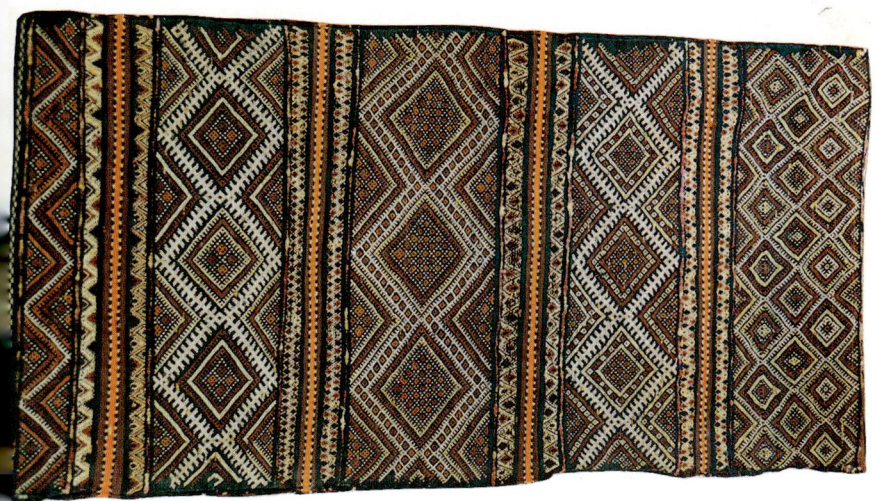

Page 186 :
Chiadma noué, détail.

Coussin tissé *Beni Mtir* (95 × 47),
face et dos.

Page 187 :
Fragment de *Haouz* noué
(340 × 160).

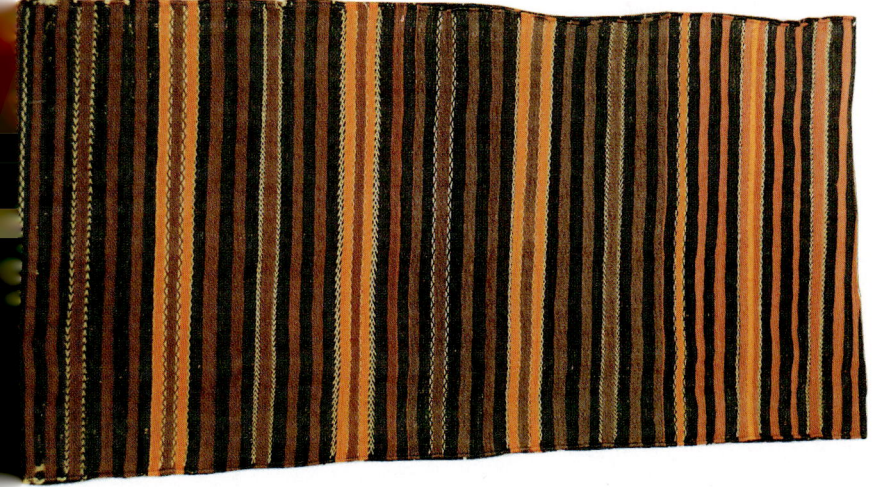

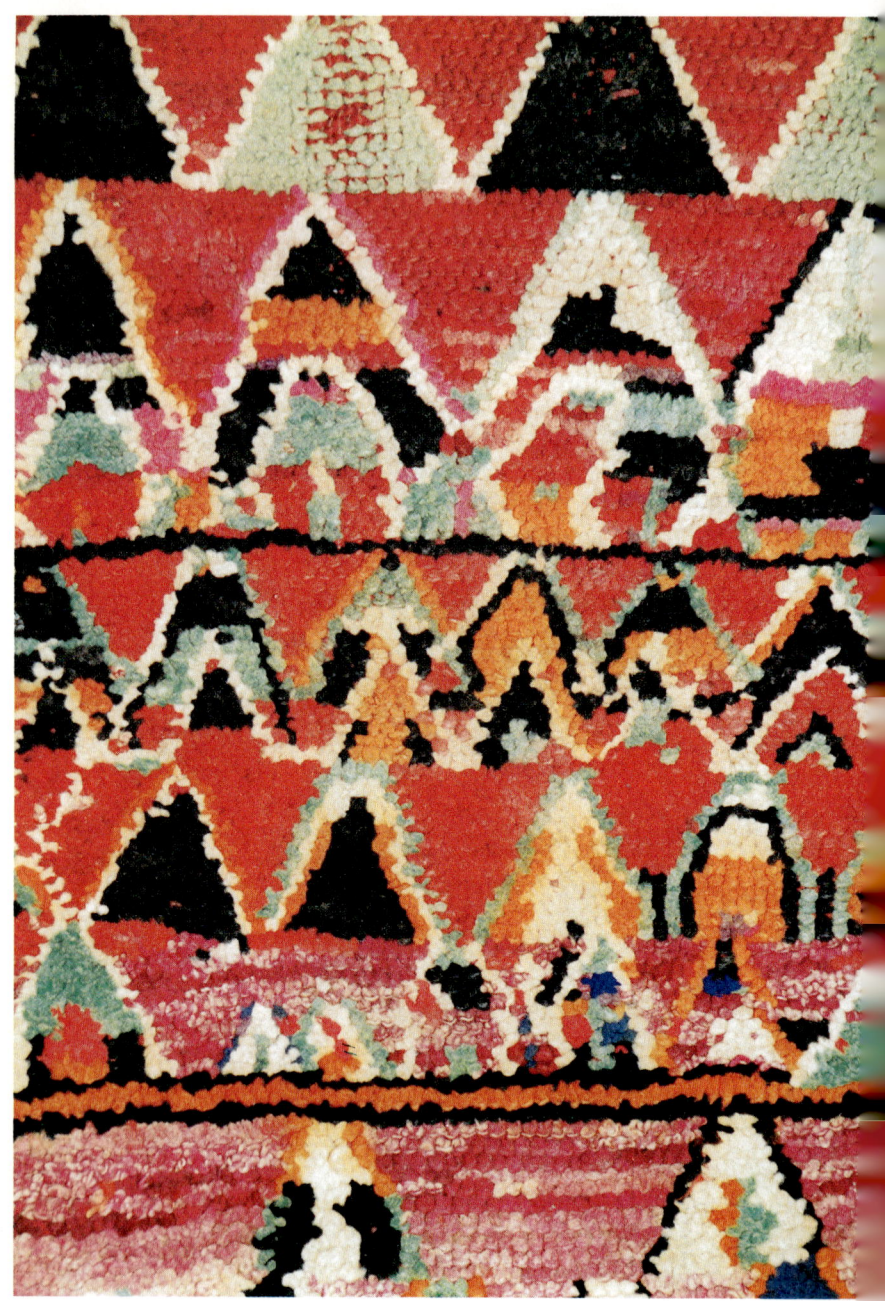

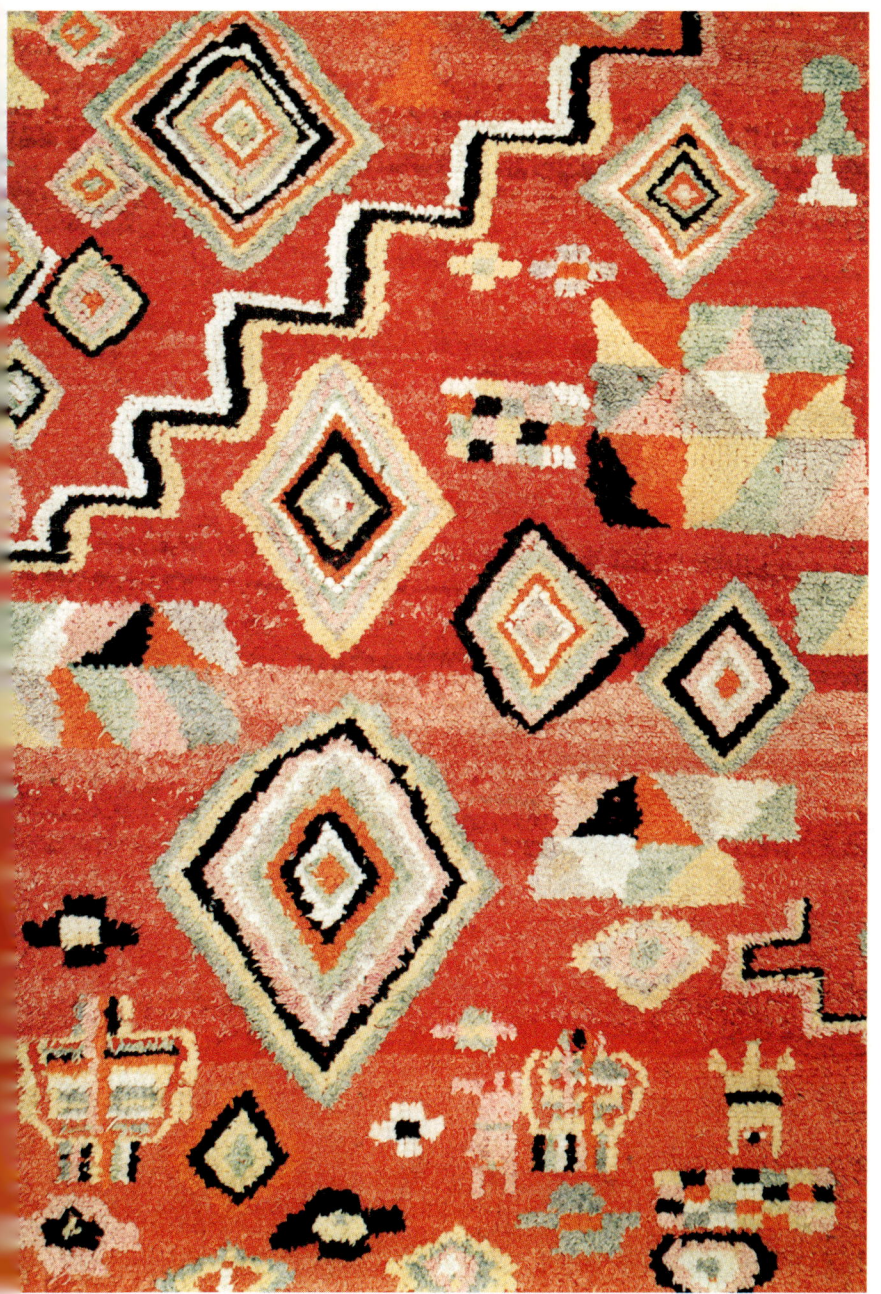

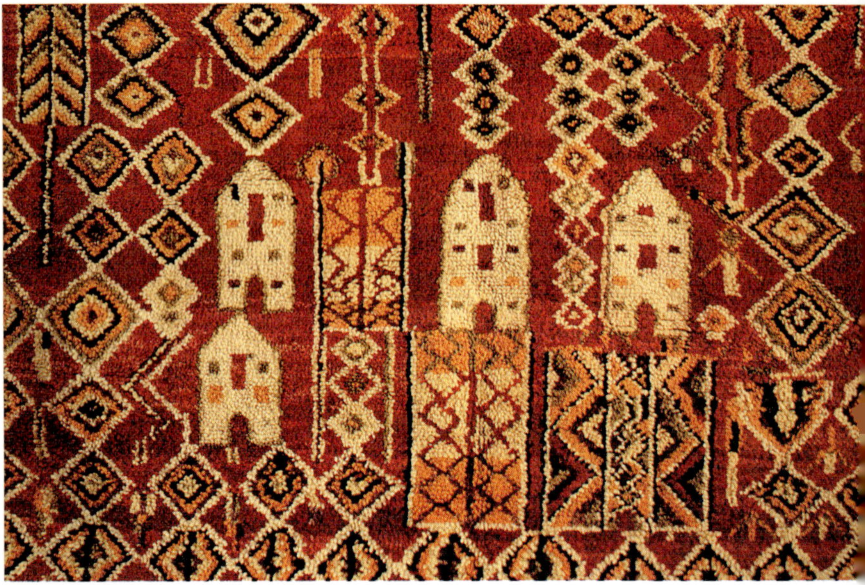

Détail de tapis *Chiadma*.

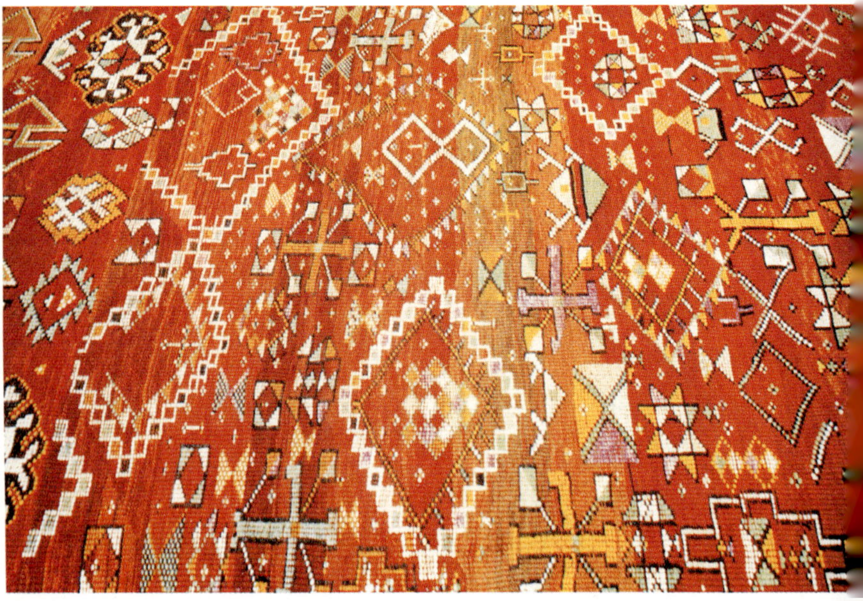

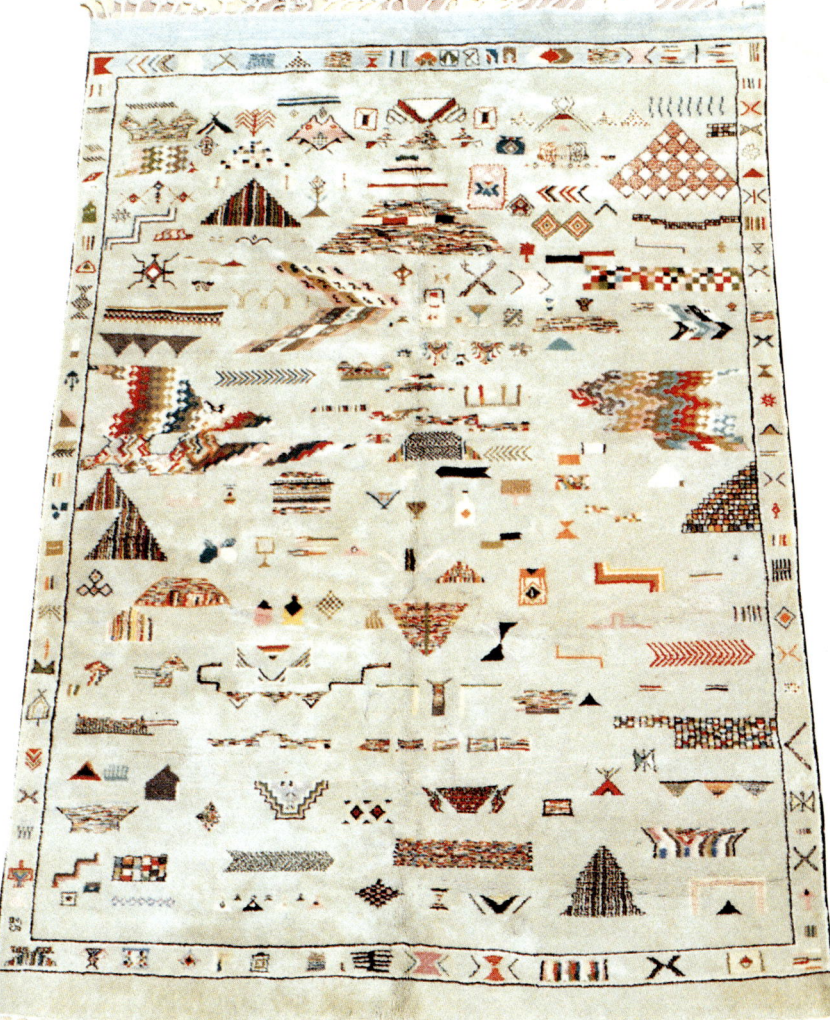

Il y a dans ce *Zemmour*, non structuré par les quadrillages habituels, une violence explosive : les motifs, dispersés sur le champ, figurent une sorte de déflagration. Tapis noué réversible, vu de dos (250 × 180).

Rabat neuf à point persan ayant complètement perdu son décor oriental. De petits dessins, imitant des motifs berbères de toutes provenances, sont disposés les uns à côté des autres sur un fond pastel répondant à la demande européenne (300 × 200).

Bibliographie

Tapis et tissages :

BASSET Henri : « **Les rites du travail de la laine à Rabat** », *in* revue *Hesperis*, tome II (1er et 2e trimestres, 1922) (réédition en juin 1986, éd. Edaraf, Maroc) ; pp. 140 et 141, 143, 148, 149, 154 et 155, 156 à 159 ;

FLINT Bert : *Tapis, tissages,* tome II de *Formes et symboles dans les arts maghrébins,* Tanger, 1974 ; tapis n° 27 ;

FISKE Patricia, RUSSEL Pickering W., YOHE R. : *De l'extrême Occident : tapis et textiles du Maroc* (édition franco-américaine), éd. *The Textile Museum,* Washington D.C., 1980 ; pp. 77, 91 ;

MERNISSI Fatima : « **Nos femmes invisibles rapportent des milliards** », revue *Lamalif* n° 103, Maroc, janvier 1979 ;

REINISCH H. et STANZER W. : *Berbères, tapis de tribus et textiles du Maroc (collection de R. Hersberger),* publié à compte d'auteur, Graz (Autriche), 1991 ;

RICARD Prosper : *Corpus des tapis marocains* (trois volumes), Librairie orientaliste Paul Geuthner, Paris, 1923, 1926 et 1927 ; *vol. I* : pp. V, IX, X et XI, 24, 25 ; *vol. II* : pp. 20, 27, 45, 56, 60 à 65 ; *vol. III* : p. 14 ;

RICARD Prosper : « **Tapis de Rabat** », *in* revue *Hesperis*, tome III, vol. 3, éditions Larose, Paris, 1923 ; pp. 128 ; 129 et 130 ;

SIJELMASSI Mohamed : *L'Art contemporain au Maroc*, éditions A.C.R., Courbevoie (Paris), 1986.

Divers :

AMIC Henri : *Le Maroc hier et aujourd'hui,* éditions Calmann-Lévy, Paris, 1925 ; pp. 114, 225 et 226 ;

ARNHEIM Rudolph : *Vers une psychologie de l'art,* éditions Seghers, Paris, 1973 ;

BENOIST-MÉCHIN Jacques : *L'Homme et ses jardins,* éditions Albin Michel, Paris, 1975 ; p. 116 ;

BOUHDIBA Abdelwahab : *La Sexualité en Islam,* coll. « Quadrige », P.U.F., Paris, 1975 ; pp. 18, 77, 78, 80, 94, 118 et 122 ;

ENCYCLOPÉDIE COLONIALE ET MARITIME DU MAROC, éditions de l'Empire Français, Paris, 1948 ; p. 514 ;

FROMENTIN Eugène : *Un Été dans le Sahara,* Bibliothèque de la Pléiade, éditions Gallimard, Paris, 1984 ; pp. 154 et 155 ;

HAMP Pierre : *Mektoub,* éditions Flammarion, Paris, 1932 ; pp. 11, 17, 183 ;

LE RÉVÉREND André : *Lyautey,* éditions Fayard, Paris, 1983 ; p. 366 ;

MAUCHAMP Émile : *La Sorcellerie au Maroc,* éditions Dorbon-Aîné, Paris, 1912 ; pp. 218, 226 ;

PUIGAUDEAU Odette du : « **Arts et coutumes des Maures** », *in* revue *Hesperis-Tamuda,* Université Mohamed V, Éditions Techniques Nord-Africaines, Rabat, 1967 ; p. 156 ;

SERVIER Jean : « **L'Afrique blanche** », *in Ethnologie régionale I,* Bibliothèque de la Pléiade, éditions Gallimard, Paris, 1972 ;

TERRASSE Henri et HAINAUT Jean : *Les Arts décoratifs au Maroc,* éditions Henri Laurens, Paris, 1925 ; pp. 17, 101 et 102 ;

THARAUD Jean et Jérôme : *Marrakech ou les seigneurs de l'Atlas,* éditions Plon-Nourrit, Paris, 1920, et bibliothèque Grasset 1929 ; pp. 42 et 43 ;

THARAUD Jean et Jérôme : « **Maroc** », *in Le Visage de la France, l'Afrique du Nord,* éditions des Horizons de France, Paris, 1927 ; p. 261 ;

WESTERMARCK Edward : *Ritual and Belief in Morocco,* tomes I et II, éditions Mac Millan, Londres, 1926.

Index